Tutorium Jura

Die Reihe Tutorium Jura stellt die Grundlagen des Zivil-, Straf- und Öffentlichen Rechts dar, um dem Lernenden einen praktischen Umgang mit der Materie zu ermöglichen. Sie stellt das in Vorlesungen meist abstrakt vermittelte Wissen dar und überträgt es auf prüfungsrelevante Fallsituationen. Der Studierende wird so bei der Entwicklung juristischer Fertigkeiten an die Hand genommen.

Vorkenntnisse spielen keine Rolle. Die Autoren sind erfolgreiche und erfahrene Tutoren. Aufgrund ihrer langjährigen Tätigkeit als Leiter wissenschaftlicher Arbeitsgruppen kennen sie die typischen Probleme von Studierenden im Umgang mit dem Gesetz und gehen daher im Besonderen auf die Ansprüche und Bedürfnisse der Studierenden ein.

Die vollständig im Gutachtenstil verfassten Lösungen bieten dem Lernenden anschauliche Beispiele für eine gelungene Falllösung. Diese ist nicht nur Grundlage einer erfolgreichen Teilnahme an den Scheinprüfungen, sie bestimmt letztendlich den Erfolg im Examen.

Weitere Bände in dieser Reihe http://www.springer.com/series/5548

Brian Valerius

Einführung in den Gutachtenstil

15 Klausuren zum Bürgerlichen Recht, Strafrecht und Öffentlichen Recht

4. Auflage

Brian Valerius
Rechts- und Wirtschaftswissenschaftliche Fakultät
Universität Bayreuth
Bayreuth
Deutschland

ISSN 1613-8724
Tutorium Jura
ISBN 978-3-662-54056-5   ISBN 978-3-662-54057-2   (eBook)
DOI 10.1007/978-3-662-54057-2

Die Deutsche Nationalbibliothek verzeichnet diese Publikation in der Deutschen Nationalbibliografie;
detaillierte bibliografische Daten sind im Internet über http://dnb.d-nb.de abrufbar.

© Springer-Verlag GmbH Deutschland 2005, 2007, 2009, 2017
Das Werk einschließlich aller seiner Teile ist urheberrechtlich geschützt. Jede Verwertung, die nicht ausdrücklich vom Urheberrechtsgesetz zugelassen ist, bedarf der vorherigen Zustimmung des Verlags. Das gilt insbesondere für Vervielfältigungen, Bearbeitungen, Übersetzungen, Mikroverfilmungen und die Einspeicherung und Verarbeitung in elektronischen Systemen.
Die Wiedergabe von Gebrauchsnamen, Handelsnamen, Warenbezeichnungen usw. in diesem Werk berechtigt auch ohne besondere Kennzeichnung nicht zu der Annahme, dass solche Namen im Sinne der Warenzeichen- und Markenschutz-Gesetzgebung als frei zu betrachten wären und daher von jedermann benutzt werden dürften.
Der Verlag, die Autoren und die Herausgeber gehen davon aus, dass die Angaben und Informationen in diesem Werk zum Zeitpunkt der Veröffentlichung vollständig und korrekt sind. Weder der Verlag, noch die Autoren oder die Herausgeber übernehmen, ausdrücklich oder implizit, Gewähr für den Inhalt des Werkes, etwaige Fehler oder Äußerungen. Der Verlag bleibt im Hinblick auf geografische Zuordnungen und Gebietsbezeichnungen in veröffentlichten Karten und Institutionsadressen neutral.

Gedruckt auf säurefreiem und chlorfrei gebleichtem Papier

Springer ist Teil von Springer Nature
Die eingetragene Gesellschaft ist Springer-Verlag GmbH Deutschland
Die Anschrift der Gesellschaft ist: Heidelberger Platz 3, 14197 Berlin, Germany

Vorwort

Acht Jahre werden bei Erscheinen dieser Auflage seit der Vorauflage vergangen sein. In einer dynamischen Materie wie der Rechtswissenschaft stellt dies gewöhnlich eine sehr lange Zeitspanne dar, nicht zuletzt im Hinblick auf neue oder geänderte Rechtsvorschriften, neue Entscheidungen aus der Rechtsprechung, weiterführende Lehren und Ansätze aus dem Schrifttum und geänderte gesellschaftliche Verhältnisse wie technische Begebenheiten. Anliegen und Ziel des vorliegenden Werkes, die Anwendung des Gutachtenstils in Klausuren zu erklären und zu vermitteln, sind trotz dieser längeren Zeit aktuell geblieben. Nach wie vor ist in Klausuren und Hausarbeiten zu beobachten, dass der Gutachtenstil Probleme bei seiner Umsetzung bereitet und dass dessen Möglichkeiten häufig nicht ausgeschöpft werden. Es scheint sich hierbei um eine immerwährende, generationenübergreifende Herausforderung für Studentinnen und Studenten der Rechtswissenschaft zu handeln.

Während der ersten drei Auflagen dieses Buches war ich noch als Wissenschaftlicher Mitarbeiter an einem Lehrstuhl tätig. Inzwischen darf ich mich selbst als Inhaber eines Lehrstuhls bezeichnen und bin dadurch weitaus mehr als früher in die Korrektur schriftlicher Prüfungsarbeiten eingebunden. Diese Erfahrungen flossen insbesondere in die ersten drei Paragraphen dieses Buches ein, die sich mit den Regeln des Gutachtenstils beschäftigen und diese veranschaulichen, gewissermaßen eine Bedienungsanleitung für dessen Anwendung in Klausuren und Hausarbeiten geben sollen. Diese einführenden Abschnitte wurden noch einmal gründlich überarbeitet und behutsam ergänzt. Um an konkreten Klausurbeispielen zu veranschaulichen, wie eine Lösung im Gutachtenstil geschrieben werden kann, enthält das Buch außerdem jeweils fünf Klausuren aus dem Bürgerlichen Recht, dem Strafrecht und dem Öffentlichen Recht mit einer Lösungsskizze, einem ausformulierten Lösungsvorschlag und einer Übersicht über die Fragestellungen und Schwerpunkte der Klausur.

Das Buch richtet sich wie schon bisher vornehmlich an die Studentinnen und Studenten der ersten Semester, die in ihren Vorlesungen, Arbeitsgemeinschaften, Propädeutischen Übungen oder auch Konversatorien dem Gutachtenstil zum ersten Mal begegnen. Daher sind die Themen der abgedruckten Klausuren denjenigen Rechtsgebieten entnommen, die gewöhnlich zu Beginn des Jurastudiums gelehrt werden. In höheren Semestern kann vor allem der einführende Teil über den Gutachtenstil als kurze und wertvolle Wiederholung in der Vorbereitung auf Zwischenprüfungs- oder Übungsklausuren dienen.

Bei dieser Neuauflage durfte ich auf die Unterstützung vieler Mitarbeiterinnen und Mitarbeiter zurückgreifen, die mir dabei behilflich waren, trotz meiner zunehmend verblassenden Erinnerung an die eigene Studienzeit die Schwierigkeiten bei der Anwendung des Gutachtenstils zielgerichtet und verständlich aufzugreifen. Im Einzelnen gilt mein herzlichster Dank zunächst meinem wissenschaftlichen Mitarbeiter Herrn *Felix Ruppert*, der die Klausuren allesamt kritisch überprüfte und sorgfältig aktualisierte. Ebenso herzlich möchte ich meinen studentischen Mitarbeiterinnen und Mitarbeitern Herrn *Maximilian Bunte*, Frau *Emma Danne*, Herrn *Benjamin Ehrhardt* und Frau *Eva Katharina Feindt* für die gründliche Durchsicht des Manuskripts und ihre weiterführenden Anmerkungen danken. Sie alle haben einen wertvollen Beitrag dazu geleistet, das Buch weiter auf die Bedürfnisse der Zielgruppe abzustimmen.

Konstruktive Anregungen und Verbesserungsvorschläge sind wie immer jederzeit herzlich willkommen, bevorzugt per E-Mail direkt an mich unter brian.valerius@uni-bayreuth.de.

Bayreuth, im Oktober 2016   Brian Valerius

Inhaltsverzeichnis

I Einführung in den Gutachtenstil
§ 1 Einleitung.. 3
§ 2 Zum Gutachtenstil 7
    I. Aller Anfang ist schwer... 7
    II. Das Gutachten als juristischer Dreisprung......................... 9
        1. Grundlagen.. 9
        2. Hop: Wissen... 10
        3. Step: Anwenden... 12
        4. Jump: Vermitteln 14
    III. Gutachtenstil.. 15
        1. Sinn und Zweck... 15
        2. Grundlagen des Gutachtenstils 16
        3. Die einzelnen Schritte des Gutachtenstils 17
            a) Einleitungssatz 17
            b) Definition 18
            c) Subsumtion 19
            d) Schlusssatz 19
            e) Zusammenfassung und Gewichtung...................... 20
        4. Abschließende Beispiele 21
    IV. Gutachten- und Urteilsstil 24
        1. Schwerpunkte eines Gutachtens 24
            a) Anwendungsbereich des Gutachtenstils 24
            b) Schwerpunkte einer Klausur........................... 24
            c) Anzusprechende Prüfungspunkte 25
        2. Urteilsstil.. 26
        3. Gutachtenstil und Urteilsstil 26
        4. Gutachtenstil, Urteilsstil und Schweigen.................... 27
        5. Abschließendes Beispiel 28
    V. Darlegung von Meinungsstreiten 30
        1. Aufbau... 30
        2. Anwendungsbereich..................................... 32

      3. Begründung 32
      4. Entscheidung für eine bestimmte Meinung 33
      5. Abschließendes Beispiel 34
  VI. Apropos Stil: Falle „Juristendeutsch" 35
      1. Verständlichkeit ist Trumpf 35
      2. Verbreitete Unarten im juristischen Sprachgebrauch. 36
  VII. Tipps und Hinweise. 39
      1. Einführung. 39
      2. Zum Gebrauch des Gutachtenstils 39
      3. Juristischer Touch 41
      4. Sprachliche Feinheiten. 43

§ 3 Der Ernstfall: Lösung einer Klausur 47
  I. Grundlagen 47
  II. Stationen einer Klausur 48
      1. Bearbeitervermerk 48
      2. Sachverhalt. 49
          a) Erfassen des Sachverhalts 49
          b) Erkennen wichtiger Angaben im Sachverhalt 49
          c) Fehlende Angaben im Sachverhalt 51
          d) Der „unpassende" Sachverhalt 52
      3. Lösungsskizze 53
      4. Reinschrift 54
      5. Abschließendes Beispiel 55
  III. Tipps und Hinweise. 59
  IV. Theorie und Praxis 61

II Fünf Klausuren zum Bürgerlichen Recht

§ 4 Einführende Hinweise 65
  I. Zu den Klausuren. 65
  II. Erste Hinweise zum Aufbau. 65
  III. Tipps zum Bürgerlichen Recht 66

§ 5 Klausur 1: Schwere Verhandlungen 69
Vertragsschluss durch Antrag und Annahme // Vertragsschluss unter Anwesenden // invitatio ad offerendum // Auslegung empfangsbedürftiger Willenserklärungen // Bindung an den Antrag // Anfechtung wegen Erklärungs- und Inhaltsirrtums

§ 6 Klausur 2: Korrespondenz mit Hindernissen. 79
Vertragsschluss unter Abwesenden // Zugang einer empfangsbedürftigen Willenserklärung // Widerruf einer Willenserklärung // Erklärungs- und Empfangsbote // Verhinderung des Zugangs einer Willenserklärung

§ 7 Klausur 3: Der verschwiegene Unfall 87
Anfechtung wegen Erklärungsirrtums // Anfechtung wegen arglistiger Täuschung // Täuschung durch einen Dritten // Ansprüche auf Herausgabe einer Sache // Abstraktionsprinzip

§ 8 Klausur 4: Filme auf Raten 97
Beschränkte Geschäftsfähigkeit eines Minderjährigen // lediglich rechtlicher Vorteil // Zustimmung des gesetzlichen Vertreters // Taschengeldparagraph // Fristenberechnung

§ 9 Klausur 5: Möbelkauf ist Vertrauenssache 107
Stellvertretung // Abgrenzung Vertreter/Bote // Innen- und Außenvollmacht // Widerruf der Vollmacht // Haftung des Vertreters ohne Vertretungsmacht

III Fünf Klausuren zum Strafrecht

§ 10 Einführende Hinweise 117
    I. Zu den Klausuren... 117
    II. Erste Hinweise zum Aufbau.................................. 117
    III. Tipps zum Strafrecht.. 119

§ 11 Klausur 6: Eine schrecklich nette Apothekerfamilie............... 123
Alternative und kumulative Kausalität // Unbeachtlichkeit von Reserveursachen // Kausalität und Zurechnung // atypischer Kausalverlauf

§ 12 Klausur 7: Casanovas Ende..................................... 133
Irrtümer über den Kausalverlauf // error in persona // aberratio ictus // Kombination von error in persona und aberratio ictus

§ 13 Klausur 8: Film ab!... 143
Abgrenzung bedingter Vorsatz/bewusste Fahrlässigkeit // Hemmschwelle bei Tötungsdelikten // Notwehr // Erlaubnistatumstandsirrtum

§ 14 Klausur 9: Der selbsternannte Hilfssheriff....................... 153
Festnahmerecht // Einsatz von Schusswaffen bei Notwehr // Erlaubnisirrtum // Doppelirrtum

§ 15 Klausur 10: Ein gebrochenes Herz 165
Fehlgeschlagener Versuch // Abgrenzung beendeter/unbeendeter Versuch // Rücktritt vom Versuch bei Erreichen eines außertatbestandlichen Ziels // Freiwilligkeit des Rücktritts // Fehlen des subjektiven Rechtfertigungselements

IV Fünf Klausuren zum Öffentlichen Recht

§ 16 Einführende Hinweise 177
    I. Zu den Klausuren... 177
    II. Erste Hinweise zum Aufbau.................................. 177
    III. Tipps zum Öffentlichen Recht 178

§ 17 Klausur 11: Versteuert? **181**
Abstrakte Normenkontrolle // formelle Verfassungsmäßigkeit eines Gesetzes // Gesetzgebungsverfahren // Verletzung der GOBT // uneinheitliche Stimmabgabe im Bundesrat

§ 18 Klausur 12: Eine Folter für den Bundespräsidenten. **191**
Organstreit // konkrete Normenkontrolle // materielle Verfassungsmäßigkeit eines Gesetzes // Rückwirkungsverbot // Gewaltenteilung // Rechtsstaatsprinzip im Strafverfahren // Prüfungsrecht des Bundespräsidenten

§ 19 Klausur 13: Schon gezahlt? **201**
Abstrakte Normenkontrolle // Bund-Länder-Streit // Abstimmungen auf Bundesebene // Gesetzgebungskompetenzen // Kulturhoheit der Länder

§ 20 Klausur 14: The Passau Peace Parade **211**
Verfassungsbeschwerde gegen Urteile // Versammlungsfreiheit // einfacher Gesetzesvorbehalt // verfassungskonforme Auslegung // Kunstfreiheit // verfassungsimmanente Schranken

§ 21 Klausur 15: Der unfreiwillige Ruhestand. **223**
Verfassungsbeschwerde gegen Gesetze // Berufsfreiheit // Drei-Stufen-Theorie // Grundsatz der Verhältnismäßigkeit // Gleichheitsgrundrechte

Literaturverzeichnis **235**

Weiterführende Literatur. **237**

Stichwortverzeichnis. **241**

Abkürzungsverzeichnis

aA	andere(r) Auffassung
Abs.	Absatz
aE	am Ende
Art.	Artikel
AT	Allgemeiner Teil
BGB	Bürgerliches Gesetzbuch
BGH	Bundesgerichtshof
BGHSt	Sammlung der Entscheidungen des Bundesgerichtshofs in Strafsachen
BGHZ	Sammlung der Entscheidungen des Bundesgerichtshofs in Zivilsachen
BVerfG	Bundesverfassungsgericht
BVerfGE	Sammlung der Entscheidungen des Bundesverfassungsgerichts
BVerfGG	Gesetz über das Bundesverfassungsgericht
bzgl.	bezüglich
bzw.	beziehungsweise
d. h.	das heißt
ders.	derselbe
eA	eine Auffassung
etc.	et cetera
f.	folgende
ff.	fortfolgende
GG	Grundgesetz
ggf.	gegebenenfalls
GOBT	Geschäftsordnung des Deutschen Bundestages
Gr.	Gruppe
grds.	grundsätzlich
Halbs.	Halbsatz
hrsg.	herausgegeben
i. V. m.	in Verbindung mit
JA	Juristische Arbeitsblätter
Jura	Juristische Ausbildung
JuS	Juristische Schulung
JZ	Juristenzeitung
MDR	Monatsschrift für Deutsches Recht
m. w. N.	mit weiteren Nachweisen

NJW	Neue Juristische Wochenschrift
NJW-RR	Neue Juristische Wochenschrift – Rechtsprechungs-Report
Nr.	Nummer
NStZ	Neue Zeitschrift für Strafrecht
OLG	Oberlandesgericht
RBStV	Rundfunkbeitragsstaatsvertrag
RGZ	Sammlung der Entscheidungen des Reichsgerichts in Zivilsachen
Rn.	Randnummer
S.	Satz; Seite
SGB V	Sozialgesetzbuch Fünftes Buch
sog.	sogenannte(r/s)
StGB	Strafgesetzbuch
StPO	Strafprozessordnung
Str	strittig
StV	Strafverteidiger
Var.	Variante
VersG	Versammlungsgesetz
vgl.	vergleiche
z. B.	zum Beispiel
ZIP	Zeitschrift für Wirtschaftsrecht

I Einführung in den Gutachtenstil

Einleitung § 1

Mit der Aufnahme eines Studiums beginnt ein neuer Lebensabschnitt. Die Studentinnen und Studenten treten in die entscheidende Phase ihrer Ausbildung und verschreiben sich für einige Jahre demjenigen Fachgebiet, mit dem sie sich für den Rest ihres beruflichen Lebens beschäftigen wollen. Ebenso hält das Privatleben einschneidende Veränderungen und wertvolle Erfahrungen bereit, stehen doch viele zum ersten Mal fernab vom elterlichen Heim auf eigenen Füßen und müssen und dürfen ihr Leben selbst in die Hand nehmen. Damit geht eine nicht geringe Verantwortung einher, an die es sich erst einmal zu gewöhnen gilt.

Unter den verschiedenen Studiengängen erfordert vor allem das Studium der Rechtswissenschaft ein erhöhtes Maß an *Eigenständigkeit*. Sie erschöpft sich nicht lediglich darin, sich selbstständig um die rechtzeitige Anmeldung für Abschlussklausuren und Zwischenprüfungen sowie um die fristgerechte Einreichung von Haus- und Seminararbeiten zu kümmern. Vielmehr bleibt es ebenso völlig dem Einzelnen überlassen, wie er sein Studium gestaltet, d. h. mit welcher Ernsthaftigkeit, mit welcher Konsequenz und mit welchem Fleiß er es betreibt. Eine Betreuung oder Überwachung durch die Universität, ob sämtliche Studentinnen und Studenten ihre Semesterziele erreichen, gibt es – anders als zur Schulzeit – nicht mehr. In der Regel werden weder schriftliche oder mündliche Hausaufgaben gestellt noch unangekündigte Lernkontrollen geschrieben. Die meisten Lehrveranstaltungen weisen nicht einmal eine Anwesenheitspflicht auf. Jeder muss selbst darauf achten, genügend Zeit in sein Studium zu investieren und sich gewissenhaft auf Abschluss-, Zwischenprüfungs- oder Übungsklausuren vorzubereiten.

Die geforderte Selbstständigkeit und die damit einhergehende eigene Verantwortung ist jedenfalls in dem nunmehr verlangten Maß für die meisten Studienanfänger sicherlich ungewohnt und mag zunächst bedrückend, ggf. sogar beängstigend erscheinen. Gerade die Einführungswoche im ersten Semester, in der nahezu in jeder Veranstaltung, freilich gut gemeint, auf diese notwendigen Voraussetzungen für ein erfolgreiches Jurastudium hingewiesen wird, vermag insoweit kaum zu motivieren und eher abzuschrecken. Selbstständigkeit und Verantwortung haben aber auch eine Kehrseite, nämlich die *Freiheit*. Diese Freiheit besteht darin, dass

© Springer-Verlag GmbH Deutschland 2017
B. Valerius, *Einführung in den Gutachtenstil*, Tutorium Jura,
DOI 10.1007/978-3-662-54057-2_1

jeder sein Studium planen kann wie er es für richtig hält, jeder seine Lernmethode auf sich selbst zuschneiden kann, jeder sich auf Vorlesungen und Prüfungen vorbereiten kann, wann (tagsüber oder nachts), wo (z. B. zu Hause, im Park oder in der Bibliothek) und wie (etwa mit Lehrbüchern, Skripten oder eigenen Karteikarten) er dies immer will. Kurzum hat jeder sein Leben nunmehr fortan selbst in der Hand und kann es nach eigenem Belieben und nach eigenen Vorstellungen gestalten. Formulieren wir die Sätze am Ende des letzten Absatzes daher doch einmal positiv: In der Regel gibt es weder schriftliche oder mündliche Hausaufgaben noch unangekündigte Lernkontrollen. In den meisten Lehrveranstaltungen besteht nicht einmal eine Anwesenheitspflicht. Jedem steht es völlig frei, wie er genügend Zeit in das Studium investiert und sich gewissenhaft auf Abschluss-, Zwischenprüfungs- oder Übungsklausuren vorbereitet.

Um die zahlreichen Prüfungen während des Jurastudiums erfolgreich zu absolvieren, bedarf es zunächst entsprechender Kenntnisse in den jeweiligen Rechtsgebieten. Darüber hinaus verlangen schriftliche Arbeiten zumeist die Anfertigung eines (Rechts-)Gutachtens, das eigenen Aufbauregeln folgt, deren Gesamtheit den sog. *Gutachtenstil* bildet. Die Studentinnen und Studenten müssen sich daher nicht nur das notwendige Wissen aneignen, sondern zudem mit dem Gutachtenstil anfreunden, der sie bis zur Ersten Juristischen Staatsprüfung in fallbasierten Klausuren begleiten wird.

Die Vermittlung des Gutachtenstils ist das Ziel des vorliegenden Buches. Zu diesem Zweck enthält das nachfolgende Kapitel (§ 2) zunächst allgemeine Ausführungen zum Gutachtenstil, zu seinen einzelnen Schritten, seinem Verhältnis zum sog., noch zu erläuternden Urteilsstil sowie seinem Gebrauch bei den in Prüfungen häufigen Meinungsstreiten. Dabei wurde versucht, die *Grundzüge des Gutachtenstils* nicht bloß zu schildern, sondern auch zu erklären, warum der Stil überhaupt verlangt wird und welcher Sinn sich hinter seinen einzelnen Regeln verbirgt. Diese Hintergrundinformationen sollen das Verständnis für den Gutachtenstil fördern und seine Anwendung erleichtern.

Da in Klausuren gewöhnlich ein unbekannter Fall wartet, empfiehlt sich außer den notwendigen Kenntnissen über den Gutachtenstil eine besonnene und durchdachte Herangehensweise in der Prüfungssituation. Das Kapitel § 3 gibt daher einige Ratschläge zur *Klausurtaktik*, etwa zum Umgang mit dem Aufgabentext (sog. Sachverhalt) und der Prüfungsfrage (sog. Bearbeitervermerk), zur Vorbereitung der Reinschrift des Gutachtens sowie zur Zeiteinteilung während einer Klausur.

Der übrige Teil des Buches widmet sich schließlich der praktischen Umsetzung der einleitenden allgemeinen Erörterungen und enthält jeweils *Fünf Klausuren zum Bürgerlichen Recht* (Teil II), zum *Strafrecht* (Teil III) und zum *Öffentlichen Recht* (Teil IV) mit einführenden Prüfungshinweisen zu jedem Rechtsgebiet. Die Klausuren behandeln Standardprobleme aus dem Allgemeinen Teil des BGB, dem Allgemeinen Teil des StGB sowie dem Staatsrecht, die gewöhnlich in den juristischen Veranstaltungen der ersten Semester behandelt werden. Alle Fälle sind für eine zweistündige Bearbeitungszeit konzipiert und könnten somit als Klausur in einer Arbeitsgemeinschaft bzw. Propädeutischen Übung oder als Abschlussklausur einer Vorlesung dienen.

Die ausformulierten Gutachten zu den einzelnen Klausuren sind keineswegs als Musterlösungen zu verstehen. Sie bieten lediglich eine Orientierungshilfe und sollen Formulierungsbeispiele geben. Dies bedeutet aber nicht, dass die diskutierten juristischen Probleme nicht auf eine andere, ebenso vertretbare Weise gelöst werden können. Gleiches gilt für die vorgeschlagene Gewichtung einzelner Fragestellungen und nicht zuletzt für den Sprachgebrauch. Die abgedruckten Lösungen sind daher weder als unumstößlich noch als einziger Weg zu einer zufriedenstellenden Punktzahl zu betrachten. Vielmehr sollte jeder seinen individuellen Schreibstil entwickeln und verfeinern.

Zum Gutachtenstil § 2

I. Aller Anfang ist schwer

Die *schlechte Nachricht* vorweg: Das Studium der Rechtswissenschaft wird in den ersten Semestern oftmals unterschätzt. Schließlich scheinen die Fakten – Semesterferien von über 20 Wochen und in der verbleibenden Vorlesungszeit eine im Vergleich zur Ober- bzw. Kollegstufe des Gymnasiums zumeist geringere Wochenstundenzahl – für einen eher gemütlichen und erholsamen Studiengang zu sprechen. All dies könnte den Eindruck erwecken, dass das Jurastudium für einen gestandenen Abiturienten, der seine Hochschulreife ggf. in lernintensiven Leistungskursen unter Beweis gestellt hat, weder mit großem Aufwand verbunden noch eine ernst zu nehmende Herausforderung sei.

Ein solcher Schein trügt allerdings. Je nach Bundesland variiert die Anzahl der bis zum Examen zu erlernenden Rechtsgebiete und damit die sich anzueignende Stoffmenge von „viel" über „enorm viel" bis hin zu „kaum überschaubar". Eine einfache Rechenoperation vermag dies zu veranschaulichen: Ein achtsemestriges Studium unterstellt, kommen nach den gewöhnlichen Studienplänen in der Regel bis einschließlich des sechsten Semesters neue Rechtsgebiete in den Vorlesungen hinzu, bevor das letzte Studienjahr der Examensvorbereitung und der Wiederholung dient. Wer ungefähr erahnen will, was ihn im Jurastudium erwartet, kann daher den im ersten Semester zu erlernenden Stoff mit sechs multiplizieren und sich vergegenwärtigen, diese Gesamtmenge im Examen vollständig wissen und beherrschen zu müssen. Es handelt sich bei dem Jurastudium somit jedenfalls um einen sehr lernintensiven und fordernden Studiengang.

Für alle Leserinnen und Leser, die sich durch diese Hiobsbotschaften nicht von der weiteren Lektüre abhalten ließen, nun die *gute Nachricht*: Das Jurastudium ist bei weitem nicht so dramatisch oder aussichtslos, wie es die vorstehenden Ausführungen vermuten lassen, und viele absolvieren es durchaus erfolgreich. Die Lebensqualität während der Studienzeit wird sich allerdings maßgeblich danach bestimmen, wie an das Studium herangegangen wird. Dazu sind zunächst die Fähigkeiten näher zu erläutern, die von Studentinnen und Studenten der Rechtswissenschaft erwartet werden.

Einen wesentlichen, angesichts der erwähnten Stoffmenge nicht zu unterschätzenden Aspekt stellt zunächst das (z. B. mittels Lektüre von Lehrbüchern oder Skripten oder den Besuch von Lehrveranstaltungen erworbene) *Wissen* dar. Das Wissen allein reicht allerdings nicht aus, da die schriftlichen juristischen Prüfungen anders als in vielen Studiengängen weder aus Frage-Antwort- noch aus Multiple-Choice-Klausuren bestehen. Auch die in anderen Geisteswissenschaften verbreiteten Aufsatz- oder Themenklausuren sind im Jurastudium nur selten anzutreffen. Vielmehr werden dem Prüfling Sachverhalte vorgegeben, aus denen er die rechtlichen Probleme selbst herauszuschälen hat. Er muss folglich sein Wissen *anwenden*, d. h. er muss erkennen können, welche Rechtskenntnisse an welcher Stelle von welcher Bedeutung sind. Während unerheblichere Fragen nur kurz beantwortet werden können, sind Schwerpunkte einer Klausur weitaus umfassender zu behandeln. Zu guter Letzt – was oftmals vernachlässigt wird – muss der Prüfling sein (angewendetes) Wissen *vermitteln*. Oder in einer freien Marktwirtschaft anders formuliert: der Prüfling muss sich verkaufen können. Bei den letzten beiden Aufgaben, d. h. dem Anwenden und dem Vermitteln, kann der Gutachtenstil durchaus behilflich sein.

Die einzelnen Schritte Wissen, Anwenden und Vermitteln dürften die grundlegenden Fähigkeiten für ein erfolgreiches Jurastudium darstellen. Im Ernstfall einer Prüfung tritt freilich eine nicht zu unterschätzende psychische Komponente hinzu, die darüber mitentscheiden kann, mit welchem Erfolg eine Prüfung absolviert wird. Wer insoweit mit *Selbstvertrauen* und mentaler Stärke agiert, ist eher in der Lage, seine Leistung abzurufen und sein Bestes zu geben. Ein Gefühl der Sicherheit kann sich jeder aber nicht zuletzt durch eine gute Vorbereitung versuchen zu verschaffen. Wer sich auf den Punkt vorbereitet hat, d. h. sich das notwendige Wissen angeeignet hat und es auch anzuwenden und zu vermitteln weiß, und daher überzeugt ist, sein Bestmögliches getan zu haben, dürfte die Prüfung deutlich „entspannter" antreten und dann selbst bei unbekannten Sachverhalten und Fragestellungen die Ruhe bewahren.

Im Studium die Trias Wissen/Anwenden/Vermitteln abzuverlangen, hat seine Berechtigung, entspricht sie doch den Anforderungen des späteren Berufslebens. Wer etwa als Rechtsanwalt einen Mandanten empfängt, wird nur selten eine konkrete, juristisch korrekt formulierte Frage hören, die er mit seinem *Wissen* ohne Weiteres beantworten kann. Vielmehr wird sich der Mandant in der Regel erst einmal setzen, seinem Ärger Luft verschaffen und sich ausführlich über die Ungerechtigkeit im Leben oder die Unverfrorenheit desjenigen beschweren, der ihn in die Anwaltskanzlei getrieben hat. Die rechtlich relevanten Seiten seines Falles wird er dagegen erst nach einiger Zeit und ggf. nur in einem Nebensatz ansprechen. Die Aufgabe als Rechtsanwalt besteht dann darin, aus den Schilderungen des Mandanten die wesentlichen Gesichtspunkte herauszufiltern, mit anderen Worten sein juristisches Wissen auf den von seinem Mandanten geschilderten Sachverhalt *anzuwenden*.

Dieses angewendete Wissen muss der Rechtsanwalt sodann *vermitteln*. Dies gilt zunächst gegenüber dem „Gegner" seines Mandanten bzw. dessen Anwalt oder auch – wenn es zu einem Gerichtsverfahren kommt – gegenüber dem Gericht. Nicht zuletzt muss der Rechtsanwalt seinem eigenen Mandanten die Rechtslage erläutern können. Von Bedeutung ist dies vor allem, wenn der Mandant mit einem aussichtslosen Fall zu seinem Anwalt kommt, den er nur verlieren kann; und zumindest in zivilrechtlichen Streitigkeiten verliert in der Regel eine der Parteien, manchmal sogar beide. In diesem Fall hilft es dem Rechtsanwalt wenig, alle Formalitäten eingehalten und die inhaltlichen rechtlichen Problempunkte fein säuberlich herausgearbeitet und zutreffend bewertet zu haben, wenn die Rechtslage schlicht gegen seinen Mandanten spricht und dieser daher etwa vor Gericht unterliegt. Selbst wenn der Anwalt alles richtig gemacht hat, ist es dann mitunter nicht einfach, seinen Mandanten auch für künftige Verfahren als Kunden zu behalten. Gelingt es dem Anwalt aber, seinem Klienten die Gründe für seine Niederlage vor Gericht zu erklären, kehrt dieser vielleicht mit dem nächsten Mandat wieder zu ihm zurück. Gelingt es dem Prüfling in der Klausur, sein Wissen anschaulich zu erklären, kann er ggf. den einen oder anderen Punkt mehr erzielen.

II. Das Gutachten als juristischer Dreisprung

1. Grundlagen

Um die Bedeutung der einzelnen Schritte *Wissen/Anwenden/Vermitteln* zu unterstreichen, soll ein Beispiel aus der Welt des Sports bemüht werden. In der Leichtathletik existiert eine für den Gelegenheitsbetrachter seltsam anmutende Disziplin, deren Ziel es ist, mit drei Sprüngen eine möglichst große Weite zurückzulegen: der sog. Dreisprung. Dabei handelt es sich im Grunde um einen dreifachen Weitsprung, bestehend aus einem größeren ersten Hüpfer (englisch „hop"), einem kleineren Zwischenschritt („step") und einem abschließenden Sprung („jump"), an dessen Ende der Sportler erstmals mit beiden Füßen zugleich auf dem Boden bzw. in der Sandgrube landet.

- Der erste Sprung („*hop*") lässt sich mit dem Wissen (dazu sogleich 2.) vergleichen. Wer bereits hier strauchelt bzw. den Sprung zu kurz setzt, d. h. wer nicht über das notwendige juristische Wissen verfügt, hat kaum Chancen auf eine große Weite. Das Wissen stellt folglich die unabdingbare Grundvoraussetzung dar, um ein gutes Ergebnis zu erzielen.
- Die nächste Phase des Dreisprungs bildet der Zwischenschritt („*step*"), vergleichbar mit der Anwendung des Wissens (dazu 3.). Selbst wenn dank eines umfangreichen Wissens ein guter erster Hüpfer die besten Voraussetzungen für eine große Weite bereitet, muss auch der zweite Schritt sitzen. Dagegen wäre es schmerzhaft, bereits bei der Landung des ersten Sprungs umzuknicken.
- Gelingen „hop" und „step", entscheidet ein sauberer Schlusssprung („*jump*") über die erzielte Gesamtweite. Vermag der Prüfling alle Probleme der Klausur zu erkennen und richtig zu gewichten, muss dies dem Korrektor auch vermittelt werden (dazu 4.). Durch eine falsche Technik oder durch bereits nachlassende Konzentration in der Schlussphase des juristischen Dreisprungs werden leicht einige Meter bzw. Punkte verschenkt.

Was soll dieses Bild veranschaulichen? Wer im juristischen Studium große Sprünge hinlegen will, darf sich nicht nur auf das Lernen von *Wissen* beschränken. Auch wer die renommiertesten und umfangreichsten Lehrbücher liest und verinnerlicht, hat zwar sehr gute Voraussetzungen, seine Prüfungen mit Erfolg zu absolvieren, ist aber von einer Traumnote noch ein gutes Stück entfernt.

Ebenso wäre es verkehrt, sich allein auf den zweiten Schritt der *Wissensanwendung* zu konzentrieren. Wer sich ausschließlich mit Klausuren die rechtliche Behandlung möglichst vieler typischer Fallkonstellationen aneignen will und darauf hofft, in der Prüfung einem bekannten Sachverhalt zu begegnen, landet nicht erst dann unsanft, wenn es einen atypischen Fall zu lösen gilt. Den gesamten Lernstoff auf diese Weise abzudecken, gelingt zwar bei der theoretischen Führerscheinprüfung mit ihrem nur begrenzten Repertoire an Fragen, nicht aber im Jurastudium, bei dem die Anzahl und Vielgestaltigkeit denkbarer Sachverhalte täglich bereits mit jedem aktuellen Verfahren vor den Gerichten wächst. Das Lernen seiner Anwendung vermag das Wissen selbst somit nicht zu ersetzen.

> Gleiches gilt für das vorliegende Buch, das mit jeweils fünf Klausuren zu den einzelnen Rechtsgebieten den gesamten Lernstoff des ersten Semesters freilich bei weitem nicht abzudecken vermag. Wie bei jeder Fallsammlung werden lediglich einzelne ausgewählte Probleme aufgegriffen, um Beispiele für ausformulierte Klausuren zu geben.

Schließlich verspricht ebenso das *Vermitteln* allein nicht den gewünschten Erfolg. Zwar wurde am Ende des letzten Abschnitts das Beispiel des Mandanten angeführt, den ein Rechtsanwalt trotz einer Niederlage an sich fesseln will. Dies könnte zu dem – in der Praxis nicht selten berechtigten – Schluss verleiten, dass allein der dritte Schritt entscheidend sei, nämlich das Vermitteln bzw. Verkaufen. In den Klausuren während des Studiums besteht aber das „Problem", dass – anders als die meisten Mandanten von Rechtsanwälten – auch der Prüfer über juristische Kenntnisse verfügt und sich nicht ohne Weiteres täuschen lassen wird. Der Prüfling wird somit selbst mit außerordentlich wohlklingenden Worten und (nur) scheinbar einleuchtenden Ausführungen den Korrektor kaum von etwas überzeugen können, das juristisch nicht zutrifft.

Wie ein Dreispringer lediglich dann eine große Weite erzielen kann, wenn alle drei Einzelsprünge gelingen, so werden auch Jurastudentinnen und -studenten nur dann ihr volles Potential ausschöpfen, wenn sie ihre Vorbereitung sowohl auf die Aneignung von Wissen als auch auf dessen Anwendung und dessen Vermittlung erstrecken. Mit anderen Worten: Der erfolgreiche Prüfling weiß, *was* er schreibt (Wissen), *an welcher Stelle* und *in welchem Umfang* er es schreibt (Anwenden), und schließlich, *wie* er es schreibt (Vermitteln).

2. Hop: Wissen

Unabdingbare Grundvoraussetzung für ein erfolgreiches Studium der Rechtswissenschaft sind zunächst umfangreiche *juristische Kenntnisse*. Ein Großteil des Studiums wird, was angesichts der wenigen praktischen Elemente im Jurastudium nicht verwundert, in der Anhäufung von Wissen bestehen. Es gilt somit viel zu lesen und zu lernen, wieder zu vergessen, erneut zu lernen etc. und im Idealfall schließlich irgendwann, d. h. ggf. auch erst nach mehreren Wiederholungen zu behalten. In aller Regel genügt es hingegen nicht, sich nur einmal mit den einzelnen Rechtsgebieten zu beschäftigen, sondern es bedarf einer häufigeren Auseinandersetzung, um sich das notwendige Wissen dauerhaft anzueignen. Zum richtigen und effektiven Lernen gibt es eigene Bücher und viele Ratschläge, angefangen von der Anfertigung eigener Karteikarten bis hin zum sog. Mind Mapping. Es obliegt jedem selbst herauszufinden, mit welcher Methode er persönlich den größtmöglichen Erfolg erzielt. An dieser Stelle sei daher nur auf einige Gesichtspunkte hingewiesen.

Zwischen dem Lernen im Jurastudium und dem Lernen in der Schule besteht zumindest ein wesentlicher Unterschied: die *Menge* des zu bewältigenden Stoffes. Ein konzentriertes und „punktuelles" Lernen, das vor allem bei wenig lernaufwändigen Fächern durchaus den Weg zu guten Noten eröffnen konnte, verspricht daher kaum Erfolg. Wer sich elegant und mit minimalistischem Aufwand durch die Schulzeit bewegte, indem er sich den gesamten Stoff erst kurz vor den Klausuren aneignete, wird mit dieser Methode im Jurastudium spätestens im Examen auf Probleme stoßen. Dafür erweisen sich die geforderten Prüfungsgebiete als zu umfangreich.

Zugegeben eignet sich das *punktuelle Lernen* nach wie vor, um kurz vor einer Klausur noch letzte Wissenslücken zu füllen. Dies gilt vor allem bei Abschlussklausuren einer Vorlesung, sofern sich der vom Dozenten ausgewählte Prüfungsstoff in überschaubaren Grenzen halten sollte. Allerdings besteht insbesondere beim simplen Auswendiglernen die Gefahr, das Studierte schnell wieder zu vergessen. Wer sich frei von dem Druck einer unmittelbar bevorstehenden Prüfung juristisch betätigt, sollte daher eine andere Lernmethode praktizieren, damit seine Bemühungen auf fruchtbaren Boden fallen und das Gelernte länger im Gedächtnis verbleibt.

Vorzugswürdig ist ein „*verständiges Lernen*". Vielfach wird in Lehrveranstaltungen auch von „Systemverständnis" die Rede sein. Es trifft sicherlich zu, dass das Verständnis für das (einmal als vorhanden unterstellte) „System", d. h. das Zusammenspiel und den Zusammenhang zwischen einzelnen Normen, Gesetzen und Rechtsgebieten, das Ziel aller Studentinnen und Studenten sein sollte und das Lernen erleichtern kann. Doch das System wird kaum einer schon zu Beginn des Studiums, sondern allenfalls nach mehreren Semestern überblicken können, nachdem er die wesentlichen Rechtsgebiete in den Vorlesungen gehört oder sich auf sonstige Weise darin vertieft hat. Es empfiehlt sich daher, den zweiten Teil des Schlagwortes zu betonen, nämlich das „Verständnis".

Das verständige Lernen besteht grob beschrieben darin, stets nach dem Sinn und Zweck einer Norm, einer Rechtsfigur oder einer Rechtsansicht zu fragen – oder kurz: *warum*? Warum hat der Gesetzgeber eine bestimmte Rechtsvorschrift erlassen bzw. geändert? Warum wird ein Prüfungspunkt an dieser Stelle angesprochen? Warum wird bei einem Rechtsproblem eine bestimmte Ansicht vertreten? Warum kritisiert dies die Gegenmeinung?

Warum die Frage nach dem „warum"? Die Kenntnis der Hintergründe erleichtert das Verstehen und das Verinnerlichen von (nicht nur) juristischen Grundsätzen und Meinungen.

Diese These soll an dem Beispiel der alternativen Kausalität, die gewöhnlich in den ersten Vorlesungen zum Allgemeinen Teil des StGB gelehrt wird, verdeutlicht werden (siehe dazu Klausur 6, S. 129 f.). In der Regel wird die alternative Kausalität als Gegenpart zur kumulativen Kausalität besprochen und daher ebenso zusammen gelernt, weswegen die Bezeichnungen gelegentlich vertauscht werden. Ein solches Missgeschick in der Klausur ist unnötig, aber noch nicht weiter tragisch. Einen größeren Fehler stellt es jedoch dar, die Rechtsfolgen der mit diesen Begriffen bezeichneten Sachverhaltskonstellationen zu verwechseln. Wer bei einem Fall der kumulativen Kausalität auf die Modifikation der „condicio sine qua non"-Formel verweist, zeigt, zwar etwas gelernt, aber das Gelernte nicht verstanden zu haben.

Solche Verwechslungen entlarven häufig denjenigen, der die gängigen Definitionen und Lehrsätze zwar brav auswendig lernt („Alternative Kausalität liegt vor, wenn […]"), sich aber niemals ernsthaft nach deren Sinn erkundigt. Bei den genannten Sonderfällen der Kausalität besteht ein verständiges Lernen etwa darin, sich zunächst die Gemeinsamkeit zu verdeutlichen, dass beide Konstellationen zumindest zwei Kausalreihen voraussetzen, die in den tatbestandlichen Erfolg münden. Sodann gilt es sich zu fragen, warum die eine Kausalität als „alternativ" und die andere als „kumulativ" bezeichnet wird. Es ließe sich dann etwa durch den Blick in ein anschaulich erklärendes Lehrbuch feststellen, dass sich diese Adjektive auf das Zusammenspiel der zumindest zwei Kausalketten beziehen. Können sie den tatbestandlichen Erfolg nur zusammen herbeiführen, dann eben „kumulativ"; reichen dagegen beide jeweils für sich schon zur Tatbestandsverwirklichung aus, stellt jede von ihnen eine mögliche Alternative dar.

Ebenso ließe sich die zweite und gravierendere Verwechslung im Hinblick auf die Modifikation der „condicio sine qua non"-Formel durch verständiges Lernen vermeiden. Bei der alternativen Kausalität wird die „condicio sine qua non"-Formel deshalb ergänzt, weil ihre strenge Anwendung den Kausalzusammenhang entfallen ließe und somit zur (ungerecht erscheinenden) Straflosigkeit der Täter (wegen vollendeter Tat) führte. Wer sich diese Rechtsfolge einmal verinnerlicht, wird in der Klausur kaum noch in einem Fall der kumulativen Kausalität blindlings die gelernte Modifikation der alternativen Kausalität niederschreiben.

Ein verständiges Lernen kann somit unnötige Fehler in einer Klausur verhindern oder zumindest reduzieren. Nicht zuletzt gestaltet sich das Lernen effektiver. Um keine falschen Hoffnungen zu schüren: Auch ein verständiges Lernen wird niemanden davor bewahren können, viel von dem Gelernten wieder zu vergessen, denn das Vergessen gehört – wie bereits erwähnt – zum Alltag im Jurastudium. Was aber einmal verstanden wurde, verbleibt länger im Gedächtnis bzw. kann schneller wieder ins Gedächtnis zurückgerufen werden.

3. Step: Anwenden

In der Regel wird in einer juristischen Prüfung die *rechtliche Bewertung eines Sachverhalts* verlangt. Die Aufgabe des Prüflings beschränkt sich dann nicht auf die bloße Wiedergabe seines Wissens, wie beispielsweise die unreflektierte Niederschrift gelernter Definitionen. Vielmehr hat er unter Gebrauch seiner juristischen

Kenntnisse auf den konkreten Fall erst einmal herauszufinden, welche Fragestellungen der Sachverhalt aufwirft und welchen Stellenwert sie jeweils einnehmen. Anschließend muss er die entdeckten Probleme lösen und in einem ihrer Bedeutung angemessenen Umfang behandeln.

Auch bei dem *Erkennen von Problemen* einer Klausur wird eine auf Verständnis setzende Lernmethode behilflich sein. Denn wer bereits beim Lernen versucht, den Grund für eine Rechtsvorschrift, eine Rechtsfigur oder eine bestimmte Ansicht zu erfahren, wird selbst bei einem ihm unbekannten Sachverhalt eher und schneller registrieren, ob eine vergleichbare Konstellation vorliegt. Ein simples Auswendiglernen wird dagegen kaum für die im Sachverhalt gestreuten Hinweise des Klausurerstellers sensibilisieren.

In einem gewissen Rahmen ist es sogar möglich, das Erkennen von Problemen im Sachverhalt zu erlernen. Schließlich wiederholen sich manche Konstellationen und Details in Sachverhalten regelmäßig und sind stets nach ein und demselben Schema zu lösen. Die Fähigkeit, juristisches Wissen in Klausuren anzuwenden und aufgeworfene Probleme zu erkennen, kann daher dadurch verfeinert werden, indem neben den in Lehrveranstaltungen angebotenen Klausuren weitere Fälle aus Ausbildungszeitschriften, Lehrbüchern und Fallsammlungen bearbeitet werden. Generell empfiehlt es sich, sämtliche Übungsklausuren in Arbeitsgemeinschaften und Propädeutischen Übungen wahrzunehmen, um den Schritt des Anwendens zu trainieren und im Umgang mit Prüfungsklausuren routinierter zu werden.

Verfehlt wäre es allerdings, ein Rechtsgebiet ausschließlich anhand von Klausuren aufzubereiten. Dies würde den ersten und wichtigeren Schritt der Aneignung von Wissen vernachlässigen. Bevor jemand lernt, was er *wo und wie* schreibt, sollte er zuerst wissen und verstehen, *was* er schreibt. Klausuren sollten daher nur den Anlass oder die Abrundung zur Lektüre von Lehrbüchern und Skripten bilden. Wer etwa gerade das Minderjährigenrecht aus dem Allgemeinen Teil des BGB wiederholt, kann sein Wissen sogleich durch die Lösung einer Klausur zu diesem Themenkomplex überprüfen. Ebenso gilt: Wer sich gerade mit einer strafrechtlichen Klausur zu bestimmten Problemen aus dem Bereich der Kausalität beschäftigt, kann bei dieser Gelegenheit ein Lehrbuch zu diesem Thema studieren.

In einer Klausurbearbeitung müssen Probleme nicht nur erkannt, sondern auch *angemessen gewichtet* werden. Wer mehrere Seiten über einen unproblematischen Prüfungsschritt schreibt, verschenkt Zeit, ohne etwas zu gewinnen. Kaum ein Korrektor wird für unnötig offenbartes Wissen Punkte verteilen, auch nicht als Honorierung des dadurch belegten Lerneifers, zeigt der Prüfling durch seine Fehlgewichtung doch gerade, die wahren Fragestellungen des Falles jedenfalls in ihrer Bedeutung verkannt zu haben. Außerdem sind Klausuren in der Regel derart konzipiert, dass sich die Teilnehmer nicht allzu lange bei dem Offensichtlichen aufhalten dürfen. Ansonsten fehlt bei den wirklichen Problemen der Klausur und somit bei den punkteträchtigen Stellen die Gelegenheit zu einer umfassenden Bearbeitung.

Schwerpunkte setzen zu können, erweist sich für eine Klausur somit als äußerst relevant. Zur Verdeutlichung sei auf einen (hoffentlich nur fiktiven) Rechtsanwalt verwiesen, der einen Mandanten wegen eines Verkehrsunfalls empfängt. Der

Mandant schildert den Geschehensablauf und erwartet nun die rechtliche Beurteilung des Rechtsanwalts, weist allerdings darauf hin, dass er in einer halben Stunde zu einem anderen wichtigen Termin aufbrechen muss. Der Rechtsanwalt erzählt gleichwohl zunächst über die Geschichte des Straßenverkehrsrechts, sinniert über die Möglichkeiten, in dem Blinken des Mandanten, d. h. in der Betätigung des Fahrtrichtungsanzeigers, ein Angebot zum Vertragsschluss zu erblicken, und erörtert schließlich die zivilrechtlichen Anforderungen an die Deliktsfähigkeit und wie einfach denn der Fall zu entscheiden wäre, wenn der Mandant nicht vor einiger Zeit das achte Lebensjahr erreicht hätte. Als er gerade zur entscheidenden Frage gelangt, wer denn eigentlich Vorfahrt hatte, muss der Mandant zu seinem nächsten Termin aufbrechen. Wäre in diesem Fall der Mandant von dem Wissen des Rechtsanwalts beeindruckt? Wäre es der Korrektor einer ähnlich gelagerten Klausur?

4. Jump: Vermitteln

Nicht zu unterschätzen ist schließlich der Abschlusssprung des Vermittelns. Zwar wird ein Prüfling eine Klausur trotz völliger Ahnungslosigkeit in rechtlichen Belangen allein durch die Art und Weise, wie er seine Lösung formuliert, kaum bestehen können. Der Prüfling wird in diesem Fall selbst dann nicht erfolgreich sein, wenn er einen Schreibstil an den Tag legt, der eines Literaturnobelpreisträgers würdig wäre. Oder um im Bild des Dreisprungs zu bleiben: Wer bereits beim ersten Sprung strauchelt, wird allein mit dem dritten Sprung keine ausreichende Weite mehr erzielen. Sind aber die erforderlichen Kenntnisse vorhanden und werden sie auf den zu bearbeitenden Sachverhalt zutreffend angewendet, wäre es schade, Punkte nur deshalb zu verschenken, weil das Wissen dem Korrektor nicht genügend vermittelt werden kann. Warum sollte der Prüfling nicht sein volles Potential ausschöpfen und optimal in Punkte umsetzen?

Die Wege und Möglichkeiten dazu kann und sollte sich jeder möglichst früh aneignen. Zum einen stehen Semester für Semester Abschluss-, Zwischenprüfungs- und Übungsklausuren an, die zumeist im Gutachtenstil verfasst werden müssen. Schleichen sich bei seiner Anwendung Fehler oder Ungenauigkeiten ein, wird dies leicht zur schlechten Angewohnheit. Es sollte auch nicht angenommen werden, dass es an dem eigenen Gutachtenstil nichts auszusetzen gibt, wenn der Korrektor insoweit nichts bemängelt. Hierzu wird sich der Korrektor bereits aus Zeitgründen in der Regel nur bei groben Verstößen oder Unstimmigkeiten veranlasst sehen, zumal er sich bei seinen Anmerkungen eher auf die juristischen Probleme der Klausur konzentrieren wird.

Zum anderen kann der Schritt des Vermittelns als einziger bereits *zu Beginn des Studiums* vollständig erlernt werden. Die juristischen Kenntnisse werden naturgemäß jedes Semester mit jedem neuen Rechtsgebiet wachsen, ebenso die damit einhergehenden typischen Klausurkonstellationen. Die Grundzüge eines richtig und vorteilhaft angewandten Gutachtenstils lassen sich dagegen schon im ersten Semester komplett begreifen, weil sie für jedes Rechtsgebiet gelten. Es ist somit bereits von den ersten Klausuren an möglich, den Gutachtenstil zu trainieren und sich seinen richtigen Gebrauch anzugewöhnen, sei es etwa durch das Studium ausformulierter Falllösungen in Klausurensammlungen und Ausbildungszeitschriften oder durch die kritische und gründliche Durchsicht der eigenen geschriebenen Klausuren. Denn auch beim Ausformulieren von Klausuren macht Übung den Meister. Die Klausurbearbeitung wird dann, von den rechtlichen Problemen freilich abgesehen, immer einfacher von der Hand gehen und die Suche nach Formulierungen wird zunehmend weniger Zeit beanspruchen.

Insofern bietet es sich an – getreu dem Motto „you have to learn to dance, before you learn to crawl" – den finalen Schritt als ersten zu erproben. Die folgenden Abschnitte beschäftigen sich daher mit diesen Tanzschritten. Zunächst wird der Gutachtenstil (§ 2 III. bis VII.) in seinen wesentlichen Grundzügen erklärt und anhand von Beispielen erläutert, bevor der theoretische Teil des Buches mit einem Kapitel zur Klausurtaktik (§ 3) schließt.

III. Gutachtenstil

1. Sinn und Zweck

In der Klausur verlangt der Bearbeitervermerk in einer häufig anzutreffenden Formulierung: „In einem *Gutachten*, das auf alle aufgeworfenen Rechtsfragen eingeht, ist zu prüfen, [...]." Dies liegt daran, dass das Gutachten dem Regelfall der juristischen Arbeit in der Praxis entspricht. Verwiesen sei noch einmal auf den auf S. 8 erwähnten Mandanten. Er wird seinen Rechtsanwalt nicht mit einem bereits selbstständig umrissenen juristischen Problem oder mit einer konkreten Frage aufsuchen, sondern ihm einen Sachverhalt schildern, um dessen rechtliche Bewertung zu erfahren.

Hierbei ist zu berücksichtigen, dass Mandanten in der Regel juristische Laien sind. Zwar haben sie sich ggf. über gewisse Aspekte ihres Rechtsproblems schon informiert. Vielleicht glauben sie auch, die Antwort auf ihre Fragen bereits zu kennen, selbst wenn sie die Lösung nicht verstehen oder nachvollziehen können – was vor allem dann der Fall sein wird, wenn die Rechtslage den Mandanten nicht genehm erscheint. Die Erwartungen an die Meinung, die Einschätzung, an das Gutachten des Rechtsanwalts sind dementsprechend hoch. Die Mandanten wollen nicht nur Antworten hören, sondern auch verstehen, warum die Antwort so lautet. Kurz: Sie wollen für ihr Geld etwas sehen.

Ähnlich sollte das Ziel einer Klausur sein. Es gilt ein Gutachten anzufertigen, das einem *rechtlichen Laien*, der nur den Sachverhalt kennt und die einschlägigen Gesetzestexte zur Hand hat, die juristischen Probleme des Falles aufzeigt und ihm überzeugend erklärt, aus welchem Grund sie wie gelöst werden. Der Gutachtenstil soll folglich dazu dienen, Personen von dem gefundenen Ergebnis zu überzeugen, die in der Regel nur wenige rechtliche Vorkenntnisse aufweisen. Eine Lösung ist somit gelungen, wenn ein Laie nach ihrer Lektüre den Sachverhalt rechtlich zutreffend beurteilen kann.

2. Grundlagen des Gutachtenstils

Der Gutachtenstil zeichnet sich dadurch aus, den Weg *von der* (im Bearbeitervermerk) aufgeworfenen *Frage* bis *zur Antwort* zu begleiten. Im Grunde bildet er den Gedankengang des Prüflings nach. Ist in einer Klausur etwa ein zivilrechtlicher Anspruch des K auf Übereignung einer Kaufsache gegen V zu untersuchen, so gibt das Gutachten darauf erst an seinem Ende eine eindeutige Antwort. Zuvor gilt es, Schritt für Schritt zu überlegen, ob denn die einzelnen Voraussetzungen für einen solchen Anspruch gegeben sind, ob etwa V und K überhaupt einen wirksamen Kaufvertrag geschlossen haben (z. B. obwohl sich K über eine Eigenschaft der Kaufsache geirrt hat) und ob dem daraus erwachsenen Anspruch Einwendungen (z. B. weil V minderjährig ist oder weil er wegen eines Irrtums den Kaufvertrag – genauer: seine auf den Abschluss des Kaufvertrags gerichtete Willenserklärung – angefochten hat) oder Einreden (z. B. wenn K seinen Anspruch schon seit drei Jahren nicht geltend gemacht hat) entgegenstehen.

Die *lineare Vorgehensweise* von der Frage zur Antwort muss nicht nur bei der Aufgabenstellung des Bearbeitervermerks insgesamt beachtet werden, sondern bei jedem einzelnen Aspekt, der näherer rechtlicher Erörterung bedarf. Mit anderen Worten: Jedes (Gesamt-)Gutachten besteht aus kleineren Untergutachten.

> Beispiel: Eine Strafrechtsklausur fragt nach der Strafbarkeit des A, der dem X mit einem Bierkrug auf den Kopf schlägt, um dessen Fausthieb abzuwenden. Das Gesamtgutachten betrifft hier die nach dem Bearbeitervermerk zu untersuchende Strafbarkeit des A. Die Untergutachten behandeln die zu prüfenden Straftatbestände (hier §§ 223, 224 StGB), die Rechtfertigung des Handelns des A aus Notwehr, dabei etwa wiederum die Erforderlichkeit der Verteidigungshandlung.

Bei sämtlichen Gesamt- und Einzelgutachten wird der Gutachtenstil grds. in derselben Weise angewandt, wobei die folgenden vier Schritte zu unterscheiden sind:

- Einleitungssatz,
- Definition,
- Subsumtion und
- Schlusssatz.

> Während über den Inhalt der einzelnen Schritte zumindest im Wesentlichen Einigkeit besteht, werden die einzelnen Schritte des Gutachtenstils unterschiedlich bezeichnet. Verbreitet ist es etwa, den Einleitungssatz Obersatz zu nennen und Definition und Subsumtion zum Untersatz zusammenzufassen. Wer dagegen die Verwandtschaft des Gutachtenstils mit dem logischen Schluss des sog. Justizsyllogismus hervorhebt, bezeichnet die abstrakten Ausführungen der Definition als Obersatz und die Subsumtion des konkreten Falles als Untersatz.

Der erste sowie der vierte und somit letzte Schritt bilden gewissermaßen den Rahmen für die notwendigen Erörterungen. Da ein Gutachten den Gedankengang von der Frage zum Ergebnis aufzeichnet, wirft der erste Schritt zunächst die Frage auf, die in dem konkreten (Gesamt- oder Einzel-)Gutachten behandelt wird, während der vierte Schritt die Antwort hierauf festhält. Dementsprechend werden diese Schritte als *Einleitungssatz* und *Schlusssatz* bezeichnet.

III. Gutachtenstil

Dazwischen erfolgt die eigentliche juristische Arbeit. Nachdem im Einleitungssatz aufgezeigt wird, worüber im Folgenden geschrieben wird, gilt es sodann, sich dem aufgeworfenen Problem ausführlich zu widmen. Dafür wird zunächst in einem zweiten Schritt die fragliche Voraussetzung bzw. das betreffende Merkmal *abstrakt*, d. h. losgelöst von dem jeweiligen Fall, näher betrachtet, indem es etwa definiert (*Definition*) wird. Anschließend wird in einem dritten Schritt erörtert, ob die Vorgaben dieser Begriffsbestimmung *konkret*, d. h. im vorliegenden Sachverhalt, gegeben sind (*Subsumtion*). Es versteht sich von selbst, dass diesen beiden Schritten die größte Bedeutung zuteilwird und hier die meisten Punkte vergeben werden.

Wie die einzelnen Schritte des Gutachtenstils anzuwenden sind, soll im Folgenden anhand eines einführenden Beispiels aus dem Strafrecht verdeutlicht werden. Die sehr konkrete, für einen Bearbeitervermerk unüblich präzise Fallfrage dient dem Zweck, nicht zwischen verschiedenen (Unter-)Gutachtenebenen springen zu müssen und sich auf den Ablauf eines einzelnen Gutachtens konzentrieren zu können.

▶ [Sachverhalt:] A wählt nachts wiederholt die Telefonnummer der F, legt aber jeweils nach einmaligem Klingeln wieder auf. Wie von A beabsichtigt, verbringt F eine schlaflose Nacht und kann am nächsten Morgen nur unausgeschlafen zur Arbeit gehen.
[Bearbeitervermerk:] Hat A eine Gesundheitsschädigung im Sinne des § 223 Abs. 1 Var. 2 StGB begangen?

3. Die einzelnen Schritte des Gutachtenstils

a) Einleitungssatz
Der erste Schritt besteht darin, sich in einem Einleitungssatz zu vergegenwärtigen, was überhaupt im Folgenden zu prüfen ist, z. B. welche Anspruchsgrundlage oder welches konkrete Tatbestandsmerkmal. Diese einführenden Worte dienen nicht nur der eigenen *Orientierung* des Prüflings, sondern vor allem der Orientierung des Korrektors. Schließlich sind ihm die folgenden Ausführungen noch nicht bekannt. In einer juristischen Prüfung haben die Einleitungssätze daher die primäre Aufgabe, den Korrektor durch die Gedankengänge des Prüflings zu leiten.

Der Einleitungssatz muss dementsprechend präzise sein, damit der Korrektor daraus ersehen kann, welchem rechtlichen Gesichtspunkt sich der Prüfling nunmehr widmet. Es sollte daher sehr genau bezeichnet werden, was den Gegenstand der kommenden Ausführungen bildet. Der Einleitungssatz darf deshalb nicht zu epischer Breite anwachsen, weil er in das Gutachten lediglich einführt, ohne es in der Sache selbst voranzubringen. Es ist vielmehr eine kurze und prägnante Formulierung mit hoher Informationsdichte geboten.

Zudem ist bei der Formulierung des Einleitungssatzes noch ein wesentlicher Charakterzug des Gutachtenstils zu berücksichtigen. Da das Gutachten nur eine Niederschrift des Gedankengangs des Prüflings auf dem Weg von der Ausgangsfrage zum Ergebnis darstellt, steht das Ergebnis nicht vor dem vierten und letzten Schritt fest. Um dies zu verdeutlichen, werden im Einleitungssatz der *Konjunktiv* oder ähnliche

Formulierungen verwendet, die zum Ausdruck bringen, dass eine Antwort auf die vorgestellte rechtliche Fragestellung noch nicht vorliegt, sondern erst gesucht wird.

▶ [Einleitungssatz:] A könnte durch seine wiederholten Telefonanrufe die Gesundheit der F im Sinne des § 223 Abs. 1 Var. 2 StGB geschädigt haben.
[alternativ:] Fraglich ist, ob A durch seine wiederholten Telefonanrufe die Gesundheit der F im Sinne des § 223 Abs. 1 Var. 2 StGB geschädigt hat.
[alternativ:] Durch seine wiederholten Telefonanrufe hat A möglicherweise die Gesundheit der F im Sinne des § 223 Abs. 1 Var. 2 StGB geschädigt.

b) Definition

In der Definition wird der im Einleitungssatz aufgeworfene Gesichtspunkt rechtlich näher betrachtet. Dies geschieht, indem z. B. die Voraussetzung einer zivilrechtlichen Anspruchsgrundlage oder das Merkmal eines strafrechtlichen Tatbestandes definiert wird bzw. sonstige *juristische Ausführungen* zu dem jeweiligen Prüfungspunkt erfolgen.

Nähere Erörterungen erscheinen indessen nur angebracht, wenn sie für den konkreten Fall von Bedeutung sind. Die sich dem Prüfling in der Definition bietende Möglichkeit, seine juristischen Kenntnisse unter Beweis zu stellen, darf dagegen nicht als Einladung verstanden werden, sein gesamtes Wissen ohne Rücksicht auf seine Relevanz für den zu behandelnden Sachverhalt niederzuschreiben. Es dürfen folglich keine unnötigen Begriffsbestimmungen und überflüssigen Fakten präsentiert werden, auch wenn diese fleißig gelernt wurden und es nunmehr ärgerlich erscheint, dass das gesammelte Wissen für die zu bearbeitende Klausur unerheblich ist. Es gilt sich – anders als etwa der Verkehrsanwalt auf S. 13 f. – auf das Wesentliche zu konzentrieren.

Wenn sich die notwendigen Ausführungen nicht in einer gängigen Definition erschöpfen sollten, sondern hierbei etwa eine bestimmte Fallkonstellation rechtlich gewürdigt werden muss (z. B. die bereits angesprochene Modifikation der „condicio sine qua non"-Formel bei der alternativen Kausalität), empfiehlt sich eine möglichst verständliche Schreibweise (zur Falle „Juristendeutsch" siehe S. 35 ff.). Zwar wird das Gutachten in einer Klausur für einen Korrektor mit juristischen Kenntnissen verfasst. Die eigentliche Zielgruppe bleibt aber nach wie vor der rechtliche Laie, der das Gutachten verstehen können sollte. Besteht rechtlicher Erklärungsbedarf, darf folglich nicht etwa angenommen werden, der Korrektor wüsste schon, was und wie es der Prüfling meint. Denn in der Klausur geht es nicht darum, was der Korrektor weiß; vielmehr hat allein der Prüfling seine Kenntnisse unter Beweis zu stellen.

In der Formulierung muss zum Ausdruck kommen, dass alle Erläuterungen in der Definition abstrakt sind und nicht nur im vorliegenden Sachverhalt, sondern generell Gültigkeit beanspruchen. Insoweit sollte nicht mehr auf den Konjunktiv des Einleitungssatzes zurückgegriffen werden. Vielmehr stehen Begriffsbestimmungen und sonstige Ausführungen in der Definition im *Indikativ*.

III. Gutachtenstil

▶ [Definition:] Eine Gesundheitsschädigung ist jedes Hervorrufen oder Steigern eines nicht unerheblichen pathologischen, d. h. krankhaften Zustandes.

c) Subsumtion

Ob die in der Definition näher erläuterten Voraussetzungen und Merkmale im vorliegenden Sachverhalt gegeben sind, wird im Rahmen der Subsumtion geprüft. Es gilt hierbei, einen *konkreten Sachverhalt* unter eine abstrakte Norm oder ein allgemeingültiges Tatbestandsmerkmal zu ziehen. Auch die Subsumtion erfolgt im *Indikativ*.

Da nun der vorliegende Einzelfall rechtlich zu bewerten ist, empfiehlt es sich, *nahe am Sachverhalt zu arbeiten*. Es sind folglich diejenigen Fakten, die für den gerade erörterten Aspekt wesentlich sind, in das ausformulierte Gutachten zu übernehmen. Dabei dürfen die entsprechenden Passagen durchaus wortwörtlich und ohne Anführungszeichen abgeschrieben werden. Diesem Zweck dient schließlich der Sachverhalt. Auch der Mandant eines Rechtsanwalts will gerade die rechtliche Bewertung seines Falles erfahren und deswegen die von ihm geschilderten Tatsachen in dem Gutachten des Anwalts wiedererkennen. Es ist daher überflüssig, den Sachverhalt mit anderen Worten zu umschreiben.

Über die Qualität der Arbeit entscheidet neben der Nähe zum Sachverhalt nicht zuletzt die im Gutachten zum Ausdruck kommende Fähigkeit zur *Argumentation*. In nahezu jeder Klausur gibt es Problembereiche, die mit guten Gründen unterschiedlich gelöst werden können, sei es, dass es zu einer juristischen Thematik widerstreitende Lösungsansätze gibt (zur Darlegung von Meinungsstreiten siehe § 2 V.) oder dass bei der Subsumtion des konkreten Einzelfalls unter allgemein anerkannte Grundsätze mehrere Ergebnisse vertretbar erscheinen. In solchen Fällen muss aus dem Gutachten ersichtlich sein, warum von verschiedenen akzeptablen Lösungen gerade die eine bevorzugt wird. Daher sind nicht nur Argumente für die vertretene Auffassung anzuführen, sondern auch mögliche Einwände, die aber sogleich mit triftigen Gründen widerlegt werden.

▶ [Subsumtion:] A hat durch seine wiederholten nächtlichen Telefonanrufe zwar erreicht, dass F am nächsten Morgen nur unausgeschlafen zur Arbeit gehen konnte. Müdigkeit allein ist aber noch kein krankhafter Zustand. Auch ergeben sich keine Anhaltspunkte dafür, dass sich die Aktion des A in sonstiger Weise auf die Gesundheit der F ausgewirkt hat, wie dies etwa bei dauerhaftem Schlafentzug denkbar wäre.

d) Schlusssatz

Nach der umfassenden wie anschaulichen Formulierung von Definition und Subsumtion, stellt der vierte und letzte Schritt eine willkommene und schnell zu erledigende Aufgabe dar: die *Zusammenfassung* des gerade im (Unter- oder Gesamt-) Gutachten gefundenen Ergebnisses. Im Schlusssatz wird somit die im Einleitungssatz aufgeworfene Frage beantwortet.

Da nun das Ergebnis verkündet wird, liegt nahe, nicht den – somit grds. nur im Einleitungssatz angebrachten – Konjunktiv zu verwenden, sondern die Schlussfolgerungen in einem einfachen Aussagesatz im *Indikativ* bekannt zu geben. Dabei ist es empfehlenswert, sich kurz, aber präzise zu fassen. Begründungen, auch wenn sie nur in einem Nebensatz oder in Gedankenstrichen erfolgen, sind fehl am Platz und gehören allein zur Definition bzw. Subsumtion.

▶ [Schlusssatz:] Somit hat A durch seine nächtlichen Telefonanrufe die Gesundheit der F im Sinne des § 223 Abs. 1 Var. 2 StGB nicht geschädigt.

e) Zusammenfassung und Gewichtung

In einem ausformulierten Gutachten nehmen von den aufgezeigten vier Schritten die Schritte der *Definition und Subsumtion* den weitaus *größten Raum* ein. Während sich die Funktion von Einleitungs- und Schlusssatz darauf beschränkt, die jeweilige Problematik einleitend aufzuwerfen (Einleitungssatz) und abschließend zu beantworten (Schlusssatz), findet bei Definition und Subsumtion die wahre juristische Aufarbeitung des Sachverhalts statt. *Einleitungs- und Schlusssatz* bilden gewissermaßen den *Rahmen* für das Bild von Definition und Subsumtion.

Nun wird etwa bei Gemälden ein passender Rahmen zwar durchaus gerne gesehen. Über den Kaufpreis entscheidet aber letztlich die Qualität des Bildes. Ähnlich verhält es sich bei einer Klausur. Auch dort gehört ein schöner Rahmen dazu und werden prägnant formulierte Einleitungs- und Schlusssätze erwartet. Ob die Klausur aber zu einem Kunstwerk avanciert und mit hohen Punktzahlen honoriert wird, bestimmt sich maßgeblich nach der Qualität von Definition und Subsumtion.

Von diesen beiden Schritten wird wiederum in der Regel der *Subsumtion* die größere Bedeutung zuteil. Zwar darf die saubere Niederschrift gelernter Definitionen und juristischen Fachwissens nicht vernachlässigt werden. Da diese Leistung jedoch die meisten Prüflinge erbringen können, wird damit beim Korrektor nur einen besonderen Eindruck hinterlassen, wer über außergewöhnliche (und zugleich relevante) Kenntnisse verfügt bzw. die abstrakte Rechtslage äußerst anschaulich und verständlich schildern kann.

Sein Wissen aber auf den konkreten Sachverhalt anzuwenden, bleibt die eigentliche Kunst des Gutachtens. Schließlich sind selbst die beeindruckendsten juristischen Kenntnisse wertlos, wenn nicht mit ihrer Hilfe der konkrete Einzelfall gelöst werden kann. Zudem stellt die Subsumtion die größte Eigenleistung des Prüflings dar, durch die er sich besonders auszeichnen kann. Während nämlich Definitionen und allgemeine Rechtskenntnisse gelernt werden können und sich daher von Klausur zu Klausur häufig nicht unterscheiden, ist dies bei der Subsumtion wegen ihrer Vielgestaltigkeit im jeweiligen Einzelfall kaum möglich, so dass sie Raum zur individuellen Argumentation bietet.

Die Bewertung eines Gutachtens wird sich daher im Wesentlichen nach der Qualität der Definition und nicht zuletzt der Subsumtion bemessen. Insbesondere an Schlüsselstellen der Klausur, die sich auf die weiteren Prüfungsschritte auswirken, sowie bei Schwerpunkten sollte daher entsprechend sorgfältig gearbeitet und umfassend wie überzeugend argumentiert werden. Je nach Schriftgröße können sich Definition und Subsumtion zu einem einzigen Untergutachten daher durchaus auf eine, zwei oder sogar mehrere Seiten erstrecken. In den weitaus meisten Klausurbearbeitungen werden die Schwerpunkte indessen leider (mitunter erheblich) zu kurz behandelt.

4. Abschließende Beispiele

Um zu verdeutlichen, wie wichtig eine verständliche Schreibweise und eine ausführliche Subsumtion für den Wert eines Gutachtens sind, soll an dieser Stelle der Spieß einmal umgedreht werden. Die Aufgabe besteht nun nicht etwa darin, ein rechtliches Problem einem juristischen Laien plausibel zu erklären. Stattdessen werden Gutachten zu Fragen aus Gebieten außerhalb der Rechtswissenschaft, namentlich des Handwerks und des Sports, bemüht – in der Hoffnung, dass die Leserinnen und Leser sich in zumindest einem der beiden Bereiche nur wenig auskennen und die Beispiele daher ihren gewünschten Effekt nicht verfehlen.

Lediglich klarstellend sei bemerkt, dass die Bezeichnung der einzelnen Schritte in eckigen Klammern als Einleitungssatz, Definition, Subsumtion und Schlusssatz ausschließlich der Orientierung und der Verdeutlichung der einzelnen Schritte des Gutachtenstils dient. In einem ausformulierten Gutachten wird diese Strukturierung nicht ausdrücklich festgehalten.

▶ Beispiel 1: A fährt mit seinem Auto auf einer Landstraße, als der Motor plötzlich abstirbt und sich nicht mehr starten lässt. Ein Blick auf die Tankanzeige verrät ihm, dass dies zumindest nicht an fehlendem Benzin liegen kann. Die von A benachrichtigte Werkstatt schickt den Mechaniker M vorbei, der sich den Wagen des A vor Ort anschaut. Als technisch interessierte Person möchte A nun – neben den Kosten der fälligen Reparatur – gerne wissen, weswegen er stehen geblieben ist.

Die Antwort des M könnte lauten: „Die Nockenwelle ist defekt." A will aber mehr wissen und hakt nach. M führt daraufhin aus: „Die Nockenwelle könnte defekt sein [Einleitungssatz]. Die Nockenwelle steuert die Ventile eines Verbrennungsmotors [Definition]. Der Motor des Wagens ist auf einmal abgestorben und springt nicht mehr an [Subsumtion]. Daher ist die Nockenwelle defekt [Schlusssatz]."

Weiß A nun etwa mehr? Der durch die zweite Antwort gewonnene Informationsgehalt ist gleich Null, obwohl M seine Aussage in den Gutachtenstil eingekleidet hat. Der Gutachtenstil allein vermag folglich keine Wunder zu bewirken und weder schwer Verständliches zu erklären noch notwendige Begründungen zu ersetzen. Doch M wagt noch einen dritten Anlauf: „Die Nockenwelle könnte defekt sein [Einleitungssatz]. Die Nockenwelle steuert die Ventile eines Verbrennungsmotors. Durch die Ventile fließt das Benzin, mit dem der Motor angetrieben wird. Eine defekte Nockenwelle kann dazu führen, dass kein Treibstoff mehr durch die Ventile fließt und auch der Motor nicht mehr arbeiten kann [Definition]. Dass der Motor plötzlich während der Fahrt ausgegangen ist und nicht mehr gestartet werden kann, lässt auf eine Unterversorgung mit Treibstoff schließen. Im Tank befindet sich aber noch ausreichend Benzin. Das Problem liegt daher an der Zufuhr des Benzins vom Tank zum Motor. [Subsumtion]. Folglich ist die Nockenwelle defekt [Schlusssatz]."

▶ Beispiel 2: Der nicht sonderlich sportinteressierte B sitzt mit dem Fußballfan und Pay-TV-Abonnenten F auf der Couch und sieht sich mit ihm zusammen ein Spiel der Bundesliga der Herren an. Als ein Spieler der Gastmannschaft einen tiefen Pass in den Strafraum gibt, spielt die Heimmannschaft auf Abseits mit Ausnahme des geistesabwesenden Verteidigers V, der sich zum Zeitpunkt des Abspiels genau neben dem Stürmer S der Gastmannschaft befindet. S läuft los, erhält den Pass freistehend vor dem Torwart und verwandelt eiskalt. Dunkel erinnert sich B daran, dass bei solchen Situationen normalerweise der Mann an der Seitenlinie mit seiner Fahne wedelt und Abseits anzeigt. Doch sowohl ein Winken mit der Fahne als auch ein Pfiff des Schiedsrichters bleiben aus. Der Treffer wird gegeben. B will nun wissen warum.

Die erste Antwort von F lautet: „Klar war das ein reguläres Tor! Gleiche Höhe!" Als F das Stirnrunzeln des B bemerkt, unternimmt er einen neuen Versuch: „Der Treffer hätte nicht gegeben werden dürfen, wenn S das Tor aus einer Abseitsstellung erzielt hätte [Einleitungssatz]. Ein Spieler befindet sich in einer Abseitsstellung, wenn er der gegnerischen Torlinie näher ist als der Ball und der vorletzte Spieler der gegnerischen Mannschaft [Definition]. Dies war vorliegend offensichtlich nicht der Fall [Subsumtion]. Somit lag keine Abseitsstellung vor und S hat den Treffer regulär erzielt [Schlusssatz]."

Obwohl immer noch nicht überzeugt, will B diese Antwort akzeptieren, als F einen letzten Erklärungsversuch wagt: „Der Treffer hätte nicht gegeben werden dürfen, wenn S das Tor aus einer Abseitsstellung erzielt hätte [Einleitungssatz]. Ein Spieler befindet sich gemäß den Regeln des Deutschen Fußballbundes in einer Abseitsstellung, wenn er der gegnerischen Torlinie näher ist als der Ball und der vorletzte Spieler der gegnerischen Mannschaft. Dabei entscheidet der Augenblick der Ballabgabe, nicht der Zeitpunkt der Ballannahme [Definition]. Vorliegend bleibt somit allein der Moment maßgeblich, zu dem der Pass zu S gespielt wurde. Zu diesem Zeitpunkt stand V – als vorletzter Spieler neben dem Torwart – genau neben dem S, d. h. auf sog. gleicher Höhe. Da S der gegnerischen Torlinie nicht näher war als V, stellt gleiche Höhe kein Abseits dar [Subsumtion]. Somit lag keine Abseitsstellung vor und S hat den Treffer regulär erzielt [Schlusssatz]."

Welche der jeweils drei verschiedenen Antworten war nun am Verständlichsten? Denjenigen Personen, die sich in diesen Bereichen auskennen, genügt bereits die erste kurze und bündige Version. Für Außenstehende wird dagegen selbst die zweite Variante eher Fragen aufwerfen als beantworten. Sie brauchen mehr als eine nur knappe Definition und eine halbherzige Subsumtion. Ähnlich ergeht es der Zielgruppe eines Gutachtens, dem rechtlichen Laien, der den darin enthaltenen Ausführungen folgen können soll. Er benötigt anschauliche Erklärungen und begründete Subsumtionen.

Das letzte Beispiel der Abseitsregel unterscheidet sich im Übrigen nicht allzu sehr von der Arbeit eines Juristen. Schließlich besteht auch hier die Aufgabe in der Interpretation von (in diesem Fall: Spiel-)Regeln. Nach diesen Voreindrücken folgen nun unterschiedlich umfangreich begründete Ausführungen zu der bereits angesprochenen alternativen Kausalität. Welche der folgenden Varianten würde wohl ein rechtlicher Laie als verständlicher erachten?

III. Gutachtenstil

▶ [Sachverhalt:] A und B geben unabhängig voneinander eine jeweils tödliche Menge Gift in den Tee des C. C erfreut sich kurz an der neuen Geschmacksrichtung und stirbt.
[Bearbeitervermerk:] Strafbarkeit des A wegen Totschlags gemäß § 212 Abs. 1 StGB?

Variante 1: „A könnte sich durch das Mischen des Gifts in den Tee des C wegen Totschlags gemäß § 212 Abs. 1 StGB strafbar gemacht haben [Einleitungssatz Gesamtgutachten]. [...]
Fraglich ist, ob die Handlung des A kausal für den Tod des C war [Einleitungssatz Untergutachten]. Gemäß der ‚condicio sine qua non'-Formel ist ein Verhalten ursächlich für den tatbestandlichen Erfolg, wenn die Handlung nicht hinweggedacht werden kann, ohne dass der Erfolg in seiner konkreten Gestalt entfiele. In den Fällen der alternativen Kausalität bedarf diese Formel jedoch einer Modifikation. Danach ist von mehreren Bedingungen, die zwar alternativ, nicht aber kumulativ hinweggedacht werden können, ohne dass der Erfolg in seiner konkreten Gestalt entfiele, jede erfolgsursächlich [Definition Untergutachten]. Vorliegend haben A und B eine jeweils tödliche Menge Gift in den Tee des C gegeben [Subsumtion Untergutachten]. Somit ist die Handlung des A kausal für den Tod des C [Schlusssatz Untergutachten]. [...]
A ist strafbar wegen Totschlags zum Nachteil des C gemäß § 212 Abs. 1 StGB [Schlusssatz Gesamtgutachten]."

Variante 2: „A könnte sich durch das Mischen des Gifts in den Tee des C wegen Totschlags gemäß § 212 Abs. 1 StGB strafbar gemacht haben [Einleitungssatz Gesamtgutachten]. [...]
Fraglich ist, ob die Handlung des A kausal für den Tod des C war [Einleitungssatz Untergutachten]. Gemäß der ‚condicio sine qua non'-Formel ist ein Verhalten ursächlich für den tatbestandlichen Erfolg, wenn die Handlung nicht hinweggedacht werden kann, ohne dass der Erfolg in seiner konkreten Gestalt entfiele [Definition 1]. Vorliegend hätte bereits die von B dem Tee beigefügte Giftmenge die tödliche Vergiftung des C herbeigeführt. Hätte A kein Gift in den Tee gegeben, wäre der Tod des C folglich trotzdem nicht ausgeblieben. Die Handlung des A kann somit hinweggedacht werden, ohne dass der Erfolg in seiner konkreten Gestalt entfiele [Subsumtion 1]. Bei strenger Anwendung der ‚condicio sine qua non'-Formel wäre somit das Verhalten des A nicht kausal für den Tod des C, so dass eine Strafbarkeit des A ausschiede [Schlusssatz 1].
Mit derselben Argumentation könnte auch B strafrechtlich nicht wegen vollendeter Tat belangt werden. Dies hätte zur Folge, dass in einer derartigen Fallkonstellation, bei der mehrere Bedingungen zeitgleich einen Erfolg hervorrufen, den sie jeweils allein herbeigeführt hätten (sog. alternative Kausalität), alle Beteiligten allenfalls wegen Versuchs strafbar wären. Damit wären unabhängig voneinander handelnde Täter nur durch den Zufall privilegiert, was nicht gerechtfertigt erscheint. Um die unbillige Rechtslage zu vermeiden, muss die ‚condicio sine qua non'-Formel in diesem Fall modifiziert werden. Danach ist von mehreren Bedingungen, die zwar alternativ, nicht aber kumulativ hinweggedacht werden können, ohne dass der Erfolg in seiner konkreten Gestalt entfiele, jede erfolgsursächlich [Definition 2]. Sowohl die Giftmenge des A als auch die Dosis des B waren vorliegend tödlich und konnten jeweils allein den Vergiftungstod des C bewirken. Sie können daher jeweils für sich genommen hinweggedacht werden, ohne dass der Tod des C entfiele. Hätten aber weder A noch B dem Tee des C Gift beigemischt, hätte dieser seinen Tee ohne die Folge einer Vergiftung trinken können. Nach der modifizierten ‚condicio sine qua non'-Formel verursacht somit das Verhalten des A (wie auch das des B) den Tod des C [Subsumtion 2]. Daher ist die Handlung des A kausal für den Tod des C [Schlusssatz Untergutachten]. [...]
A ist strafbar wegen Totschlags zum Nachteil des C gemäß § 212 Abs. 1 StGB [Schlusssatz Gesamtgutachten]."

IV. Gutachten- und Urteilsstil

1. Schwerpunkte eines Gutachtens

a) Anwendungsbereich des Gutachtenstils
Bislang wurde versucht aufzuzeigen, *warum* und *wie* der Gutachtenstil praktiziert wird und welche seiner Schritte maßgeblich und punkteträchtig sind. Im Folgenden soll erklärt werden, *wann* der Gutachtenstil verwendet wird. Ein Gutachten zu verfassen, bedeutet entgegen erstem Anschein nicht, den Gutachtenstil bei jedem einzelnen Merkmal jeder in Betracht zu ziehenden Norm in derselben Breite anwenden zu müssen. Dadurch würde ein Gutachten zu umfangreich und unübersichtlich geraten.

Wie bereits erwähnt, stellt das Gutachten lediglich die schriftliche Fixierung des Gedankengangs des Bearbeiters dar. Der Bearbeiter wird sich aber nicht jedem Aspekt, der bei der rechtlichen Prüfung eines Sachverhalts anzusprechen ist, mit der gleichen Aufmerksamkeit widmen. Vielmehr wird er sich über problematische oder umstrittene Voraussetzungen mehr und ausführlichere Gedanken machen, während er unproblematische Merkmale sehr schnell bejahen bzw. verneinen wird. Gleiches gilt für das ausformulierte Gutachten: schwierige und entscheidende Fragestellungen, die der Sachverhalt aufwirft, werden *umfassend*, unproblematische Punkte dagegen nur *kurz* behandelt.

b) Schwerpunkte einer Klausur
Der Stellenwert der einzelnen Probleme einer Klausur muss in der Lösung klar zum Ausdruck kommen. Das Ziel eines Gutachtens, die darin aufgezeigten Gedankengänge möglichst verständlich und nachvollziehbar zu vermitteln, gilt somit nicht nur für den Inhalt dieser Gedanken, sondern auch für deren *Gewichtung*. Im Gutachten sind daher Schwerpunkte zu setzen, um zu verdeutlichen, welche der im Sachverhalt aufgeworfenen juristischen Fragen größere Aufmerksamkeit verlangen und welche dagegen unproblematisch sind.

Schwerpunkte sollten in einem Gutachten dadurch erkennbar sein, dass besonderer Wert auf eine verständliche Argumentation und überzeugende Subsumtion gelegt wird. Darüber hinaus ist hier ein sauberer Gutachtenstil zu praktizieren. Schließlich stellen die juristischen Herausforderungen einer Klausur den eigentlichen Anwendungsbereich des Gutachtenstils mit seinen näher beschriebenen vier Schritten dar. Denn die Begleitung eines Gedankengangs von der Frage zur Antwort bietet sich nur bei rechtlichen Problemen an, bei denen das Ergebnis nicht bereits auf der Hand liegt, sondern durch juristische Herangehensweise erst gefunden werden muss.

Dagegen wirkt bei offensichtlich (nicht) gegebenen Prüfungspunkten eine strikte Anwendung des Gutachtenstils gekünstelt und entspricht außerdem nicht dem Gedankengang des Bearbeiters. Hier kann daher auf den Gutachtenstil verzichtet werden. Daraus darf jedoch nicht geschlossen werden, dass Unproblematisches in einer Klausur überhaupt nicht anzusprechen ist. Dies wäre vielmehr fatal, da der Korrektor nicht weiß, ob ein Aspekt nicht erwähnt wird, weil dessen rechtliche Behandlung oder Vorliegen dem Prüfling selbstverständlich erscheint oder weil dieser ihn schlicht nicht bemerkt hat. Auch problemlose Merkmale sind daher in das Gutachten aufzunehmen. Allerdings kann dies kurz im sog. Urteilsstil (dazu sogleich IV. 2.) geschehen.

c) Anzusprechende Prüfungspunkte

Wie der Paradefall eines Bearbeitervermerks „In einem Gutachten, das auf *alle aufgeworfenen Rechtsfragen* eingeht, ist zu prüfen, [...]." verdeutlicht, sind in einem Gutachten sämtliche *nahe liegenden* rechtlichen Aspekte zu erörtern bzw. zumindest zu erwähnen. Nahe liegt ein Prüfungspunkt zumindest dann, wenn dessen Voraussetzungen erfüllt sind.

> So sind in einem zivilrechtlichen Gutachten alle Anspruchsgrundlagen zu nennen, die der Anspruchsteller mit Erfolg geltend machen kann. In einer Grundrechtsprüfung im Öffentlichen Recht sind alle Grundrechte zu erwähnen, in die das staatliche Verhalten eingreift. Im Strafrecht müssen schließlich sämtliche Straftatbestände erörtert werden, die der Täter verwirklicht.

Darüber hinaus ist alles anzusprechen, was *nicht* von vornherein als *abwegig* erscheint. Dies gilt selbst dann, wenn sich der jeweilige Gesichtspunkt nach seiner rechtlichen Prüfung im Ergebnis als bedeutungslos erweist.

> Nicht offensichtlich fern liegende zivilrechtliche Ansprüche sind auch dann zu prüfen, wenn sie nicht gegeben sind. Die Eingriffsqualität staatlichen Handelns in möglicherweise beeinträchtigte Grundrechte ist zu untersuchen, selbst wenn sie letztlich verneint werden muss. In strafrechtlichen Klausuren sind nahe liegende Straftatbestände zu prüfen, obwohl deren Verwirklichung bei genauerer Betrachtung bereits an einem Merkmal des objektiven Tatbestandes scheitert.

Solche Punkte in einem Gutachten berücksichtigen zu müssen, verdeutlicht das Beispiel einer strafrechtlichen Klausur, bei der nach aufwändiger Prüfung die Straflosigkeit des Täters festgestellt wird. Gleiches gilt für eine Klausur aus dem Zivilrecht, bei der überhaupt kein Anspruch besteht. In diesen Fällen ist es selbstverständlich, dass der Bearbeiter seine Aufgabe nicht dadurch erfüllt, ein leeres Blatt abzugeben.

Die Suche nach prüfungswürdigen juristischen Fragestellungen darf allerdings *nicht* dazu veranlassen, *Probleme nach Belieben* zu *eröffnen*. Nicht selten wollen sich aber Prüflinge auf möglichst verquere Weise, zumeist durch phantasievolle Interpretation des Sachverhalts, neue Problemfelder erschließen. Solche Prüflinge dürfen sich zwar einer gewissen Spitzfindigkeit und Schläue rühmen, die ihnen bei der Lösung kniffliger Rätsel und Knobelaufgaben durchaus behilflich sein könnten. In einer juristischen Klausur handeln sie sich dagegen den Vorwurf ein, sich zu wenig auf die Schwerpunkte zu konzentrieren und stattdessen fern liegende Nebenschauplätze zu schaffen. Auf die Bewertung der Klausur wirkt sich dies oftmals negativ aus.

Auf dünnes Eis begibt sich etwa, wer in Klausur 9 (S. 156 f.) beim Festnahmerecht aus § 127 Abs. 1 Satz 1 StPO anprüft, ob sich S wegen seines Restalkohols wegen Trunkenheit im Verkehr gemäß § 316 StGB strafbar macht. Für die Annahme einer Fahruntüchtigkeit bietet der Sachverhalt nämlich keine weiteren Anhaltspunkte. Immerhin müsste die Restalkoholkonzentration eines Fahrradfahrers für diese Straftat – mangels Ausfallerscheinungen – bei 1,6 ‰ liegen. Wer sich auf solche verschlungenen Seitenpfade begibt, läuft zudem Gefahr, entscheidende Details zu übersehen und somit weitere Minuspunkte anzusammeln. So könnte vorliegend das Festnahmerecht bereits deswegen nicht auf § 316 Abs. 1 StGB gestützt werden, weil S die Straftat erst dann beginge, wenn er sich auf sein Fahrrad schwingt, um loszufahren, nicht dagegen bereits mit Öffnen des Schlosses.

2. Urteilsstil

Es gibt einen großen Gegenspieler des Gutachtenstils: den Urteilsstil. Vereinfacht ausgedrückt, ist der Urteilsstil das *Spiegelbild des Gutachtenstils*. Während der Gutachtenstil den Gedankengang des Bearbeiters von der aufgeworfenen Frage bis zu ihrer Beantwortung begleitet, wird beim Urteilsstil zunächst das rechtliche Ergebnis genannt und erst anschließend begründet. Das Ergebnis wird nicht allmählich aus der Frage heraus entwickelt, sondern vorweg bekannt gegeben.

Die nachfolgende Begründung der bereits verratenen Antwort ist gleichwohl von Bedeutung und sollte in der Kürze des Urteilsstils nicht völlig untergehen. Dass unproblematische Gesichtspunkte in einer Klausur nur kurz zu erwähnen sind, darf folglich nicht zu geringerer Sorgfalt verleiten. Auch offensichtliche Aspekte erfordern eine kurze Begründung oder Subsumtion, wenngleich sie sich jeweils auf einen Neben- oder Halbsatz beschränken dürfen (z. B. „A hat das Tatbestandsmerkmal X verwirklicht, indem er […]").

Der Urteilsstil weist kaum Besonderheiten auf und bereitet bei der konkreten Anwendung nur wenige Schwierigkeiten. Da das Ergebnis sogleich verkündet wird, muss insbesondere nicht wie beim Einleitungssatz des Gutachtenstils auf den Konjunktiv zurückgegriffen werden. Die Ausformulierung des Urteilsstils erfolgt vielmehr im gewohnten *Indikativ*. Während den Gutachtenstil daher ein Einleitungssatz im Konjunktiv oder vergleichbare einführende Worte (z. B. „Fraglich ist, ob […]", „Dazu müsste […]", „Dies wäre der Fall, wenn […]") kennzeichnen, sind für den Urteilsstil Konjunktionen wie „weil", „indem", „denn" etc. charakteristisch.

3. Gutachtenstil und Urteilsstil

Bei der Bearbeitung einer Klausur stellt sich nun die Frage, wann der Gutachtenstil verwendet werden muss und wann der kürzere Urteilsstil ausreicht. Eine Faustregel

IV. Gutachten- und Urteilsstil

lautet: Sobald ein Prüfungsschritt problematisch erscheint und näherer Erläuterung bedarf, ist er im Gutachtenstil zu erörtern. Nur *offensichtlich Unproblematisches* darf *im Urteilsstil* behandelt werden.

Leider ist im Einzelfall gerade nicht immer eindeutig, ob ein Gesichtspunkt Schwierigkeiten bereitet oder als unkompliziert angesehen werden darf. In derartigen Fällen bleibt es eine Frage des persönlichen Geschmacks, welcher der beiden Stile als angebracht erscheint. Dies erschwert dem Prüfling, der die Vorlieben seines Korrektors bzw. häufig sogar den Korrektor selbst überhaupt nicht kennt, freilich die Entscheidung, ob er noch den Urteilsstil anwenden darf oder den betreffenden Aspekt bereits im Gutachtenstil zu erörtern hat.

Wer auf Nummer sicher gehen möchte und genügend Zeitreserven hat, sollte *im Zweifel* daher auf den *Gutachtenstil* zurückgreifen. Dadurch wird jedenfalls der Vorwurf vermieden, ein Problem nicht erkannt oder – bei vehementen Befürwortern des Gutachtenstils – die Form des Gutachtens nicht eingehalten zu haben. Um sich andererseits nicht die Rüge einzuhandeln, keine Schwerpunkte setzen zu können, sollten solche Zweifelsfälle nur kurz besprochen werden.

4. Gutachtenstil, Urteilsstil und Schweigen

Neben den Schwerpunkten und rechtlichen Problemen einer Klausur, die im Gutachtenstil zu erörtern sind, gibt es aber nicht nur unproblematische Tatbestandsmerkmale, die lediglich knapp im Urteilsstil erwähnt werden. Darüber hinaus existieren Prüfungspunkte, die überhaupt nicht anzusprechen sind. Der *Dualismus von Gutachten- und Urteilsstil* darf nicht zu der falschen Annahme verleiten, dass in einer Klausur stets das komplette Prüfungsschema nicht nur im Geiste, sondern auch in der schriftlichen Ausarbeitung durchgegangen werden muss. Vielmehr werden einige Prüfungspunkte in einer Klausur gewöhnlich überhaupt nicht genannt, obwohl sie bei dem einen oder anderen Sachverhalt durchaus entscheidungserheblich sein können.

Auch insoweit fehlt es an verbindlichen und unumstößlichen Richtlinien, wann ein Prüfungspunkt noch im Urteilsstil angeführt werden sollte bzw. wann er völlig verschwiegen werden darf. In Zweifelsfällen ist bereits zur eigenen Gewissensberuhigung zu raten, das jeweilige Merkmal kurz im Urteilsstil zu behandeln. Allerdings darf dies nicht zu der Angewohnheit führen, alle erdenklichen Prüfungspunkte in jeweils einem Satz anzusprechen, weil dann die Summe dieser Ausführungen die Schwerpunktsetzung fraglich erscheinen lässt.

In zivilrechtlichen Klausuren wird etwa die Geschäftsfähigkeit eines Vertragspartners nur erwähnt, wenn Anhaltspunkte im Sachverhalt insoweit Zweifel begründen. Im Öffentlichen Recht sind bei der Zulässigkeit Ausführungen zur deutschen Gerichtsbarkeit in der Regel nicht angebracht. Ein Paradebeispiel bietet das Strafrecht: An der objektiven Zurechenbarkeit eines Taterfolges kann mitunter die Strafbarkeit eines Täters durchaus scheitern. Gleichwohl wird die Rechtsfigur nur erörtert, wenn der Sachverhalt ihre Prüfung nahe legt.

5. Abschließendes Beispiel

Ein Beispiel aus dem Strafrecht soll verdeutlichen, dass eine Klausurbearbeitung in der Regel sowohl Elemente des Gutachten- als auch des Urteilsstils enthält sowie einige Prüfungspunkte völlig verschweigt.

▶ [Sachverhalt:] Als auf einer Party die Meinungen über das Gesangstalent eines im Fernsehen gecasteten Nachwuchskünstlers auseinandergehen, verpasst dessen Anhängerin A der B eine derart schallende Ohrfeige, dass auf der nunmehr geröteten Wange der B noch die Fingerspuren der A zu erkennen sind.
[Bearbeitervermerk:] Strafbarkeit der A?

In der vollständigen, bei jedem Merkmal vorgenommenen Anwendung von Gutachten- und Urteilsstil ergeben sich folgende Lösungen:

Tab. 1 Gegenüberstellung von Gutachten- und Urteilsstil

	Gutachtenstil	Urteilsstil
Tatbestand	Durch die Ohrfeige könnte sich A wegen Körperverletzung gemäß § 223 Abs. 1 StGB zum Nachteil der B strafbar gemacht haben.	A ist wegen Körperverletzung gemäß § 223 Abs. 1 StGB zum Nachteil der B strafbar.
	Dazu müsste A eine andere Person körperlich misshandelt oder an der Gesundheit geschädigt haben.	———
	Eine andere Person ist jede natürliche, von dem Täter verschiedene Person. Die Eigenverletzung ist nicht strafbar. Partygast B ist nicht mit A identisch und somit eine andere Person im Sinne des § 223 Abs. 1 StGB.	B ist eine andere Person im Sinne des § 223 Abs. 1 StGB.
	Eine körperliche Misshandlung (Var. 1) ist jede üble, unangemessene Behandlung, die das körperliche Wohlbefinden oder die körperliche Unversehrtheit nicht unerheblich beeinträchtigt. Eine schallende Ohrfeige ist ein vom Opfer nicht hinzunehmendes Verhalten, welches das körperliche Wohlbefinden in Mitleidenschaft zieht. Die Ohrfeige war von einer solchen Wucht, dass sich die Wange der B rötete und die Fingerspuren der A sichtbar zurückblieben. Die Erheblichkeitsschwelle war damit überschritten. A hat durch ihre Ohrfeige die B körperlich misshandelt.	A hat die B körperlich misshandelt (Var. 1), d. h. übel und unangemessen behandelt und dadurch das körperliche Wohlbefinden und die körperliche Unversehrtheit der B nicht unerheblich beeinträchtigt, indem sie ihr eine schallende Ohrfeige von einer solchen Wucht gab, dass sich die Wange der B rötete und die Fingerspuren der A sichtbar zurückblieben.

IV. Gutachten- und Urteilsstil

Tab. 1 (Fortsetzung)

	Gutachtenstil	Urteilsstil
	[Gesundheitsschädigung und subjektiver Tatbestand]	
Rechtswidrigkeit	Des Weiteren müsste A rechtswidrig gehandelt haben. Zu ihren Gunsten dürfen keine Rechtfertigungsgründe eingreifen. Solche sind nicht ersichtlich. A handelte rechtswidrig.	A handelte rechtswidrig …
Schuld	Schließlich müsste A schuldhaft gehandelt haben, d. h. ihr muss ein persönlicher Vorwurf für ihre Tat gemacht werden können. Vorliegend kommen insbesondere keine Entschuldigungs- oder Schuldausschließungsgründe in Betracht. A handelte folglich schuldhaft.	… und schuldhaft.
	A hat eine Körperverletzung gemäß § 223 Abs. 1 StGB zum Nachteil der B begangen.	–––––

Nun leuchtet ein, dass sich weder die linke noch die rechte Spalte für sich als Lösung des Sachverhalts eignen. Seltsam mutet auch der Hinweis an, es handele sich bei der B um eine „andere Person". Indes stellt dies ein Tatbestandsmerkmal des § 223 Abs. 1 StGB dar, das in besonderen Konstellationen (z. B. bei der Teilnahme an eigenverantwortlichen Selbstschädigungen bzw. -gefährdungen) durchaus Bedeutung erlangen kann, da die Verletzung des eigenen Körpers von vornherein nicht den Tatbestand des § 223 Abs. 1 StGB verwirklicht. In der Regel ist der Gesichtspunkt dagegen irrelevant und derart offensichtlich erfüllt, so dass er in einem Gutachten überhaupt nicht angesprochen wird.

Eine vorzugswürdige Lösung des Beispiels besteht somit aus einer Mischung aus Gutachtenstil, Urteilsstil und Schweigen. Von den dargestellten Lösungen finden sich daher in einer ausformulierten Klausur nur die *grau schraffierten Passagen* wieder (s. Tabelle 2).

Tab. 2 Kombination von Gutachten- und Urteilsstil in der Klausur

	Gutachtenstil	Urteilsstil
	Durch die Ohrfeige könnte sich A wegen Körperverletzung gemäß § 223 Abs. 1 StGB zum Nachteil der B strafbar gemacht haben.	A ist wegen Körperverletzung gemäß § 223 Abs. 1 StGB zum Nachteil der B strafbar.
	Dazu müsste A eine andere Person körperlich misshandelt oder an der Gesundheit geschädigt haben.	–––––

Tab. 2 (Fortsetzung)

	Gutachtenstil	Urteilsstil
Tatbestand	Eine andere Person ist jede natürliche, von dem Täter verschiedene Person. Die Eigenverletzung ist nicht strafbar. Partygast B ist nicht mit A identisch und somit eine andere Person im Sinne des § 223 Abs. 1 StGB.	B ist eine andere Person im Sinne des § 223 Abs. 1 StGB.
	Eine körperliche Misshandlung (Var. 1) ist jede üble, unangemessene Behandlung, die das körperliche Wohlbefinden oder die körperliche Unversehrtheit nicht unerheblich beeinträchtigt. Eine schallende Ohrfeige ist ein vom Opfer nicht hinzunehmendes Verhalten, welches das körperliche Wohlbefinden in Mitleidenschaft zieht. Die Ohrfeige war von einer solchen Wucht, dass sich die Wange der B rötete und die Fingerspuren der A sichtbar zurückblieben. Die Erheblichkeitsschwelle war damit überschritten. A hat durch ihre Ohrfeige die B körperlich misshandelt.	A hat die B körperlich misshandelt (Var. 1), d. h. übel und unangemessen behandelt und dadurch das körperliche Wohlbefinden und die körperliche Unversehrtheit der B nicht unerheblich beeinträchtigt, indem sie ihr eine schallende Ohrfeige von einer solchen Wucht gab, dass sich die Wange der B rötete und die Fingerspuren der A sichtbar zurückblieben.
	[Gesundheitsschädigung und subjektiver Tatbestand]	
Rechtswidrigkeit	Des Weiteren müsste A rechtswidrig gehandelt haben. Zu ihren Gunsten dürfen keine Rechtfertigungsgründe eingreifen. Solche sind nicht ersichtlich. A handelte rechtswidrig.	A handelte rechtswidrig …
Schuld	Schließlich müsste A schuldhaft gehandelt haben, d. h. ihr muss ein persönlicher Vorwurf für ihre Tat gemacht werden können. Vorliegend kommen insbesondere keine Entschuldigungs- oder Schuldausschließungsgründe in Betracht. A handelte folglich schuldhaft.	… und schuldhaft.
	A hat eine Körperverletzung gemäß § 223 Abs. 1 StGB zum Nachteil der B begangen.	———

V. Darlegung von Meinungsstreiten

1. Aufbau

Die Juristerei ist eine Geisteswissenschaft, in der Meinungsstreite an der Tagesordnung sind. Auch Klausuren enthalten in aller Regel Probleme, über deren Lösung Uneinigkeit besteht. Die Prüflinge sehen sich daher vor die Aufgabe gestellt, in

V. Darlegung von Meinungsstreiten

ihrem Gutachten Meinungsstreite anzusprechen und sich für eine der verschiedenen Auffassungen zu entscheiden.

Der grundsätzliche Aufbau eines Meinungsstreits folgt den *vier Schritten eines Gutachtens*. Zunächst wird in einem Einleitungssatz präzisiert, was überhaupt umstritten erscheint. Anschließend werden zunächst die einzelnen Ansichten dargelegt (entspricht der Definition) und wird sodann der Sachverhalt danach bewertet (Subsumtion). Das Ergebnis dieser Erörterung wird in einem Schlusssatz festgehalten.

Auch wenn dieses Grundschema unstreitig sein dürfte, kursieren verschiedene Vorschläge, wie Meinungsstreite in einem Gutachten zu behandeln sind. Einen goldenen Weg, der sich in jeder Konstellation anbietet, gibt es nicht. Bei der Darlegung der einzelnen Auffassungen sollte sich der Prüfling aber wiederum von den Geboten der Verständlichkeit und Anschaulichkeit leiten lassen.

> Vor allem ist nicht zu empfehlen, sämtliche Ansichten schlicht aneinanderzureihen, d. h. Meinung für Meinung kurz vorzustellen, zu begründen, ggf. den Sachverhalt darunter zu subsumieren und sich sodann mit einem Schlussargument für eine der Auffassungen zu entscheiden. Dieser scheinbar nahe liegende Aufbau eines Meinungsstreits klingt zu sehr nach einer Aufzählung oder nach dem Abspulen auswendig gelernten, aber nicht verinnerlichten Wissens. Außerdem ist es angezeigt, die überzeugendste Begründung für die im Gutachten vertretene Meinung als Schlussargument zu verwenden. Ansonsten erscheint es weniger verständlich und nachvollziehbar, warum das Gutachten der einen und nicht der anderen Ansicht folgt.

In der Regel ist es daher dem Prüfling zu raten, nach dem einführenden *Einleitungssatz* zuerst diejenige Meinung zu präsentieren, der er sich nicht anschließen will. Die Thesen dieser ersten Ansicht werden zunächst vorgestellt und begründet (*Definition Meinung 1*). Sodann wird der Sachverhalt darunter subsumiert, damit der Korrektor sieht, zu welchem Ergebnis diese erste Auffassung gelangte (*Subsumtion Meinung 1*).

Als geschickte und flüssige Überleitung zur zweiten Meinung eignet sich daraufhin, die Kritikpunkte gegen die erste Auffassung zu benennen. Dadurch wird zugleich erläutert, weswegen das Gutachten der ersten Ansicht nicht folgt und sich stattdessen mit einer weiteren Auffassung auseinandersetzt (*Überleitung Meinung 1 → 2*). Auch die anschließende Diskussion besteht wiederum aus der begründeten Darlegung der zweiten Meinung (*Definition Meinung 2*) sowie der Subsumtion des Sachverhalts (*Subsumtion Meinung 2*).

> Sollten mehr als zwei Ansichten darstellungswürdig sein, wiederholt sich der Aufbau, d. h. es wird zunächst unter Hinweis auf die Kritikpunkte an Meinung 2 zur Meinung 3 übergeleitet (Überleitung Meinung 2 → 3). Meinung 3 wird anschließend zunächst argumentativ erläutert (Definition Meinung 3), bevor der Sachverhalt darunter subsumiert wird (Subsumtion Meinung 3). Gleiches gilt für die Meinungen 4 bis n.

Nach der Darstellung der letzten Ansicht, d. h. nach dem hier vorgeschlagenen Aufbau derjenigen Auffassung, die der Prüfling selbst in seinem Gutachten vertritt, ist wie gewohnt das Ergebnis der Diskussion in einem kurzen und präzisen *Schlusssatz* festzuhalten.

2. Anwendungsbereich

Bei der Fülle von juristischen Meinungsstreiten und den damit verbundenen argumentativen Auseinandersetzungen ist fraglich, *wann* und *in welchem Umfang* ein Meinungsstreit in einem Gutachten angesprochen werden soll. Es wird an dieser Stelle wohl niemanden mehr überraschen, dass es auch hierauf keine eindeutige und unumstrittene Antwort gibt. Allgemein anerkannt dürfte lediglich sein, wie die beiden Extremkonstellationen zu behandeln sind.

So ist einerseits die ausführliche Erörterung eines Meinungsstreits unerlässlich, wenn er *entscheidungserheblich* ist und sich auf den Fortgang der Klausur auswirkt. Gleiches gilt, wenn *Anhaltspunkte im Sachverhalt* darauf hinweisen, dass der Klausurersteller die Diskussion eines Meinungsstreits erwartet. Anzeichen hierfür sind beispielsweise Kernargumente der konkurrierenden Auffassungen, welche die Beteiligten im Sachverhalt vortragen (z. B. „A wendet dagegen ein, dass [...]").

Andererseits darf der Bearbeiter nicht auf Meinungsstreite eingehen, die für den weiteren Ablauf der Klausur keinerlei Bedeutung haben oder überhaupt keinen Bezug zum Sachverhalt aufweisen. Wer etwa im Strafrecht bei einem klassischen *Erlaubnis*irrtum auf die einzelnen Theorien zum *Erlaubnistatumstands*irrtum eingeht, darf nicht auf allzu viel Gegenliebe des Korrektors hoffen. Auch hier sollte der Prüfling ungefragtes Wissen nicht bei der nächstbesten Gelegenheit niederschreiben, sondern seine Kenntnisse bei den wirklichen Problemen der Klausur unter Beweis stellen.

In Zweifelsfällen sollte – ähnlich wie beim Gutachtenstil (S. 27) – ein Meinungsstreit zur eigenen Sicherheit erwähnt werden. Um nicht den Vorwurf unpassender Schwerpunktsetzung zu riskieren, sollte dies aber in der gebotenen Kürze geschehen. Vor allem bei fehlender Entscheidungserheblichkeit genügt es, die einzelnen Meinungen knapp gegenüberzustellen, den Sachverhalt jeweils darunter zu subsumieren und festzuhalten, dass sämtliche Ansichten zu demselben Ergebnis führen und der Streit daher nicht entschieden werden muss.

3. Begründung

Für einen entscheidungsrelevanten Meinungsstreit gilt dasselbe wie für das restliche Gutachten. Die Bearbeitung gewinnt an Wert, wenn die widerstreitenden Ansichten nicht nur zutreffend, sondern darüber hinaus *verständlich* erläutert werden können, mit anderen Worten das vorhandene Wissen sowohl angewendet als auch vermittelt werden kann. Daher sollte sich der Prüfling darum bemühen, die vorgetragenen Auffassungen zu begründen und ihre jeweiligen Auswirkungen auf den konkreten Sachverhalt aufzuzeigen. Wer lediglich die Ergebnisse der einzelnen Ansichten benennt, um sich dann mit einem einzigen Argument einer der Meinungen anzuschließen, vermag hingegen kaum zu überzeugen.

Je nach Bedeutung des Meinungsstreits für die jeweilige Klausur sollte daher zumindest in je einem Nebensatz auf das Hauptargument für die einzelnen Ansichten eingegangen werden. Dies gilt auch für Meinungen, denen im Gutachten nicht gefolgt wird. *Kein Argument* für eine Auffassung ist im Übrigen, dass sie die herrschende Meinung darstellt. Eine solche Aussage beinhaltet lediglich eine Feststellung, vermag indessen die notwendige Begründung nicht zu ersetzen.

> Ohnehin existiert keine allgemein gültige Definition für die *herrschende Meinung*. Wie sollte sie auch aussehen? Soll auf die bloße Anzahl der Vertreter einer Ansicht abgestellt werden oder auf deren (nach welchen Kriterien auch immer zu bewertende) Kompetenz? Nicht zu vernachlässigen ist zudem die Bedeutung der Gerichtsentscheidungen für die Praxis. Demzufolge könnte etwa von einer herrschenden Meinung gesprochen werden, wenn sie sowohl von der Rechtsprechung als auch zumindest von einem Großteil des Schrifttums vertreten wird. Die Bezeichnung einer Ansicht als herrschend bleibt aber mangels objektiver Kriterien äußerst subjektiv. Weitere Bezeichnungen, um die Verbreitung einer Meinung zu beschreiben, sind „vereinzelt", „beachtlich", „im Vordringen befindlich" oder „überwiegend". Häufig ist auch von „Mindermeinung" und „Gegenansicht" die Rede.
> Mit diesen Begriffen (insbesondere mit dem Ausdruck „Mindermeinung") ist keinerlei Wertung verbunden. Die herrschende Meinung stellt somit nicht etwa die einzig wahre Ansicht dar, nur weil sie von den meisten Gerichten und Professoren vertreten wird. Um dies mit einem Zitat von *Johann Wolfgang von Goethe* zu unterstreichen: „Nichts ist widerwärtiger als die Majorität, denn sie besteht aus wenigen kräftigen Vorgängern, aus Schelmen, die sich akkomodieren, aus Schwachen, die sich assimilieren, und der Masse, die nachtrollt, ohne nur im Mindesten zu wissen, was sie will."
> Allein die Berufung auf *Goethe* stellt freilich ebenso wenig ein Argument gegen die herrschende Meinung dar. Dass sich eine Auffassung durchgesetzt und viele Anhänger gefunden hat, rechtfertigt noch keinen Grund zur Skepsis.

In einer Klausur genügt es aber ohnehin nicht, nur die Beurteilung einer bestimmten Konstellation durch die (ggf. auch nur vermeintlich) herrschende Meinung festzuhalten, ohne dies argumentativ zu stützen. Ohne Begründung erscheint die Lösung als beliebig und vermag nicht zu überzeugen. Für den Wert und die Benotung einer Klausur sind somit weniger die gefundenen Ergebnisse als vielmehr die gegebenen *Begründungen* von Bedeutung. Dies liegt nicht zuletzt daran, dass sich das Recht stetig weiterentwickelt. Gesetzesänderungen, neue Gerichtsentscheidungen sowie aktuelle Veröffentlichungen aus dem Schrifttum gehören zum Alltag des Juristen und können herrschende Meinungen im Laufe der Zeit ändern. Die einzelnen Begründungsansätze für oder gegen eine bestimmte Auffassung sind dagegen wesentlich langlebiger. Mit anderen Worten: *Ergebnisse vergehen, Begründungen bleiben.*

4. Entscheidung für eine bestimmte Meinung

Mit diesen Richtlinien, *wie, wann* und *in welchem Umfang* ein Meinungsstreit in einem Gutachten behandelt werden muss, bleibt noch unbeantwortet, *welcher* der widerstreitenden Ansichten in der Klausur zu folgen ist. In der Regel wähnt sich auf der sicheren Seite, wer der herrschenden Meinung folgt. Sind zu einem juristischen Problem zwei oder mehrere Ansichten ähnlich verbreitet, z. B. die Rechtsprechung (zumeist gestützt durch einige Stimmen aus dem Schrifttum) auf der einen und die herrschende Lehre auf der anderen Seite, kann jede dieser Meinungen grds. nach eigenem Belieben vertreten werden.

Selbstverständlich steht es dem Prüfling frei, bei entsprechender Begründung auch Mindermeinungen zu vertreten. Allerdings darf sich nicht über Fragezeichen am Korrekturrand seiner Klausur wundern, wer einer derart wenig verbreiteten Auffassung folgt, die nicht einmal in der Lösungsskizze der Klausur erwähnt wird. Zudem bleibt zu bedenken, dass ein Gutachten über die Rechtslage informieren sollte, die aber maßgeblich durch die herrschende Meinung geprägt wird. Den Mandanten eines Rechtsanwalts wird es etwa kaum erfreuen, wenn sein Anwalt ihn in der Überzeugung der einzig wahren, aber leider nur wenig vertretenen Auffassung vor die Zivilgerichte hetzt, die dann sämtliche in der Klageschrift geltend gemachten Ansprüche mit einem lapidaren Hinweis auf die herrschende Meinung ablehnen.

Als Entscheidungshilfe bei Meinungsstreiten wird häufig auch geraten, sich derjenigen Auffassung anzuschließen, die den Weg zu weiteren juristischen Problemen eröffnet. Dieser Hinweis sollte indessen allenfalls bei (einer) der herrschenden Meinung(en) beherzigt werden. In diesem Fall kann klausurtaktisch gedacht und überlegt werden, ob der Korrektor auch etwas zu denjenigen Problemen lesen mag, die lediglich durch eine der zur Wahl stehenden Auffassungen aufgeworfen werden. Hingegen sollte keine ausgewiesene Einzelmeinung vertreten werden, nur um sich dadurch mit Gewalt einen weiteren Problemkreis zu erschließen.

Ebenso wenig darf in einer Klausur eine Mindermeinung nur deswegen vertreten werden, um sämtlichen weiteren Problemen aus dem Weg zu gehen. Dies scheint zwar auf den ersten Blick ein cleverer Schachzug zu sein, durch den sich der Prüfling aber schnell selbst matt stellen kann. Auch ein noch so verständiger Korrektor kann in diesem Fall auf die fehlenden Erörterungen keine Punkte geben, da ein Gutachten *umfassend* die im Sachverhalt aufgeworfenen Rechtsfragen zu beantworten hat. Diesem Anspruch wird ein Gutachten indessen nicht gerecht, wenn sich der Prüfling durch einen solchen Trick aus der Affäre zieht und Erörterungen zu Folgeproblemen, zu denen „lediglich" die herrschende Meinung gelangt, verweigert.

5. Abschließendes Beispiel

Ein abschließendes Beispiel soll aufzeigen, wie ein gängiger Meinungsstreit in einer Klausur dargestellt werden kann. Die Wahl fällt dabei auf die zivilrechtliche Problematik des vorzeitigen unabsichtlichen Abbruchs eines Telefonats. Dabei ist umstritten, ob der Gesprächspartner an seinen Antrag gebunden bleibt, den er vor der unfreiwilligen Unterbrechung unterbreitet hat.

> [Sachverhalt:] A und B verhandeln telefonisch über den Verkauf eines gebrauchten Pkw. A bietet dem B seinen Pkw für 5000 € an. Bevor B antworten kann, wird das Telefongespräch infolge einer technischen Störung unterbrochen. B ruft daraufhin sogleich den A wieder an und nimmt dessen Angebot an. A hat es sich zwischenzeitlich jedoch anders überlegt und will nicht mehr zu diesem Preis verkaufen.
> [Bearbeitervermerk:] Wie ist die Rechtslage?

Gutachten (Auszug): „[...] Fraglich ist, ob A noch an seinen Antrag an B gebunden war [Einleitungssatz Einzelgutachten]. Gemäß § 147 Abs. 1 Satz 2 BGB ist ein über Fernsprecher unterbreiteter Antrag als Antrag unter Anwesenden zu werten. Demnach kann er nur sofort, d. h. in demselben Telefongespräch angenommen werden. Ansonsten erlischt die Bindung des Antragenden [Definition Einzelgutachten/Einleitung Meinungsstreit].

Problematisch erscheint, ob dieser Grundsatz auch dann gilt, wenn ein Telefonat unabsichtlich unterbrochen wird [Einleitungssatz Meinungsstreit]. Nach einer Auffassung wirkt sich in dieser Situation gerade aus, dass die Gesprächspartner entgegen der Fiktion des § 147 Abs. 1 Satz 2 BGB keine Anwesenden sind. Daher könnte eine Verlängerung der Bindungsfrist gerechtfertigt sein, etwa um diejenige Zeitspanne, die der Empfänger des Antrags benötigt, um seine Annahmeerklärung auf anderem Wege unverzüglich zu übermitteln [Definition Meinung 1]. Vorliegend hat B sogleich nach der technisch bedingten Unterbrechung des Telefonats den A angerufen und seinen Antrag auf Verkauf seines gebrauchten Pkw für einen Betrag von 5000 € angenommen. Wegen der unverzüglichen Kontaktaufnahme wäre A noch an seinen Antrag gebunden, durch dessen Annahme B einen wirksamen Kaufvertrag hätte begründen können [Subsumtion Meinung 1].

Dagegen spricht jedoch, dass der Antragende bei Bindung an seinen Antrag die damit einhergehenden Nachteile tragen müsste, für die er in der Regel keine Gegenleistung erhält. Zudem ist für ihn nicht ersichtlich, ob die Unterbrechung des Telefonats auf äußeren technischen Umständen beruht oder auf einem bewussten Auflegen seines Gesprächspartners [Kritik an Meinung 1/Überleitung]. Die für ihn unsichere Rechtslage eines verbindlichen Antrags ist ihm daher nicht zuzumuten, so dass es in dieser Konstellation bei der Grundregel des § 147 Abs. 1 Satz 1 BGB verbleibt. Der Antrag kann deshalb nur sofort angenommen werden. Bei einer Unterbrechung des Telefongesprächs vor der Annahmeerklärung erlischt der Antrag. Der Antragsempfänger trägt somit das Risiko des technischen Funktionierens der Verbindung [Definition Meinung 2]. B konnte den telefonischen Antrag des A nur im Rahmen ihres Telefongesprächs annehmen. Infolge der vorzeitigen Unterbrechung des Telefonats war er nicht in der Lage, seine Annahme rechtzeitig zu erklären [Subsumtion Meinung 2]. A war somit nicht mehr an seinen Antrag gebunden [Schlusssatz Meinungsstreit und Einzelgutachten]. [...]"

VI. Apropos Stil: Falle „Juristendeutsch"

1. Verständlichkeit ist Trumpf

Juristische Kenntnisse in einer schriftlichen Prüfungsarbeit überzeugend darzustellen, ist nicht nur eine Frage des Gutachten- oder des Urteilsstils. Auch der persönliche Schreibstil spielt eine wesentliche Rolle, wie anschaulich das Wissen vermitteln werden kann. Gelungene Formulierungen und eine gefällige Ausdrucksweise werden beim Korrektor auf Gegenliebe stoßen und können sich – ggf. nur unterbewusst – positiv auf seine Bereitschaft auswirken, eine höhere Punktzahl zu vergeben. Es sollte daher nicht nur darauf geachtet werden, *was* in einer Klausur oder in einer Hausarbeit geschrieben wird. Vielmehr könnten sich einige Gedanken darüber lohnen, *wie* die Inhalte eines Gutachtens zu Papier gebracht werden.

Dem äußeren Erscheinungsbild einer Arbeit kommt somit nicht nur im späteren Berufsleben, sondern bereits während der Ausbildung an der Universität und im Referendariat eine gewisse Bedeutung zu. Natürlich wird nach wie vor die juristische und nicht die sprachliche Qualität der Ausführungen wesentlich für die Bewertung einer Arbeit sein; schließlich sind die Korrektoren allesamt Juristen und keine

Literaturkritiker. Einigkeit dürfte aber darüber bestehen, dass sich fachliche Arbeiten um *Verständlichkeit* bemühen sollen. Durch eine *einfache* (im Sinne von klare) *Sprache* in Klausuren und Hausarbeiten wird zum einem dem Korrektor ein Gefallen erwiesen. Seine juristischen Kenntnisse vermögen ihm zwar dabei zu helfen, auch undeutlichen Erörterungen zu entnehmen, worauf der Prüfling ggf. hinaus will. Vor sprachlichen Barrieren ist aber auch er nicht gefeit. Es kann ihm daher durchaus schwer fallen, einem Satz, der sich über mehrere Zeilen erstreckt, sich zudem – vielleicht hier und dort angereichert um kleinere oder größere Einschübe weiterer Gedanken – noch dadurch auszeichnet, mehrere Nebensätze höherer, d. h. etwa zweiter, dritter oder vierter Ordnung zu enthalten, die unschöne Erinnerungen an bestimmte Poeten aus dem Lateinunterricht aufleben lassen, an die man nur ungern denkt, und infolge seiner Länge und seiner Verschachtelung nur noch als *Wortungetüm* bezeichnet werden kann, zu folgen, wie nunmehr hoffentlich bewiesen werden konnte.

Zum anderen kommt ein verständlicher und einfacher Schreibstil auch dem Prüfling selbst zugute. Dies gilt zunächst, wenn er während einer Klausur ins Stocken gerät und nicht weiß, wie er seine Gedanken in Worte fassen soll. Erst recht in einer solchen Situation darf es nicht das Anliegen sein, sich möglichst gehoben und gebildet auszudrücken. Es spricht nichts dagegen, sich mit einer schlichten, ggf. auch ins Umgangssprachliche abgleitende Formulierung zu begnügen, bevor ein bis zwei Minuten mit der Suche nach einer schöngeistigen Wendung verbracht werden. In der dadurch eingesparten Zeit kann sich der Bearbeiter stattdessen auf die Darlegung seines fachlichen Wissens konzentrieren.

Verständlichkeit, zumeist gepaart mit Einfachheit, ist folglich Trumpf. Einerseits wird dadurch Zeit beim Schreiben der Klausur (bzw. Platz beim Verfassen einer Hausarbeit) gewonnen. Andererseits hebt sich auch die Stimmung des Korrektors, wenn er nicht über unnötig umständliche Passagen und verschachtelte Satzkonstruktionen stolpert und die Klausur ohne Weiteres flüssig lesen kann. Dadurch kann er sich ausgiebig den Inhalten der Klausur widmen, die schließlich den weitaus größten Einfluss auf die Bewertung haben.

2. Verbreitete Unarten im juristischen Sprachgebrauch

Gerade unter Juristen scheint ein einfacher und verständlicher Schreibstil indessen nicht weit verbreitet zu sein. Dies liegt weniger an den Personen, die sich mit dem Recht beschäftigen, als an dem Recht selbst und seiner Aufgabe, das friedliche Zusammenleben zwischen den Menschen zu gewährleisten. Nun zeichnet sich das Leben aber unter anderem durch seine Vielfalt aus, welche die Rechtsordnung in sämtlichen Einzelheiten und Unterschieden regeln soll. Die Folge sind entweder umfangreiche Gesetze oder, sofern das geschriebene Recht selbst nicht hinreichend ins Detail geht, umfangreiche Begriffsbestimmungen und entwickelte Grundsätze durch Rechtsprechung und Literatur.

Ein bekanntes Beispiel aus dem Formulierungsdschungel der Juristerei ist die Definition der *Eisenbahn* durch ein Urteil des Reichsgerichts vom 17. März 1879.

VI. Apropos Stil: Falle „Juristendeutsch"

Bei dem Bau einer Eisenbahnstrecke entgleiste auf einem provisorisch errichteten Teilstück ein Arbeitszug, wobei sich der mitfahrende Kläger verletzte. Strittig war, ob der Kläger wegen des Unfalls das Eisenbahnbauunternehmen gemäß § 1 des Reichshaftpflichtgesetzes in Anspruch nehmen konnte oder ob sich die Vorschrift nur auf Schäden beschränkte, die bei dem Betrieb einer Eisenbahn auf fertig gestellten und für den allgemeinen Verkehr freigegebenen Strecken entstehen. Das Reichsgericht entschied zugunsten des Klägers und definierte Eisenbahn als

> „ein Unternchmen, gerichtet auf wiederholte Fortbewegung von Personen oder Sachen über nicht ganz unbedeutende Raumstrecken auf metallener Grundlage, welche durch ihre Konsistenz, Konstruktion und Glätte den Transport großer Gewichtmassen, beziehungsweise die Erzielung einer verhältnismäßig bedeutenden Schnelligkeit der Transportbewegung zu ermöglichen bestimmt ist, und durch diese Eigenart in Verbindung mit den außerdem zur Erzeugung der Transportbewegung benutzten Naturkräften (Dampf, Elektricität, thierischer oder menschlicher Muskelthätigkeit, bei geneigter Ebene der Bahn auch schon der eigenen Schwere der Transportgefäße und deren Ladung, u.s.w.) bei dem Betriebe des Unternehmens auf derselben eine verhältnismäßig gewaltige (je nach den Umständen nur in bezweckter Weise nützliche, oder auch Menschenleben vernichtende und die menschliche Gesundheit verletzende) Wirkung zu erzeugen fähig ist" (RGZ 1, 247 [252]).

Jenseits solcher, selbst für das Recht außergewöhnlichen sprachlichen Erscheinungen sind aber gerade bei juristischen Dokumenten einige Unarten zu bemerken, die sich nicht mit der schwierigen Gratwanderung zwischen verständlicher Sprache und exakter rechtlicher Bezeichnung erklären lassen. Nicht nur Studentinnen und Studenten müssen sich gleichwohl mit diesen Veröffentlichungen auseinandersetzen, seien es Normen des Gesetzgebers, Entscheidungen der Rechtsprechung oder Beiträge aus der Fachliteratur. Deren aufmerksame Lektüre führt dazu, dass auch in Klausuren und Hausarbeiten einige stilistische Besonderheiten zu beobachten sind, die keine Paradebeispiele für eine einfache und verständliche Ausdrucksweise abgeben.

Einige sprachliche Eigenarten, die sich unter Juristen großer Beliebtheit erfreuen, werden im Folgenden dargestellt. Die Auswahl ist aber alles andere als abschließend. Vielmehr existieren Aufsätze und sogar Bücher, die sich allein mit Stilfragen beschäftigen (siehe etwa die Nachweise auf S. 238 f.). Diese Publikationen seien jedem ans Herz gelegt, der seinen Schreibstil verbessern will. Die nachstehenden Überlegungen sollen an einem Einleitungssatz verdeutlicht werden, der in dieser oder ähnlicher Weise in vielen schriftlichen Prüfungsarbeiten gelesen werden kann und daher den meisten als völlig unverfänglich erscheinen dürfte.

▶ Es stellt sich die Frage, ob von A die Anfechtung seiner Annahmeerklärung geäußert wurde.

Bei kritischer Analyse des Satzes fällt zunächst auf, dass der Nebensatz im Passiv steht. Solche *Passivkonstruktionen* sind zwar unter den Juristen gebräuchlich, aber in der Regel unnötig. Sie können – wie etwa in diesem Satz und generell häufig in diesem Buch – vor allem verwendet werden, um keine Person zu benennen bzw. um nicht auf das unbestimmte Pronomen „man" zurückzugreifen. Ansonsten trägt das

Passiv lediglich dazu bei, einen Satz zu verlängern und unverständlicher werden zu lassen. Eine erste Verbesserung besteht somit darin, den Nebensatz im Aktiv zu formulieren.

▶ Es stellt sich die Frage, ob A die Anfechtung seiner Annahmeerklärung geäußert hat.

Eine weitere verbreitete Unsitte ist die *Substantivierung* von Verben. Auch dieses Mittel der Amtssprache dient dem Zweck, den beschriebenen Sachverhalt unpersönlicher und neutraler erscheinen zu lassen, indem die durch das Verb zum Ausdruck gebrachte Tätigkeit nicht mehr unmittelbar dem Subjekt des Satzes zugeordnet wird. Kehrseite der (vermeintlich) gewonnenen Objektivität ist allerdings, dass sich die Endungen -ung, -heit und -keit im Text häufen und dessen Lesbarkeit erschweren. In schriftlichen Prüfungsarbeiten während des Jurastudiums erscheint ein ausgeprägter Nominalstil zudem deswegen nicht angebracht, weil hier gerade das Verhalten der im Sachverhalt genannten Personen rechtlich bewertet werden soll, das Gutachten folglich durchaus personalisiert werden kann. Unser Ausgangssatz gewinnt durch einen Verzicht auf überflüssige Substantivkonstruktionen weiter an Kürze.

▶ Fraglich ist, ob A seine Annahmeerklärung angefochten hat.

Ein letzter, gerade für juristische Prüfungsarbeiten bedeutender Hinweis bezieht sich auf die beliebte Angewohnheit, gerade Einleitungssätze mit einem kurzen Hauptsatz zu beginnen, vorliegend: „Fraglich ist, ob [...]". Ein solcher „*Vorspann*" ist freilich nicht als verwerflich anzusehen und kann vielmehr dem Korrektor verdeutlichen, dass sich der Verfasser nunmehr einem neuen und ggf. umfangreichen Schwerpunkt widmet. Der übermäßige Rückgriff auf derartige Einleitungen bewirkt indessen das Gegenteil und lässt das Gutachten als unruhig und abgehackt erscheinen. Daher sollten Formulierungen wie „fraglich ist, ob", „ist erforderlich, dass" oder „setzt voraus, dass" nicht übermäßig verwendet werden. Es genügt stattdessen ein einfaches „könnte" oder „müsste", was unseren Beispielssatz nochmals verkürzt.

▶ A könnte seine Annahmeerklärung angefochten haben.

Allein der Verzicht auf die vorstehenden stilistischen Unarten lässt den Ausgangssatz von dreizehn auf sechs Wörter bzw. von 76 auf 45 Zeichen schrumpfen. Werden die Leerzeichen mitgezählt, die bei Platzproblemen in der Hausarbeit ebenso eine Rolle spielen können, ist das Resultat eine Kürzung von 89 auf 50 Zeichen. Wer bei juristischen Prüfungsarbeiten auf solche sprachlichen Kleinigkeiten achtet und auf eine einfache und verständliche Ausdrucksweise Wert legt, kann folglich Zeit und Raum gewinnen, die er für die eigentlichen, juristischen Herausforderungen des Sachverhalts verwenden kann.

VII. Tipps und Hinweise

1. Einführung

Neben den vorstehenden grundlegenden Ausführungen zum Gutachtenstil gibt es viele kleinere Tipps, die im Laufe des Studiums von verschiedener Seite gegeben werden. Einige von ihnen werden im Folgenden kurz vorgestellt. Sicherlich fällt es zu Beginn nicht leicht, alle Hinweise bei der Abfassung eines Gutachtens zu beherzigen. Um bei der nicht geringen Anzahl an Ratschlägen die Orientierung zu erleichtern, werden sie nach ihrer Bedeutung bewertet. Die Skala reicht von einem Stern (für einen beachtlichen Tipp) bis hin zu drei Sternen (für einen äußerst bedeutsamen Hinweis).

Eine solche Bewertung ist freilich subjektiv und erhebt keinen Anspruch auf Allgemeingültigkeit. Die Sternvergabe versucht sich daran zu orientieren, welche Aufmerksamkeit die meisten Prüfer dem jeweiligen Gesichtspunkt schenken dürften. Erhält ein Tipp nur einen Stern, wird er für viele Prüfer nur eine moderate Bedeutung einnehmen. Im Einzelfall kann dies aber durchaus anders sein und kann ein Korrektor auf einen bestimmten Gesichtspunkt mehr Wert legen als ein anderer.

Nicht nur deswegen sollten möglichst viele der nachstehenden Ratschläge mit der Zeit umgesetzt werden. Schließlich können sämtliche Tipps den Wert des Gutachtens steigern, zu einem größeren Wohlwollen des Korrektors führen und dadurch den einen oder anderen zusätzlichen Punkt bescheren.

2. Zum Gebrauch des Gutachtenstils

▶ Tipp Nr. 1: Wert auf Begründungen legen! ☆☆☆

Wie bereits mehrmals erwähnt, sind Begründungsdichte und -qualität eines Gutachtens von entscheidender Bedeutung für dessen Bewertung. Vor allem bei den Schwerpunkten der Klausur gilt es, sich um eine ausführliche, möglichst auf mehreren Argumenten ruhende und nachvollziehbare Erläuterung zu bemühen. Es ist an sich kaum möglich, zu viel zu schreiben. Allenfalls ist darauf achten, sich nicht zu wiederholen.

Auch ansonsten ist nicht an der Begründung zu sparen. Wird ein Prüfungspunkt in der Klausur für erwähnenswert erachtet, muss er näher ausgeführt werden. Dies kann zwar in einem Nebensatz geschehen, wenn das betreffende Merkmal offensichtlich (nicht) vorliegt. Aber es sollte jedenfalls geschehen.

▶ Tipp Nr. 2: Subsumtionen nicht vernachlässigen! ☆☆☆

Was für die Begründung gilt, sollte ebenso für die Subsumtion beherzigt werden. Der Prüfling kann allein durch seine Subsumtion dem Korrektor seine Fähigkeit zeigen, seine abstrakten Rechtskenntnisse auf den konkreten Fall anzuwenden.

Enthält etwa die Beschreibung des tatsächlichen Geschehens im Sachverhalt sowohl Argumente für als auch gegen die Verwirklichung eines Prüfungspunktes, ist eine ausführliche und nachvollziehbare Subsumtion zu Papier zu bringen. Aber selbst in eindeutigen Fällen kann das Gutachten auf eine (wenngleich kurze) Subsumtion nicht verzichten.

▶ Tipp Nr. 3: An und mit dem Sachverhalt arbeiten! ☆☆☆

Die erste Materialquelle für Begründungen und Subsumtionen ist der Sachverhalt. Es sollten daher alle darin erwähnten Umstände verwertet werden. Wenn im Aufgabentext sämtliche Angaben durchgestrichen werden, die in dem Gutachten berücksichtigt wurden, dürfen nur noch unbedeutende Nebensächlichkeiten zu lesen sein.

Es schadet zudem nicht, möglichst nahe am Sachverhalt zu arbeiten und die relevanten Stellen eins zu eins zu übernehmen. Selbst Anführungszeichen sind überflüssig, weil niemand zitiert, sondern auf die Arbeitsgrundlage zurückgegriffen wird. Die Angaben im Sachverhalt umzuformulieren, ist somit unnötig und kann allenfalls dazu führen, dass der Korrektor den Sachverhalt nicht wieder erkennt.

▶ Tipp Nr. 4: Verständlich schreiben! ☆☆

Ein Ziel des Gutachtens ist es, sich möglichst klar und verständlich auszudrücken. Weder ein hoher Anteil an Fremdwörtern (selbst bei deren richtigem Gebrauch und zutreffender Schreibweise) noch Sätze ciceronischen Ausmaßes indizieren einen guten Juristen. Zudem wird die Freude des gewöhnlich unter Zeitdruck stehenden Korrektors nicht gerade größer, wenn er einen Satz selbst beim dritten Durchlesen noch nicht versteht.

Der Schreibstil darf auch bei den rechtlichen Fragestellungen der Klausur nicht vernachlässigt werden. Selbst wenn davon auszugehen ist, dass der Korrektor das Problem durchaus kennt und um dessen Lösung weiß: Von dem Prüfling kann der Korrektor dies nur behaupten, wenn dieser ihm seine Kenntnisse vermitteln kann.

▶ Tipp Nr. 5: Nichtssagende Formulierungen vermeiden! ☆☆

Zwar ist ein oberstes Gebot, an Begründung und Subsumtion nicht zu sparen und selbst bei (vermeintlich) offensichtlichen Tatbestandsmerkmalen in einem Nebensatz einen Begründungs- und Subsumtionsansatz zu liefern. Dabei darf aber nicht auf „Scheinbegründungen" zurückgegriffen werden. Zum Argument gereichen weder die lapidare Feststellung „Diese Voraussetzung ist erfüllt" noch ähnliche nichtssagende Formulierungen.

Des Weiteren sind „Kraftworte" zu vermeiden. Von der Feststellung „Das ist *unstreitig* gegeben" ist ebenso abzuraten wie von dem Gebrauch der Worte „offensichtlich", „auf jeden Fall", „unproblematisch", „zweifellos" etc. Solche Wendungen werden zumeist als Zeichen der Unsicherheit oder – bei Übersehen einer gerade nicht völlig unproblematischen Fragestellung – als Indiz für ein fehlendes Problembewusstsein gedeutet.

VII. Tipps und Hinweise

▶ Tipp Nr. 6: Vorsicht beim Gebrauch von Verweisungen! ☆

Im Laufe eines Gutachtens sind häufig einzelne Prüfungspunkte wiederholt anzusprechen. In diesen Fällen müssen Definitionen oder Meinungsstreite nicht mehrmals niedergeschrieben werden. Um *insoweit* Zeit und Arbeit zu sparen, darf vielmehr *nach oben* verwiesen werden. Verweisungen nach unten sind dagegen zu vermeiden, weil sie den Lesefluss beeinträchtigen.

„Insoweit" bedeutet, dass die Verweisung sich nur auf Aspekte beziehen darf, die wirklich identisch sind. So darf stets auf eine bereits zu Papier gebrachte Definition verwiesen werden, nur selten dagegen auf die an anderer Stelle vorgetragene Subsumtion, die in der Regel von Norm zu Norm, von Handlung zu Handlung etc. unterschiedlich ausfällt.

> Beispiel aus dem Zivilrecht: Ist fraglich, ob A während einer Versteigerung ein Gebot abgegeben hat, weil er zunächst einem Freund zugewinkt und später vor Müdigkeit seinen Arm gestreckt hat, darf in Bezug auf die rechtlichen Ausführungen zur Willenserklärung und die Darstellung des Meinungsstreits zum Erklärungsbewusstsein nach oben verwiesen werden. Wie die beiden Handlungen des A zu bewerten sind, ist dagegen in einer jeweils eigenen Subsumtion zu untersuchen.

3. Juristischer Touch

▶ Tipp Nr. 7: Juristischen Sprachgebrauch üben! ☆☆☆

Die juristische Sprache ist sehr exakt. Nicht wenige Korrektoren ahnden daher, selbst wenn in den ersten Semestern freilich noch Nachsicht geübt wird, spätestens im Examen oder in der Übung für Fortgeschrittene einen zu häufigen falschen oder ungenauen Wortgebrauch mit Punktabzug. Dies gilt vor allem, wenn die Klausur auch sonst nicht zu überzeugen weiß und ggf. das Bestehen auf dem Spiel steht.

Vorsicht ist deshalb auch bei der Verwendung von Synonymen geboten. Der literarische Wert eines Gutachtens ist von Natur aus nicht hoch und Wortwiederholungen bei juristischen Fachbegriffen lassen sich kaum vermeiden. Gleichwohl sollten solche Wiederholungen nicht um jeden Preis verhindert werden. Schließlich erhalten die Ausführungen ansonsten ggf. eine andere Bedeutung oder werden ungenau oder missverständlich.

> Beispiele aus dem Öffentlichen Recht: Eine Verfassungsbeschwerde ist *begründet*, nicht *gerechtfertigt*. Bei einem Eingriff in ein Grundrecht wird dessen Schutzbereich zunächst lediglich *berührt*. *Beeinträchtigt* ist er erst dann, wenn der Eingriff verfassungsrechtlich nicht gerechtfertigt werden kann.
> Beispiele aus dem Strafrecht: Eine Straftat ist *vollendet*, ein Versuch dagegen *beendet*. Der Täter macht sich *des* Totschlags *schuldig*, ist aber *wegen* Totschlags *strafbar*. Der Täter handelt rechtswidrig und *schuldhaft*, nicht rechtswidrig und *schuldig*.
> Zur besonderen Bedeutung des Grundsatzes im Zivilrecht siehe Tipp Nr. B3 (S. 67 f.).

▶ Tipp Nr. 8: Normen zitieren! ☆☆☆

Das Handwerkszeug eines Juristen ist das Gesetz. Es gilt daher, sich mit ihm vertraut zu machen und mit ihm zu arbeiten. Nicht zuletzt bei der Prüfung kann das Gesetz eine wahre Hilfe und Stütze sein. In der Regel stehen etwa die Voraussetzungen einer Anspruchsgrundlage oder die Merkmale eines Straftatbestandes nämlich im Gesetz. Solche Punkte müssen folglich nicht mühsam auswendig gelernt werden, sondern es genügt zu wissen, welche Vorschrift jeweils aufzuschlagen ist.

Sobald sich rechtliche Ausführungen in einer Klausur aus dem Gesetz ergeben, ist die jeweilige Norm zu zitieren. Viele Korrektoren bemängeln es, wenn zwar seitenlang die Rechtslage dargelegt wird, hierbei aber keine einzige Vorschrift benannt wird, um die Erörterungen auf das Gesetz als Grundlage jeglicher juristischen Tätigkeit zu stützen.

Beispiel: Vor allem das BGB enthält ein detailliertes Regelungsgeflecht, auf das durch Bezeichnung der einschlägigen Norm zurückgegriffen werden sollte. Es sind auch Vorschriften zu benennen, die einem selbstverständlich erscheinen: Wenn etwa ein Anspruch des Käufers aus Kaufvertrag auf Übereignung und Übergabe der Kaufsache zu prüfen ist, muss die Anspruchsgrundlage des § 433 Abs. 1 Satz 1 BGB erwähnt werden.

▶ Tipp Nr. 9: Zutreffende Normbezeichnung verwenden! ☆☆☆

Bei Normzitaten gehört zum zutreffenden juristischen Sprachgebrauch, die korrekte Normbezeichnung („Art." oder „§") zu verwenden. Im Bürgerlichen Recht und im Strafrecht existieren zwar zumeist nur Paragraphen im eigentlichen Sinne, so dass kaum eine Verwechslung möglich ist. Jedenfalls im Öffentlichen Recht gibt es aber auch prüfungsrelevante Gesetze mit Artikeln.

Dies gilt insbesondere für die Normen des Grundgesetzes. So richtet sich die Zulässigkeit einer abstrakten Normenkontrolle nach *Art.* 93 Abs. 1 Nr. 2 GG, §§ 13 Nr. 6, 76 ff. BVerfGG. Wer dagegen in einer staatsrechtlichen Klausur etwa von *§* 19 Abs. 4 GG spricht und *Art.* 13 BVerfGG zitiert, wird häufig mit Punktabzügen rechnen müssen. Im weiteren Verlauf des Studiums warten weitere Gesetze, bei denen auf die zutreffende Normbezeichnung Wert zu legen ist, beispielsweise im Europarecht und – je nach Bundesland des Studienortes – auch im Landesrecht.

▶ Tipp Nr. 10: Auf genaue Normzitate achten! ☆☆

Normen sollten möglichst genau zitiert werden. Dies erfordert ggf., eine Vorschrift exakt bis auf den betreffenden Halbsatz bzw. die jeweilige Variante oder Nummer zu benennen.

Beispiele: Im Zivilrecht ist zwischen dem Inhaltsirrtum nach § 119 Abs. 1 *Var. 1* BGB und dem Erklärungsirrtum nach § 119 Abs. 1 *Var. 2* BGB zu unterscheiden. Im Öffentlichen Recht hat die Meinungsäußerungs- und -verbreitungsfreiheit ihre Grundlage nicht in Art. 5 Abs. 1 GG, sondern in Art. 5 Abs. 1 *Satz 1 Var. 1* GG. Der Rücktritt des Alleintäters vom unbeendeten Versuch im Strafrecht richtet sich nicht nach § 24 Abs. 1 StGB, sondern nach § 24 Abs. 1 *Satz 1 Var. 1* StGB.

Wichtig ist eine exakte Normangabe nicht zuletzt bei strafrechtlichen Klausuren. Bei der Prüfung eines Straftatbestandes muss nämlich bereits aus der Überschrift nicht nur die jeweilige Strafvorschrift hervorgehen, sondern auch die Form, in welcher der Täter sie verwirklicht haben soll (z. B. in welcher Beteiligungsform, als Versuch oder durch Unterlassen). So wird ein versuchter Totschlag mit §§ 212 Abs. 1, *22* StGB überschrieben. Wer lediglich § 212 Abs. 1 StGB festhält, kündigt dagegen die Prüfung eines vollendeten Totschlags an.

4. Sprachliche Feinheiten

▶ Tipp Nr. 11: Schlagworte gebrauchen! ☆☆☆

In der Regel ist davon auszugehen, dass noch weitere Klausuren auf dem Schreibtisch des Korrektors auf ihre Bewertung warten. Er wird sich daher kaum jedes Wort eines Gutachtens auf der Zunge zergehen lassen. Dies mag für den Prüfling durchaus unbefriedigend sein. Schließlich hat er sich auf die Prüfung entsprechend vorbereitet, sich in der Klausur Mühe gegeben und nun wird seine Ausarbeitung ggf. in einer unangemessen kurzen Zeit durchgelesen oder sogar nur überflogen.

Trotzdem ist es für den Prüfling in eigenem Interesse, dem Korrektor die Arbeit zu erleichtern. Dies kann etwa dadurch geschehen, diejenigen Schlagworte und Rechtsbegriffe niederzuschreiben, nach denen der Korrektur sucht. Wenn etwa die Ausgangssituation der alternativen Kausalität beschrieben wird, sollte der Begriff „alternative Kausalität" auch irgendwann einmal genannt werden, damit der Korrektor schneller seinen Haken setzen kann. Dieser Tipp ist zwar unter den Korrektoren nicht unumstritten. Schaden dürfte der (zutreffende) Gebrauch von Schlagworten aber jedenfalls nicht.

▶ Tipp Nr. 12: Keine eigenen Abkürzungen verwenden! ☆☆

In einem Gutachten sind, wie in jeder anderen wissenschaftlichen Arbeit, zunächst nur Abkürzungen zu verwenden, die auch im Schriftdeutsch gebräuchlich sind, etwa „d. h.", „bzw." oder „sog.". Zulässig sind des Weiteren Abkürzungen aus dem jeweiligen Fachbereich, bei der Rechtswissenschaft etwa Normbezeichnungen (z. B. „Art.", „Abs.", „S.", „Nr.") und Gesetzesabkürzungen („BGB", „GG", „StGB" etc.).

Ansonsten ist mit Abkürzungen vorsichtig zu verfahren, da sie den Lesefluss stören und die Verständlichkeit des Gutachtens verringern. Auf keinen Fall dürfen eigene Abkürzungen kreiert werden, um Zeit zu sparen. Wer etwa in einer Zivilrechtsklausur durchgehend statt „Willenserklärung" nur „WE" schreibt, mag sich zwar einen kleinen Zeitvorteil verschaffen. Auf die Bewertung seines Gutachtens könnte sich dies aber mitunter nachteilig auswirken.

▶ Tipp Nr. 13: Auf die Rechtschreibung achten! ☆

Es mag merkwürdig erscheinen, in dieser Aufzählung von Ratschlägen gesondert auf die Rechtschreibung hinzuweisen. Leider ist es im Alltag eines Korrektors keine

Seltenheit, mit innovativen Wortkreationen konfrontiert zu werden. Peinlich und auffällig sind insbesondere Rechtschreibfehler bei Fremdwörtern und juristischen Fachbegriffen.

> In strafrechtlichen Prüfungen bereitet häufig das Ableben von Personen orthographische Schwierigkeiten. So offenbaren sich nicht nur in Klausuren der ersten Semester Probleme bei der zutreffenden Schreibweise der Wortfamilie „tot" und „Tod". Korrekt heißt es etwa: Wer einen anderen Menschen mittels einer *tödlichen* Handlung *tötet*, ist für die Herbeiführung des *Todes* wegen *Totschlags* strafbar. Als nachteilig erweist sich vor allem, den Straftatbestand des Totschlags falsch zu schreiben und dadurch die amtliche Überschrift des § 212 StGB fehlerhaft wiederzugeben.

Sicherlich kann der eine oder andere Rechtschreibfehler im Eifer des Gefechts unterlaufen und wird sich nicht negativ auf die Bewertung auswirken. Häufen sich diese Fehler in einer Klausur jedoch, kann dies den Korrektor vom eigentlichen Inhalt der Klausur ablenken. Unter Umständen versäumt er dann gerade diejenige Argumentation, die besonders gut gelungen ist.

Außerdem kann der Prüfer die orthographische Schwäche sogar zum Anlass für einen Punktabzug nehmen, da die Überzeugungskraft eines Gutachtens dadurch schwindet. Welchen ersten Eindruck hinterlässt etwa ein elektronisches Gerät, dessen deutsche Bedienungsanleitung wegen unzähliger Übersetzungs- und Rechtschreibfehler schlicht unverständlich ist?

▶ **Tipp Nr. 14: Etwaige Unsicherheiten nicht verraten!** ☆

Mitunter enthält ein Sachverhalt zu einem bestimmten Prüfungspunkt nur unzureichende Angaben, die eine abschließende Stellungnahme nicht möglich erscheinen lassen. Häufig ist ein Sachverhalt auch bewusst so gestellt, dass ein Merkmal mit guten Gründen bejaht und ebenso verneint werden kann. Selbst in diesen Fällen muss in dem Gutachten eine Entscheidung getroffen werden.

Trotz der unsicheren Tatsachengrundlage sollten die sich darauf stützenden Ausführungen keine Zweifel hinsichtlich des gefundenen Ergebnisses offenbaren. Worte wie „wohl", „wahrscheinlich", „ist anzunehmen" etc. sind daher zu vermeiden. Der Klausurersteller erwartet, dass der Prüfling den Sachverhalt rechtlich bewertet und zu seiner Beurteilung steht. Dass freilich ebenso andere Auffassungen vertretbar sind, wird bereits dadurch deutlich, dass im Rahmen einer ausführlichen Begründung auch Gegenargumente gewürdigt und berücksichtigt werden.

> Negativbeispiele: „Daher *wird wohl* eine Körperverletzung *vorliegen*." „A hat seine Willenserklärung *wahrscheinlich* wirksam angefochten."

▶ **Tipp Nr. 15: Die Ich-Form meiden!** ☆

Dieser Ratschlag ist zugegeben nicht unumstritten. Schließlich wird jeder Sachverhalt von jedem Juristen anders gelöst und stellt ein Gutachten selbst bei größtmöglicher Bemühung um Objektivität nichts anderes als die persönliche Meinung des

Verfassers dar. Was soll daher dagegen sprechen, die eigene Meinung in der Klausur durch die erste Person entsprechend zu kennzeichnen?

Gleichwohl sehen einige Korrektoren die Ich-Form nicht besonders gerne. Dahinter mag sich die Überlegung verbergen, dass ein Gutachten einen Sachverhalt objektiv bewerten soll und kein Forum für persönliche Ansichten bietet. Zu bedenken ist jedenfalls: Selbst wenn ein Korrektor die Verwendung der ersten Person in einem Gutachten begrüßt, wird er allein dafür keine Sympathiepunkte verteilen. Dagegen ist es durchaus denkbar, dass ein Korrektor ein „ich" oder „meines Erachtens" bemängelt, wenn er dies in einem Gutachten nicht gerne liest.

Der Ernstfall: Lösung einer Klausur § 3

I. Grundlagen

Die wesentlichen Grundzüge für ein verständliches Gutachten wurden nunmehr zwar dargelegt. Vor das Gutachten hat der Prüfer aber zunächst den *Aufgabentext* gestellt. Bevor in einer Klausur das Gutachten verfasst wird, warten somit noch ein paar weitere Probleme und Herausforderungen auf den Prüfling, die jedoch mit etwas Übung ohne Weiteres zu meistern sind.

Im Ernstfall einer Klausur sitzen mitunter mehrere hundert Studentinnen und Studenten in ein und demselben Prüfungsraum. Die Klausuraufsicht teilt zunächst die Aufgabentexte aus und gibt das Ende der Bearbeitungszeit bekannt. Aber was dann? Ist es wegen der Kürze der Zeit angebracht, sich sogleich auf die Klausur zu stürzen und nach kurzem Überfliegen des Sachverhalts mit der Anfertigung des Gutachtens zu beginnen? Oder soll der Sachverhalt lieber erst in aller Ruhe durchgelesen werden, eine nebensächliche Streitigkeit im ersten Absatz der Klausur bereits zum Anlass für Ausführungen in epischer Breite genommen werden, um eine halbe Stunde vor Ende der Bearbeitungszeit festzustellen, das Gutachten nicht mehr zu Ende schreiben zu können?

Die Wahrheit liegt wie so oft in der Mitte. Es ist folglich hilfreich, weder kopflos noch mit einer zu großen Gelassenheit, sondern mit einem Konzept in die Prüfung zu gehen. Ähnlich ist es auch bei einem Fußball- oder Basketballspiel zumeist besser, nicht einfach drauf los zu spielen und sich überraschen zu lassen, was passiert, sondern sich eine *Taktik* zurechtzulegen. Im Folgenden wird kurz erläutert, wie eine solche Taktik für juristische Klausuren aussehen könnte. Allerdings existiert nicht der einzig wahre Weg, der allein von Erfolg gekrönt wäre. Wie es beim Fußball oder Basketball unterschiedliche Spielertypen gibt, die jeweils andere Taktiken am besten umsetzen können, so muss jeder für sich selbst herausfinden, welche der folgenden Hinweise ihm im Einzelnen zusagen.

II. Stationen einer Klausur

1. Bearbeitervermerk

Der erste Blick auf eine Klausur sollte dem Bearbeitervermerk, d. h. der *konkreten Aufgabenstellung* gelten. Noch bevor der Sachverhalt selbst zum ersten Mal gelesen wird, sollte der Prüfling wissen und sich vergegenwärtigen, was von ihm verlangt wird. Warum dies hilfreich ist? Zur Erläuterung mag der Leser eines Kriminalromans dienen, der in alter Angewohnheit stets die letzte Seite zuerst liest, um bereits zu Beginn zu erfahren, wer der Mörder ist. Die Spannung mag ihm dadurch vielleicht genommen sein. Er hat aber den Vorteil, bei der Lektüre des Buches die Hinweise, die der Schriftsteller zur Identifizierung des Mörders gestreut hat, einfacher erkennen und richtig einordnen zu können. Dagegen läuft er weniger Gefahr, auf eine falsche Fährte gelockt zu werden.

Ähnlich kann es dem Prüfling in einer Klausur ergehen. Zwar werden nur die gemeinsten unter den Klausurerstellern falsche Fährten legen. Auch ansonsten kann sich aber jemand von Angaben im Sachverhalt in eine Richtung lenken lassen, auf die es in der Klausur überhaupt nicht ankommt. Dem Prüfling kann dadurch der Blick für das Wesentliche genommen oder vernebelt werden. Um dies zu vermeiden, ist zuerst der Bearbeitervermerk sorgfältig zu studieren. Dadurch ist der Prüfling für die grobe Richtung, die er in der Klausur einschlagen muss, bereits sensibilisiert. Sein Problembewusstsein wird sich auf die richtigen Aspekte konzentrieren und er kann verstärkt auf die Hinweise des Klausurerstellers achten.

Die Bearbeitung einer Klausur beginnt daher mit einem Blick auf den *Bearbeitervermerk*. Er ist gründlich durchzulesen, um sich zu vergewissern, was der Klausurersteller genau erwartet. So unwahrscheinlich es klingen mag, passiert es doch regelmäßig (und sogar im Examen), dass ein Prüfling den Bearbeitervermerk missversteht und beispielsweise zivilrechtliche Ansprüche der falschen Person oder die Strafbarkeit eines falschen Beteiligten anspricht.

Bei der Lektüre des Bearbeitervermerks sind zudem etwaige *Zusatzanmerkungen und Leitlinien* für die Klausurbearbeitung zu beachten. Vor allem in den ersten Semestern werden häufig bestimmte Punkte von der Prüfung ausgeschlossen. So kann etwa im Strafrecht nur nach der Strafbarkeit wegen bestimmter Delikte gefragt sein, im Zivilrecht nur nach bestimmten Arten von Ansprüchen (z. B. vertragliche oder Schadensersatzansprüche) oder im Öffentlichen Recht lediglich nach der Begründetheit der Klage. Sollten die ausgeklammerten Punkte gleichwohl erörtert werden, werden dafür selbst bei zutreffenden Ausführungen keine Pluspunkte vergeben. Je nach Verständnis und Laune des Korrektors reicht die Würdigung der unnötigen Mehrarbeit vielmehr von einem milden Kopfschütteln bis hin zu einem dicken Strich durch die entsprechenden Zeilen und dem mit Ausrufezeichen geschmückten Randvermerk „überflüssig!" oder „Bearbeitervermerk!".

Wenn in einer Klausur nach einem bestimmten Aspekt nicht gefragt ist, ist er folglich auch nicht zu prüfen. Es mag zwar schade sein, wenn gerade diejenigen Prüfungspunkte ausgeklammert sind, die der Prüfling wunderbar beherrscht. Er sollte trotzdem nicht darauf eingehen und sich in der dadurch gewonnenen (oder genauer: in der dadurch nicht verlorenen) Zeit auf die wirklichen Probleme der Klausur konzentrieren.

2. Sachverhalt

a) Erfassen des Sachverhalts

Unter dem noch frischen Eindruck des Bearbeitervermerks und dem dadurch fokussierten Blick steht nun der Sachverhalt selbst auf dem Programm. Auch wenn die Zeit in einer Klausur zumeist knapp ist, sollte er gründlich und zumindest zweimal durchgelesen werden. Das erste Mal empfiehlt es sich, den Sachverhalt am Stück zu lesen, um ihn in seinem *tatsächlichen* Gesamtzusammenhang verstehen und nachvollziehen zu können. Beim zweiten oder dritten Durchlesen kann das Augenmerk auf die *rechtlichen* Aspekte gelegt und mit den Notizen zur Lösung begonnen werden.

Bei den einzelnen Durchgängen ist äußerst sorgfältig vorzugehen. Schließlich kann rechtlich nur zutreffend bewertet werden, was in der tatsächlichen Dimension zuvor richtig erfasst wurde. Beispielsweise muss der Prüfling nachvollziehen können, wer wann auf wen zuerst geschossen oder wer sich gegenüber wem wann in welcher Weise geäußert hat. In der Regel wird dies unproblematisch sein und muss nicht zu einer eigenen Wissenschaft erhoben werden. Sobald ein Sachverhalt sich jedoch etwas komplizierter gestaltet und beispielsweise mehrere Personen oder viele Zeit- und Datumsangaben enthält, kann er Verwirrung stiften und bedarf einer genauen Betrachtung. Unter Umständen kann es in solchen Fällen hilfreich sein, sich die beteiligten Personen und ihre Verhältnisse in einem Diagramm auf dem Konzeptpapier zu verdeutlichen oder den zeitlichen Ablauf in einer Tabelle festzuhalten.

b) Erkennen wichtiger Angaben im Sachverhalt

Nur wenige Angaben im Sachverhalt haben für den konkreten Fall keine Bedeutung und können bedenkenlos ignoriert werden. Zwar bemühen sich die Klausurersteller gelegentlich, den Sachverhalt mit unterschwelligem Humor und farbigen Beschreibungen etwas aufzuheitern. Doch in der Regel erschöpfen sich die Versuche in einer wortspielerischen Namensfindung der Beteiligten und einer leichten Ausschmückung des Szenarios. Nur selten wird ein Sachverhalt mehrere Sätze hintereinander aufweisen, die überhaupt nicht in der Lösungsskizze berücksichtigt werden. Die meisten der im Sachverhalt mitgeteilten Informationen sind daher im Gutachten aufzugreifen und zu verarbeiten.

Es gilt folglich, die Angaben im Sachverhalt auf ihre jeweilige Relevanz für die Lösung der Klausur zu überprüfen. Jeder Satz des Aufgabentextes ist kritisch zu würdigen und daraufhin zu untersuchen, welches Problem der Klausurersteller damit ansprechen wollte. Dies zu erkennen, setzt zunächst freilich gewisse juristische Kenntnisse voraus. Auch hier befindet sich im Vorteil, wer sich nicht darauf beschränkt, Wissen lediglich anzuhäufen, sondern darüber hinaus Wert auf ein verständiges bzw. *problemorientiertes Lernen* legt. Wer sich etwa beim Studium eines Meinungsstreits nur auf dessen Ergebnisse konzentriert, ohne sich zu vergegenwärtigen, welches Problem die Diskussion erst ausgelöst hat, wird in einem Sachverhalt, der typischerweise nur das Problem und nicht das Ergebnis schildert, kaum bemerken, auf diesen Meinungsstreit eingehen zu müssen.

Ein geschärftes *Problembewusstsein* ist somit eine notwendige Voraussetzung, um die rechtlichen Schwierigkeiten im Aufgabentext zu erkennen. Bei der Suche nach den Schwerpunkten und sonstigen Fragestellungen einer Klausur kann aber auch der Sachverhalt selbst eine wertvolle Hilfe sein. So können bestimmte Angaben ein Indiz dafür darstellen, dass der Klausurersteller ein bestimmtes Problem aufwerfen wollte.

- Generell weist jede *ausführliche und detaillierte Beschreibung* eines Geschehensablaufs darauf hin, dass die Schilderung auch Informationen enthält, die aus juristischer Sicht bedeutsam sind. Sobald der Sachverhalt an einer bestimmten Stelle etwas an Schwung zu verlieren scheint, sollte er daher aufmerksam gelesen und besonders gründlich auf rechtliche Probleme untersucht werden.
- Ein deutlicher Hinweis darauf, dass der Klausurersteller gewisse Punkte in dem Gutachten lesen will, sind *Rechtsmeinungen* der Beteiligten. Vertritt eine der im Sachverhalt auftretenden Personen zu einem bestimmten Punkt eine bestimmte Auffassung, muss sich die Bearbeitung damit auseinandersetzen. Ebenso gebieten wörtliche Zitate es in der Regel, die jeweilige Aussage näher zu betrachten.

    Dies gilt vornehmlich bei Willenserklärungen im Zivilrecht. Wenn jemand sagt: „Wegen Ihrer Täuschung löse ich mich von unserem Vertrag.", ist die Äußerung im Gutachten auszulegen und festzuhalten, dass die darin liegende Anfechtung wegen arglistiger Täuschung gemäß § 123 Abs. 1 Var. 1 BGB auch ohne ausdrücklichen Gebrauch des Wortes „anfechten" wirksam erklärt werden kann.

- Ebenso sind *Datumsangaben* im Sachverhalt in der Regel von Bedeutung und müssen im Gutachten aufgegriffen werden. Oftmals legen solche Daten die Notwendigkeit einer Fristberechnung nahe, die im Zivilrecht sowie vor allem im Öffentlichen Recht gerne als Füllmaterial in einer Klausur verwendet wird.

Enthält der Sachverhalt mehrere Angaben zu einem juristischen Problem, so können einige Informationen für die rechtliche Bewertung im Ergebnis ohne Bedeutung sein. Da das Gutachten aber umfassend auf alle aufgeworfenen Rechtsfragen einzugehen hat, sind auch letztlich nicht erhebliche Angaben zu berücksichtigen. Die betreffenden Punkte dürfen folglich trotz ihrer fehlenden Relevanz nicht verschwiegen, sondern müssen aufgegriffen werden, um dem Korrektor zu zeigen, dass sie registriert und bewusst als juristisch bedeutungslos bewertet wurden. Eine solche Prüfungssituation wiederholt sich im Übrigen nicht selten im späteren Berufsleben. Mandanten werden häufig einen Fall schildern und dabei Gesichtspunkte erwähnen, die sie selbst für entscheidend halten, in Wirklichkeit aber rechtlich belanglos sind. Um dem Mandanten die Rechtslage nachvollziehbar zu erklären, muss auch auf solche Aspekte eingegangen und ihm aufgezeigt werden, warum sie für seinen Fall gerade nicht relevant sind.

> Beispiel: Ein zivilrechtlicher Sachverhalt enthält sowohl das Datum der Abgabe als auch das Datum des Zugangs einer Willenserklärung. Ob der dazwischen erfolgte Widerruf noch rechtzeitig zugeht, richtet sich allein nach dem Datum des *Zugangs* der ersten, widerrufenen Willenserklärung. Wann die Willenserklärung *abgegeben* wird, bleibt unerheblich. Gleichwohl sollte dies ausdrücklich erwähnt werden. Denn der Korrektor weiß ansonsten nicht, ob bewusst auf das Datum des Zugangs abgestellt, ob nur geraten oder ggf. das Datum der Abgabe sogar überlesen wurde.

c) Fehlende Angaben im Sachverhalt

Gelegentlich scheint eine Klausur nicht zu viele, sondern zu wenige Angaben zu enthalten. Der Sachverhalt schweigt etwa zu einem bestimmten Prüfungspunkt, so dass Zweifel aufkommen, ob das jeweilige Merkmal als gegeben angesehen werden darf. Anders als in der Praxis, in der es zumeist gilt, zunächst das tatsächliche Geschehen zu ergründen und zu dessen Aufklärung ggf. eigene Ermittlungen vorzunehmen, bleibt diese Möglichkeit dem Prüfling in der Klausursituation verwehrt. Er muss vielmehr den *Sachverhalt so nehmen wie er ist*.

Dies bedeutet vor allem, sich um eine viel zitierte *lebensnahe Auslegung* bemühen zu müssen. Was unter einer „lebensnahen Auslegung" zu verstehen ist, kann leider nicht exakt beschrieben werden. Ansonsten würden Anleitungen zum Gutachtenstil nicht diesen wenig aussagekräftigen Ausdruck verwenden. Es gibt jedoch einige Richtlinien, welche die Orientierung in der Klausur erleichtern.

- Wenn eine Angabe zu einem bestimmten Prüfungspunkt völlig fehlt, kann er als gegeben erachtet werden, wenn dies dem *Regelfall* entspricht.

> Beispiele: Vor allem formelle Voraussetzungen wie Form- und Fristerfordernisse einer Klage im Öffentlichen Recht können bei fehlenden Informationen im Sachverhalt als erfüllt angesehen werden. Es wäre mehr als seltsam, mangels Datumsangaben im Sachverhalt davon auszugehen, dass der Beschwerdeführer oder Kläger die Frist versäumt habe und das Gutachten daher schon in der Zulässigkeit abgebrochen werden kann, ohne auf die zahlreichen Probleme in der Begründetheit einzugehen.
>
> Enthält eine strafrechtliche Klausur keine Angaben zum subjektiven Tatbestand, ist – wie durch die Strafgerichte in der Praxis – aus dem objektiven Geschehen auf die subjektive Seite des Täters zu schließen. Dies wird in der Regel dazu führen, seinen Vorsatz zu bejahen, sofern der Sachverhalt nicht auf etwas anderes hinweist.

- Umgekehrt dürfen Tatbestandsvoraussetzungen und andere Merkmale, welche die Rechtswissenschaft oder das Gesetz als *Ausnahmefall* behandeln, bei einem Schweigen des Sachverhalts nicht als erfüllt erachtet werden.

> Beispiele: Das Strafgesetzbuch stellt keine expliziten Voraussetzungen für Rechtswidrigkeit oder Schuld auf. Angeführt werden stets nur Konstellationen, in denen diese Prüfungsstufen (ausnahmsweise) ausgeschlossen sind (z. B. Notwehr in § 32 StGB, Schuldunfähigkeit und verminderte Schuldfähigkeit in §§ 19 ff. StGB). Enthält eine strafrechtliche Klausur keine Anhaltspunkte für einen Rechtfertigungsgrund oder die fehlende Schuld des Täters, kann deshalb unterstellt werden, dass der Täter rechtswidrig und schuldhaft gehandelt hat.

Ähnlich verhält es sich im Bürgerlichen Recht beim Verschulden im Anwendungsbereich des § 280 Abs. 1 Satz 2 BGB. Dessen Formulierung „Dies gilt nicht, wenn [...]" bringt zum Ausdruck, dass der derart eingeleitete Prüfungspunkt des Verschuldens im Regelfall als gegeben vermutet wird. Ebenso kann in einer zivilrechtlichen Klausur von fehlenden Einwendungen und Einreden der Beteiligten ausgegangen werden, wenn der Sachverhalt keine entsprechenden Angaben enthält.

Das Schweigen des Sachverhalts darf jedoch nur zum Anlass genommen werden, *rechtliche* Prüfungspunkte als gegeben oder nicht gegeben zu unterstellen. Dagegen ist äußerste Vorsicht geboten, wenn in lebensnaher Auslegung des Sachverhalts weitere *Tatsachen* als geschehen angenommen werden sollen. Jedenfalls darf ein Sachverhalt nicht mit Gewalt verbogen werden, um sich neue und vom Klausurersteller ungewollte Prüfungspunkte zu eröffnen. Zum einen sind diese Kniffe den Korrektoren bekannt, die früher selbst Klausuren geschrieben haben. Zum anderen sind Klausuren in der Regel so gestaltet, dass die zur Verfügung stehende Bearbeitungszeit bis an Ihre Grenzen ausgereizt und komplett für die Anfertigung des Lösungsgutachtens benötigt wird. Wer sich nicht aufgeworfenen Problemen widmet, vergeudet damit Zeit, die bei den eigentlichen juristischen Herausforderungen der Klausur fehlt.

Beispiel: In einer Strafrechtsklausur haben nach dem Sachverhalt die Schüsse zweier unabhängig voneinander handelnder Täter zeitgleich zum Tod des Opfers geführt. Ohne weitere Angaben ist daher zu akzeptieren, dass tatsächlich zwei Kausalketten zeitgleich den tatbestandlichen Erfolg bewirkt haben. Der Sachverhalt darf folglich nicht lebensnah dergestalt interpretiert werden, dass – wie in der Praxis häufig – nicht abschließend geklärt werden könne, welche der Kausalketten letztlich den tatbestandlichen Erfolg herbeigeführt habe. Der dadurch zusätzlich eröffnete Prüfungspunkt „in dubio pro reo" darf vielmehr nur dann angesprochen werden, wenn der Sachverhalt ausdrücklich darauf hinweist (z. B. durch die Formulierung „Es kann nicht mehr festgestellt werden, ob [...]").
Ähnlich im Zivilrecht: Selbst wenn einer Vertragspartei nach der geschilderten Sachlage ein Anfechtungsrecht zusteht, kann dessen nahe liegende Ausübung nicht postuliert werden, wenn der Sachverhalt insoweit keine Angaben enthält.
Zum Abschluss ein rechtsgebietsübergreifendes Beispiel: Verlässt jemand nachts eine Kneipe, hat dies ohne weitere Informationen im Sachverhalt weder die zivilrechtliche Geschäftsunfähigkeit noch die strafrechtliche Schuldunfähigkeit wegen Volltrunkenheit zur Folge.

d) Der „unpassende" Sachverhalt

Die soeben erläuterten Grundsätze für den unvollständigen Sachverhalt gelten ebenso für den „unpassenden" Sachverhalt. Sofern Angaben widersprüchlich erscheinen, gilt es zu versuchen, durch eine lebensnahe Auslegung Licht in das Dunkel zu bringen. Auch hier ist jedoch der Aufgabentext als gegeben zu akzeptieren. Es dürfen nicht durch weitere Aufklärungsarbeit oder phantasiereiche Interpretation zusätzliche Tatsachen erfunden werden, um das geschilderte Geschehen vermeintlich stimmiger zu gestalten. Ansonsten droht eine sog. *Sachverhaltsquetsche* vorgenommen zu werden, bei der in den Sachverhalt Tatsachen hineingelesen werden, die er überhaupt nicht enthält. Einen solchen Versuch sieht der Korrektor nicht nur ungern. Der Prüfling läuft darüber hinaus Gefahr, den Weg der

Lösungsskizze zu verlassen und dadurch Zeit für die Beantwortung nicht aufgeworfener Fragestellungen zu verschwenden. Der Sachverhalt mag zwar nicht unfehlbar sein, er ist jedoch unumstößlich.

(Scheinbare) Widersprüche im Sachverhalt lassen sich aber zumeist leicht beheben. Dabei ist hilfreich, sich in die Lage des Klausurerstellers zu versetzen. Er verfasst einen Sachverhalt und keinen Kriminalroman mit überraschenden Wendungen, bei dem hinter jedem Wort ein versteckter Hinweis vermutet werden kann. Der Klausurersteller wird daher deutlich zum Ausdruck bringen, was er im Gutachten lesen will. Bei der Auslegung des Sachverhalts ist folglich nicht zu kompliziert zu denken und sind gewagte Interpretationen fehl am Platz. Stattdessen gilt es, sich um eine nahe liegende Auslegung der verwirrenden Angaben zu bemühen. Um etwaige Verständnisschwierigkeiten aufzuzeigen, kann der Korrektor ggf. auf den vermeintlichen Widerspruch im Sachverhalt dezent hingewiesen werden, z. B. mit dem Formulierungsgerüst: „Vorliegend hat zwar einerseits [… erste Angabe im Sachverhalt …]. Allerdings hat andererseits [… zweite Angabe im Sachverhalt …], so dass insgesamt [… eigener Interpretationsvorschlag nach lebensnaher Auslegung des Sachverhalts …]".

3. Lösungsskizze

Vor der Reinschrift des Gutachtens empfiehlt es sich, eine Lösungsskizze anzufertigen, die bei der Ausformulierung der Klausur behilflich ist. Einige Studentinnen und Studenten beginnen in den ersten Semestern zwar sogleich mit der Reinschrift und können trotzdem oder vielleicht gerade deswegen gute Ergebnisse erzielen. Spätestens bei den fünfstündigen Klausuren im Examen wird ein solcher Weg jedoch kaum zu beschreiten sein.

Wenn jemand ohne eine Skizze oder sonstige Notizen auskommen will, darf das Gutachten jedenfalls nicht die fehlende Vorbereitung ersetzen. Wessen Klausuren etwa stets mit durchgestrichenen Passagen, kleingeschriebenen Einschüben und Verweisungen auf die letzte Seite durchzogen sind, sollte sich daher ernsthaft überlegen, sein Glück doch mit ein paar Überlegungen vor der Reinschrift zu versuchen. Schließlich hinterlässt es keinen guten Eindruck beim Korrektor, wenn die Klausur äußerliche Ähnlichkeiten mit einem Schmierzettel aufweist. Zumindest unterbewusst könnte eine solche Arbeit schlechter bewertet werden als ein vergleichbares Gutachten mit *ansprechender äußerer Optik*.

Die Lösungsskizze muss nicht unbedingt sehr ausführlich sein. Ausreichend ist eine Gliederung mit den einzelnen Prüfungspunkten im Plus-Minus-Format, in der die in der Klausur anzusprechenden Probleme bereits an der richtigen Stelle eingeordnet und ggf. die entscheidenden Pro- und Contra-Argumente (etwa im Rahmen eines Meinungsstreites oder einer im Ergebnis offenen Subsumtion) stichwortartig notiert werden. Wer dazu neigt, in der Hektik einer Klausur Definitionen oder Ähnliches zu vergessen, kann auch diese sicherheitshalber vorab niederschreiben.

Die Vorteile einer solchen Vorgehensweise liegen darin, sich bereits zu Beginn der Bearbeitungszeit ein *ausführliches Bild* von dem gesamten Gutachten machen zu können, d. h. über sämtliche rechtlichen Aspekte, die es anzusprechen gilt, sowie über den Ablauf und die Gliederung der ausformulierten Lösung. Es dürfte dann nur noch selten eine Fragestellung in der Klausur völlig vergessen oder die Prüfung mit einem missglückten oder holprigen Aufbau absolviert werden. Hinzu kommen die positiven Auswirkungen auf das Erscheinungsbild der Klausur, die weniger Einschübe und Streichungen aufweisen wird.

Als hilfreich für den Prüfling erweist sich eine Lösungsskizze vor allem, wenn er während einer Klausur in Zeitnot gerät. Dann gewähren die Notizen einen besseren Überblick, welche Probleme (ggf. auch nur im Urteilsstil) noch anzusprechen sind. Der Prüfling läuft daher weniger Gefahr, sein Gutachten innerhalb der Bearbeitungszeit nicht abschließen zu können. Dies ist nicht unwesentlich, da eine der goldenen Regeln besagt, die *Klausur zu Ende* zu *schreiben*. Es hinterlässt nämlich einen schlechten Eindruck, wenn das Gutachten mitten im Satz oder mitten im letzten Abschnitt abrupt endet und nur eine unfertige Arbeit abgegeben wird.

Der vermeintliche Nachteil einer Lösungsskizze ist der Faktor *Zeit*. Doch die Zeit, die für die Anfertigung der Skizze benötigt wird, wird in der Regel wieder dadurch gewonnen, dass bei der Niederschrift der Klausur nicht mehr über den Aufbau oder die Argumentationslinie der Lösung nachgedacht werden muss, sondern stattdessen zügig durchgeschrieben werden kann. In der Phase der Reinschrift sollte der Stift daher allenfalls ruhen, um über eine konkrete Formulierung nachzudenken, nicht dagegen um noch über den Lösungsweg zu sinnieren.

4. Reinschrift

Mit dem Element „Zeit" ist ein wesentlicher Faktor für die Reinschrift bereits angesprochen. Wie schon mehrmals erwähnt, schöpfen juristische Klausuren in der Regel die Bearbeitungszeit aus, so dass längere Kaffeepausen kaum eingelegt werden können. Die knapp bemessene Zeit darf aber nicht dazu verleiten, überstürzt mit der Reinschrift zu beginnen. Nicht selten werden Hektik und Stress noch größer, wenn ein Problem erst während der Ausformulierung des Gutachtens überhaupt bzw. in seiner wahren Dimension erkannt wird. Es lohnt sich folglich, seine Gedanken zu ordnen, bevor sie schriftlich in der Ausarbeitung festgehalten werden.

Wann mit der Reinschrift begonnen werden sollte, lässt sich nicht im Allgemeinen sagen. Für den optimalen Zeitpunkt sind zahlreiche Faktoren maßgebend, z. B. der Umfang und der Schwierigkeitsgrad der Klausur. So kann es in einer schwierigen Klausur ratsam sein, die Ausarbeitung einige Minuten länger vorzubereiten, um den Sachverhalt genau zu erfassen und um die eigenen Gedanken und somit den Aufbau des Lösungsgutachtens in Ruhe zu gliedern. In einer einfachen Klausur empfiehlt es sich dagegen unter Umständen, früher mit der Reinschrift zu beginnen und dafür größeres Augenmerk auf die Formulierung und die Überzeugungskraft von Begründung und Subsumtion zu legen. Denn dadurch kann in einer solchen Klausur, in der die meisten Prüflinge die rechtlichen Probleme erkennen und zutreffend lösen, häufig der eine oder andere Punkt mehr erzielt werden. In einer schwierigen Klausur kann hingegen bereits in höhere Punkteregionen gelangen, wer überhaupt ein nicht offensichtliches Problem erkennt oder eine anspruchsvolle Fragestellung zufriedenstellend beantwortet.

Weitere Umstände, um den idealen Zeitpunkt für den Beginn der Reinschrift zu bestimmen, liegen in dem Prüfling selbst begründet. So sind nicht zuletzt die eigene Schreibgeschwindigkeit und Fähigkeit zu berücksichtigen, Gedanken schnell und verständlich auszuformulieren und zu Papier zu bringen. Allenfalls als Richtlinie ist daher anzuraten, bei einer zweistündigen Klausur nach etwa einer halben Stunde mit der Reinschrift zu beginnen. Generell sollten das Lesen des Sachverhalts und die Anfertigung der Lösungsskizze ungefähr ein *Viertel bis* ein *Drittel der Gesamtbearbeitungszeit* einnehmen.

5. Abschließendes Beispiel

Anhand einer Klausur aus dem Bürgerlichen Recht soll abschließend eine mögliche Herangehensweise an eine zweistündige Klausur illustriert werden. Dazu wurde die Klausur 1 (S. 69 ff.) unter realen Prüfungsbedingungen gestellt und notiert, zu welchem Zeitpunkt sich der Prüfling bei welcher Station der Klausur (Studium des Bearbeitervermerks bzw. des Sachverhalts, Anfertigung der Lösungsskizze, Ausarbeitung der Reinschrift) befand (siehe Tab. 3). Um zugleich ein Beispiel für eine denkbare Vorbereitung auf die Reinschrift des Lösungsgutachtens zu geben, werden auch der vom Prüfling bearbeitete Sachverhalt samt Randnotizen (Abb. 1) und die Lösungsskizze (Abb. 2 und 3) abgedruckt.

Sowohl der Zeitplan als auch der exemplarisch aufgezeigte Umgang mit dem Sachverhalt sowie die Lösungsskizze sind in keiner Weise als verbindlich oder unumstößlich anzusehen. Die folgenden Abbildungen präsentieren lediglich einen möglichen Weg, eine zweistündige Klausur im Zeitlimit zu absolvieren, und können ggf. die nötige Bestätigung geben, eine Klausur nicht sogleich ins Reine schreiben zu müssen, um sie innerhalb der Bearbeitungszeit zu vollenden. Es muss aber jeder für sich selbst entscheiden, ob die dargestellte Herangehensweise an eine Klausur auf ihn zugeschnitten ist oder ob er lieber früher oder sogar später mit der Reinschrift beginnt.

Tab. 3 Möglicher Zeitplan für die Bearbeitung einer Klausur (am Beispiel der Klausur 1)

Bearbeitungszeit (in h)	Stationen der Klausur
0.00–0.01	Ausgabe der Klausur; *Bearbeitervermerk* gelesen
0.01–0.09 0.03 0.07 0.09	*Sachverhalt* – zum ersten Mal gelesen – Grundfall zum zweiten Mal gelesen; Notizen am Rand – Abwandlung zum zweiten Mal gelesen; Notizen am Rand
0.09–0.32 0.24 0.32	*Lösungsskizze* – Grundfall abgeschlossen – Abwandlung abgeschlossen

Tab. 3 (Fortsetzung)

Bearbeitungszeit (in h)	Stationen der Klausur
0.32–1.59 1.05 1.34 1.45 1.59	*Reinschrift* – Grundfall einschließlich I. 3. geschrieben (Antrag des V) – Grundfall abgeschlossen – Abwandlung einschließlich A bearbeitet (Wirksamkeit des Kaufvertrags) – Abwandlung abgeschlossen
1.59–2.00	Seiten sortiert und durchnummeriert; Abgabe der Klausur

Grundfall: Der frisch vermählte V will sich von seinem wilden Leben verabschieden und sein Motorrad der Marke Harley Davidson verkaufen. Daher setzt er in seiner lokalen Tageszeitung eine Annonce folgenden Inhalts auf:

Verkaufe Harley Davidson Sportster XL 1200, EZ 10/95, 38 tkm, ... [nähere Angaben]. VB 4 500 EUR. Tel. 555-0001.   *Annonce als invitatio ad offerendum?*

Auf das Inserat meldet sich der Harley Davidson-Liebhaber K, der sich auf steter Suche nach weiteren Exemplaren für seine Sammlung befindet. Nachdem er sich über den Zustand der Maschine informiert hat, erklärt er V gegenüber, auf Verhandlungen zu verzichten und die Harley für den angebotenen Preis von 4 500 EUR erwerben zu wollen.   *keine Einigung*   V ist verwundert und teilt dem K wahrheitsgemäß mit, dass der Zeitung ein Druckfehler unterlaufen sein müsse, da er als Verhandlungsbasis (VB) 5 400 EUR in seinen Anzeigenauftrag geschrieben habe. Da er aber wisse, dass sein Motorrad bei K als Sammler in guten Händen sei, würde er es ihm für 5 000 EUR verkaufen. K ist über die neue Entwicklung irritiert und verfällt in grüblerisches Schweigen. Bevor er etwas auf die neue Situation entgegnen kann, wird die Verbindung unterbrochen. K vergaß, die Akkubatterien seines schnurlosen Telefons aufzuladen, was zum vorzeitigen Abbruch des Gespräches führte.   *§ 150 II: neues Angebot*   *Schweigen ≠ WE*

K greift sogleich zu seinem Mobiltelefon, muss aber feststellen, dass der Anschluss des V besetzt ist. Bei einem zweiten Versuch wenige Minuten später erreicht er den V und nimmt sein Angebot zum Erwerb der Harley Davidson zum Preis von 5 000 EUR an. V muss dem K aber mitteilen, nun zu spät zu kommen, da er zwischenzeitlich das Motorrad an einen anderen Interessenten verkauft habe. K ist empört. Schließlich habe ihm V ein verbindliches Angebot unterbreitet, dem er nicht widersprochen und spätestens jetzt angenommen habe. Ohnehin sei ihm zumindest eine geringe Bedenkzeit von wenigen Minuten zuzugestehen, zumal die Unterbrechung ihres Telefonats unabsichtlich herbeigeführt wurde. K pocht daher auf Einhaltung des geschlossenen Kaufvertrags und verlangt von V die Übergabe und Übereignung der Maschine.   *Annahme sofort § 147 I*   *→ § 150 I*   *zu Lasten des Erklärungsempfängers?*

Bearbeitervermerk: Kann K von V die Übergabe und Übereignung der Harley Davidson verlangen?

Abwandlung: Anders als im Ausgangsfall erklärt K beim (ersten und einzigen) Telefonat lediglich, die Harley Davidson zum Betrag der in der Annonce angegebenen Verhandlungsbasis erwerben zu wollen. V nimmt den Antrag an, weil er davon ausgeht, dass das Inserat gemäß seines Anzeigenauftrags eine VB in Höhe von 5 400 EUR enthält anstelle der tatsächlich abgedruckten 4 500 EUR.   *Einigung?*

Bearbeitervermerk: Ist ein wirksamer Kaufvertrag zustande gekommen? Wie kann sich V gegebenenfalls von diesem wieder lösen?   *Anfechtung*

Abb. 1 Bearbeiteter Sachverhalt der Klausur 1

Grundfall

Ap aus § 433 I 1 BGB

Vsz: wirksamer Kaufvertrag

I. **Angebot** (= empf. WE, inhaltl. so bestimmt, dass Annahme durch einfaches Ja erfolgen kann)
   1. Zeitungsannonce als Angebot (−)
     → invitatio ad offerendum
       (+) sonst mehrfache Verkaufsverpflichtung, obwohl nur eine Harley
   2. Erklärung d. K für 4.500 € erw. zu wollen
     ○ keine Annahme (s.o.)
     ○ Angebot → aber keine Annahme des V
      ⇒ erklärt, Druckfehler unterlaufen
   3. Angebot d. V i.H.v. 5.000 € (+)
     ○ § 150 II BGB: Abänderung (5.000 € statt 4.500 €) = neues Angebot
     → WE (+)

II. **Annahme**
   1. Schweigen ≠ WE → kein Erklärungswert
   2. Annahme bei Rückruf?
     einschränkungslose Annahme grds (+)
     aber
     (P) rechtzeitige Annahme?, sonst § 150 I BGB
       GS: sofortige Annahme (§ 147 I 1)
         d.h. selbst schuldloses zögern schadet
     ○ Schweigen: lässt Sofortigkeit nicht entfallen
     ○ Rückruf: zu lang

Abb. 2 Lösungsskizze zur Klausur 1 (Teil 1 von 2)

A: Unterbrechung des Telefongesprächs?
Wer trägt Risiko?
→ K muss tragen
    (+) sein Akku leer
    (+) V nicht länger an Angebot binden als nötig
⇒ Annahme verspätet, d.h. neues Angebot (v. V. nicht angenommen)
⇒ keine Einigung, kein kV → kein Ap

Abwandlung

I. Kaufvertrag

  1. Angebot
    a) ~~Zeitungs~~annonce (-) s.o.
    b) Antrag des K (+)
  2. Annahme (+)
    versteckter Dissens (-)
    → ~~keine Vereinbarung über Kaufpreis~~
    ↳ Annahme unter Bedingungen wie Annonce
      = eindeutig
  ⇒ §433 (+)

II. Anfechtung

  1. Anfechtungsgrund

bei Annonce verschrieben, diese aber nicht WE, die zur Bindung geführt hat
⇒ *bei Annahme am Telefon kein Versprechen*

    • §119 I 2. Alt: Erklärungsirrtum = Versprechen etc. (-)
    • §119 I 2. Alt: Inhaltsirrtum „wie in Zeitungsannonce" (+)
      → versch. Bedeutungen für Erklärende
    • §120 (-): Annonce ≠ WE i.S.e. Angebots

  2. Anfechtungserklärung, §143
  3. kein Ausschluss, §144, §124 beachten!

Abb. 3 Lösungsskizze zur Klausur 1 (Teil 2 von 2)

III. Tipps und Hinweise

▶ Tipp Nr. 16: Wert auf das äußere Erscheinungsbild der Klausur
legen! ☆☆

Oftmals gibt bereits der Bearbeitervermerk Gestaltungshinweise, z. B. einen Korrekturrand einzuhalten, die einzelnen Blätter durchzunummerieren oder auf jeder Seite den eigenen Namen zu notieren. Diese Vorgaben sind unbedingt zu befolgen. Darüber hinaus sollte eine bereits äußerlich ansprechende Arbeit angefertigt werden. So sollten Blätter etwa nur einseitig beschrieben werden und bietet es sich bei der Verwendung karierten Papiers an, zwischen den einzelnen Zeilen eine Zeile freizulassen. Zu denken ist an die in der Regel älteren und schwächeren Augen des Korrektors, der das Gutachten auch ohne Lupe entziffern können sollte.

Zwar wird kaum ein Korrektor bewusst Punkte abziehen, wenn diese Hinweise nicht beherzigt werden. Aber mit welcher Freude wird ein Korrektor an seine sechzehnte Arbeit an ein und demselben Tag herangehen, wenn sie äußerlich dem Kleingedruckten eines Versicherungsvertrags ähnelt oder ihn an die ersten Schreib- und Malversuche seiner kleinen Tochter erinnert? Das Auge liest eben mit. Auf das Layout und somit auf den ersten Eindruck einer Klausur sollte folglich geachtet werden.

▶ Tipp Nr. 17: Leserlich schreiben! ☆☆

Zu einem schönen äußeren Erscheinungsbild einer Klausur gehört es auch, möglichst leserlich zu schreiben. Leserlich bedeutet nicht unbedingt schön. Niemand muss seine markante und charakteristische Handschrift aufgeben oder einen Kalligraphiekurs besuchen. Das Geschriebene sollte „lediglich" ohne größere Anstrengungen entziffert werden können. Auch hierbei ist daran zu denken, dass die eigene Klausur nicht die einzige ist, die auf dem Schreibtisch des Korrektors auf die Bewertung wartet, und es dessen Laune nicht unbedingt hebt, wenn er keinem Gedanken am Stück folgen kann, ohne bei dem einen oder anderen unleserlichen Wort hängen zu bleiben.

Streng genommen gilt sogar: Was nicht entziffert werden kann, kann nicht bewertet werden. Vor allem bei den Schwerpunkten der Klausur sollte die Schrift daher im eigenen Interesse nicht unbedingt dem Elektrokardiogramm eines Tachykardie-Patienten gleichen. Sicherlich werden bei der stets knapp bemessenen Bearbeitungszeit die meisten Korrektoren Nachsicht mit einem schlechter werdenden Schriftbild üben. Dies setzt aber voraus, sich zumindest zu Beginn einer Klausur erkennbar um eine leserliche Schrift bemüht zu haben.

▶ Tipp Nr. 18: Ausarbeitung gliedern! ☆☆

Zu einem ansprechenden Äußeren gehört des Weiteren die übersichtliche Gliederung der Ausarbeitung durch Überschriften. Auch damit wird letztlich lediglich das Ziel verfolgt, die Klausur übersichtlicher zu gestalten und die Korrektur zu erleichtern. Überschriften empfehlen sich zum einen bei den obersten Gliederungsebenen und zum anderen zur Unterteilung längerer Ausführungen bei Schwerpunkten einer Klausur.

Beispiele: Im Zivilrecht bietet es sich an, zumindest die Anspruchsgrundlagen in einer eigenen Überschrift aufzuführen. Im Strafrecht gilt dies für die Tatkomplexe und Straftatbestände, bei umfassend erörterten Vorschriften zudem für die Ebenen (objektiver und subjektiver) Tatbestand, Rechtswidrigkeit und Schuld. Im Öffentlichen Recht sollten schließlich die einzelnen Prüfungspunkte der Zulässigkeit und der Begründetheit benannt werden, bei der Begründetheit zudem bereits in der Überschrift zwischen formeller und materieller Rechtmäßigkeit unterschieden werden.

Bei der Nummerierung der Überschriften gilt: „Wer A sagt, muss auch B sagen." Wenn auf einer Gliederungsebene keine zweite Überschrift mehr folgt, etwa weil nur *ein* zivilrechtlicher Anspruch geprüft oder nur *ein* strafrechtlicher Tatbestand angesprochen wird, darf die einsame Überschrift daher nicht mit „A.", „I.", „1." oder dergleichen versehen werden. Vielmehr ist die Nummerierung in einem solchen Fall schlicht wegzulassen.

▶ Tipp Nr. 19: Absätze einfügen! ☆☆

Absätze dienen demselben Zweck wie Überschriften. Ein mit Absätzen versehener Text lässt sich einfacher lesen als eine Arbeit, die von der ersten bis zur letzten Seite einen einzigen Fließtext bildet. Absätze sind gewissermaßen Ruheoasen, auf die sich das Auge des Korrektors bei der spannenden Lektüre einer juristischen Klausur besonders freut. Damit die Absätze ihre Funktion erfüllen, sind sie deutlich zu kennzeichnen, etwa indem zwischen den einzelnen Absätzen eine Leerzeile eingefügt wird.

Absätze dürfen aber auch nicht willkürlich gesetzt werden. In einem Gutachten sollte vielmehr ein Gedanke einem eigenen Absatz entsprechen. So kann etwa jedes im Gutachtenstil geprüfte Tatbestandsmerkmal in einem eigenen Absatz erörtert werden. Gleiches gilt für einen Meinungsstreit bzw. bei dessen umfassender Erörterung für jede der widerstreitenden Auffassungen. Die eigenen Gedanken dürfen folglich nicht mit Gewalt auseinandergerissen werden. Es wirkt auf den Korrektor seltsam, wenn er wegen des Endes eines Absatzes eine geistige Pause einlegen zu können glaubt, die Ausführungen sodann aber im folgenden Absatz noch fortgesetzt werden.

▶ Tipp Nr. 20: Klausuren mit Füllfederhalter schreiben! ☆

Zum Abschluss folgt noch ein etwas seltsam anmutender Ratschlag. Allerdings scheinen einige Korrektoren – wie früher manche Lehrer in der Schule – darauf Wert zu legen, dass eine Klausur mit Tinte und nicht mit einem Kugelschreiber mit seinen obligatorischen Verschmierungen geschrieben wird.

Ansonsten sollte das Schreibgerät danach ausgewählt werden, wie bequem damit eine oder in der Prüfungszeit auch mehrere Klausuren hintereinander innerhalb kurzer Zeit bewältigt werden können. Zu vermeiden ist nur der Einsatz eines Schreibwerkzeugs, das bevorzugt von Korrektoren eingesetzt wird oder sich als farbliche Extravaganz erweist. Es sollte somit nicht ohne Not auf einen Bleistift, einen roten bzw. grünen Filzstift oder auf pinke Tinte zurückgegriffen werden.

IV. Theorie und Praxis

Der erste Teil des Buches mit seiner theoretischen Einführung in den Gutachtenstil und in die Arbeit mit einem Klausursachverhalt ist nun zu Ende. Selbst wenn es gelungen sein sollte, die wesentlichen Grundzüge zu vermitteln und den Umgang mit Gutachtenstil und Prüfungsklausuren zu erleichtern, war alles bisher *reine Theorie*. Es gilt nun, diese theoretischen Kenntnisse in die Praxis umzusetzen.

Zu diesem Zweck enthält der zweite Teil des Buches *jeweils fünf Klausuren* aus den Rechtsgebieten der ersten Semester, namentlich aus dem Allgemeinen Teil des BGB (§§ 4–9), dem Allgemeinen Teil des Strafrechts (§§ 10–15) sowie dem Staatsrecht (§§ 16–21). Die Klausuren weisen allesamt einen mittleren bis gehobenen Schwierigkeitsgrad auf und sollten in einer Bearbeitungszeit von zwei Stunden zu meistern sein. Sie könnten einem daher in ähnlicher Gestalt als Klausur in der Arbeitsgemeinschaft oder sogar als Abschlussklausur begegnen.

Jede Klausur ist zunächst mit einer *Lösungsskizze* versehen. Sie gewährt einen kurzen Überblick über den Aufbau und die Problemfelder der Klausur und dient zugleich als grobes Beispiel für etwaige Notizen, die im Ernstfall einer Prüfungssituation vor der Reinschrift des Gutachtens angefertigt werden könnten (siehe hierzu S. 53 f.).

Im Anschluss daran findet sich jeweils eine *ausformulierte Lösung*, aus der ersichtlich werden soll, wie sich der Gutachtenstil in der Praxis umsetzen lässt. Natürlich besteht der ideale Umgang mit den Klausuren nicht darin, sich die Lösungen lediglich durchzulesen. Am besten wäre es, die Klausuren – etwa begleitend zu den Vorlesungen – zunächst eigenständig zu lösen und anschließend die hier abgedruckten Gutachten kritisch heranzuziehen, um aus dem Vergleich Erkenntnisse für die eigene Klausurpraxis zu gewinnen. Wer sich zu dem einen oder anderen Problembereich detaillierter informieren will, kann den Angaben in den Fußnoten folgen, die auf einige Standardlehrbücher und gängige Kommentare verweisen.

Alle hier unterbreiteten Lösungsvorschläge sind freilich unverbindlich. Wer die Klausuren selbst schreibt, muss folglich etwa keine hundertprozentige (stilistische und inhaltliche) Übereinstimmung mit den ausformulierten Lösungen erreichen. Vielmehr ist darauf Wert zu legen, die einzelnen Problempunkte der Klausur erkannt, richtig gewichtet und hinreichend begründet zu haben.

Zur effektiven Selbstkontrolle sind die wesentlichen *Schlagworte* eines jeden Gutachtens (siehe Tipp Nr. 11, S. 43) kursiv gesetzt. Als weitere Orientierungshilfe sollen die abschließenden Hinweise zum „*Erwartungshorizont*" behilflich sein, welche die jeweiligen Schwerpunkte der Klausur auflisten, zu denen der Korrektor in der Regel umfassende Ausführungen erwartet. Je nach Wichtigkeit (und somit Erörterungsbedarf) wird zwischen (größeren) Schwerpunkten erster Ordnung und (kleineren) Schwerpunkten zweiter Ordnung unterschieden. Darüber hinaus enthalten Klausuren häufig kleinere Selbstverständlichkeiten und Feinheiten, die zwar keine größere juristische Herausforderung darstellen, zur Abrundung der Lösung aber kurz anzusprechen sind.

Letztlich kann *praktische Erfahrung* jedoch nur dadurch gesammelt werden, sich selbst in die Klausursituation zu begeben und unter Prüfungsbedingungen ein vollständiges Gutachten auszuformulieren. Es empfiehlt sich daher, die in Arbeitsgemeinschaften, Propädeutischen Übungen und Konversatorien angebotenen Klausuren wahrzunehmen, um sich mit der Prüfungsweise im Jurastudium vertraut zu machen. Diese Probeklausuren sind eine Art Training für die großen Spiele, die am Ende des Semesters warten: die Abschlussklausuren.

II Fünf Klausuren zum Bürgerlichen Recht

Einführende Hinweise § 4

I. Zu den Klausuren

Die ersten fünf Klausuren beschäftigen sich mit dem Bürgerlichen Recht. Gegenstand ist der *Allgemeine Teil des BGB*, der gewöhnlich im ersten Semester gelehrt wird. Selbst wenn sich eine Klausur auf Probleme aus dem Allgemeinen Teil konzentriert, dessen Regeln grds. für das gesamte betreffende Gesetz gelten, sind nicht sämtliche Vorkenntnisse aus dem Besonderen Teil entbehrlich. So knüpfen Klausuren zum Allgemeinen Teil des BGB zumeist an spezielle Vertragstypen aus dem Schuldrecht an, vor allem an den Kaufvertrag. Insoweit genügt aber zumeist, die gegenseitigen (Haupt-)Pflichten zu kennen, d. h. vor allem die Pflicht des Verkäufers, die Kaufsache dem Käufer zu übergeben und zu übereignen (§ 433 Abs. 1 Satz 1 BGB), sowie die Pflicht des Käufers, den Kaufpreis zu entrichten (§ 433 Abs. 2 BGB).

II. Erste Hinweise zum Aufbau

Die Fülle von Anspruchsgrundlagen im Zivilrecht erschwert es, feste Prüfungsschemata mit auf den Weg zu geben, auf die in jedem denkbaren Fall zurückgegriffen werden kann. Das Sammelsurium an Aufbaumöglichkeiten ist – anders als im Strafrecht und im Öffentlichen Recht – kaum überschaubar. Dementsprechend erschöpfen sich die wenigen folgenden, gleichwohl nicht minder bedeutsamen Hinweise in allgemeinen Ratschlägen.

- Zivilrechtliche Klausuren beschäftigen sich in der Regel mit Ansprüchen (siehe dazu die Legaldefinition in § 194 Abs. 1 BGB) einer oder mehrerer Personen. Um die zutreffenden Anspruchsgrundlagen herauszufiltern und bei der Prüfung kein wesentliches Detail zu vergessen, hilft die folgende Fragestellung: „*Wer* will *was von wem woraus?*" Dies umfasst im Einzelnen die Suche nach dem Inhaber eines

Anspruchs (Gläubiger; wer?), dem Anspruchsgegner (Schuldner; von wem?), dem Anspruchsziel (z. B. Übergabe und Übereignung der Kaufsache; was?) und der Anspruchsgrundlage (z. B. § 433 Abs. 1 Satz 1 BGB; woraus?).
- Sind die Voraussetzungen einer Anspruchsgrundlage erfüllt, hat dies nicht zwingend zur Folge, dass dem Gläubiger auch ein Anspruch zusteht. Vielmehr kann der Anspruch durch Einwendungen und Einreden ausgeschlossen sein. In einer Klausur ist darauf nur bei entsprechenden Hinweisen im Sachverhalt einzugehen, und zwar in nachstehender Reihenfolge:
  – Anspruch entstanden:
    ◦ *Voraussetzungen der Anspruchsgrundlage* erfüllt und
    ◦ Fehlen *rechtshindernder Einwendungen*, die den Anspruch von vornherein nicht entstehen lassen (z. B. fehlende Geschäftsfähigkeit eines Minderjährigen gemäß §§ 104 ff. BGB);
  – Anspruch nicht erloschen: keine *rechtsvernichtenden Einwendungen*, die zum Untergang eines bereits entstandenen Anspruchs führen (z. B. Anfechtung nach §§ 119 ff. BGB; str);
  – Anspruch durchsetzbar: keine *Einreden*, die einen Anspruch zwar bestehen lassen, ihm aber die Durchsetzbarkeit nehmen (z. B. Verjährung eines Anspruchs nach den §§ 194 ff. BGB).
- Ebenso ist bei der Prüfung mehrerer Ansprüche eine bestimmte Reihenfolge einzuhalten. So sind zunächst Ansprüche zu erörtern, die auf einem zwischen den Parteien geschlossenen Vertrag beruhen (*vertragliche Ansprüche*). Denn der Vertrag kann sich auf sonstige Ansprüche auswirken, die allein durch die Verwirklichung gesetzlich normierter Voraussetzungen entstehen (*gesetzliche Ansprüche*). Im Einzelnen ergibt sich daraus folgendes Prüfungsschema:
  – *vertragliche Ansprüche* (z. B. aus Kaufvertrag) vor
  – *quasivertraglichen Ansprüchen* (z. B. gemäß §§ 280 Abs. 1, 241 Abs. 2, 311 Abs. 2 BGB aufgrund vorvertraglicher Pflichtverletzung) und
  – *gesetzlichen Ansprüchen*, namentlich
    ◦ Ansprüchen aus *Geschäftsführung ohne Auftrag* (§§ 677 ff. BGB) vor
    ◦ *dinglichen Ansprüchen* (z. B. § 985 BGB) vor
    ◦ *deliktischen Ansprüchen* (z. B. § 823 Abs. 1 BGB) vor
    ◦ *Ansprüchen aus Bereicherungsrecht* (z. B. § 812 Abs. 1 Satz 1 Var. 1 BGB).

III. Tipps zum Bürgerlichen Recht

▶ Tipp Nr. B1: Die Fallfrage besonders aufmerksam lesen! ☆☆

Mit der Vielfalt von Anspruchsarten und -grundlagen im Zivilrecht geht ein breites Spektrum an möglichen Bearbeitervermerken einher. Daher empfiehlt es sich, der Fallfrage besonderes Augenmerk zu schenken. So ist eine Erörterung von Schadensersatzansprüchen nicht angebracht, wenn lediglich nach Ansprüchen auf Herausgabe gefragt wird. Durch solche überflüssigen Ausführungen werden wertvolle Minuten und zumeist auch Punkte verschenkt.

III. Tipps zum Bürgerlichen Recht

Im ersten Semester sind in Klausuren überwiegend drei Aufgabenstellungen zu finden:

- Zum Teil wird ein Gutachten zu *bestimmten* einzelnen oder Gruppen von *Ansprüchen* gefordert, etwa zu einem Anspruch auf Übergabe und Übereignung der Kaufsache oder allgemein zu Herausgabeansprüchen.
- In ähnlicher Weise kann eine *konkrete Frage* gestellt werden, z. B. nach der Wirksamkeit eines Vertrags. Bei diesen beiden Varianten hat sich die Klausurlösung stets auf die geforderten Ausführungen zu beschränken.
- Beliebt ist des Weiteren die allgemeine Frage: „*Wie ist die Rechtslage?*" Hier sind sämtliche in Betracht zu ziehenden Ansprüche aller im Sachverhalt genannten Personen zu prüfen.

▶ Tipp Nr. B2: Sich einen sorgfältigen Überblick über die beteiligten Personen und die Geschehnisse verschaffen! ☆☆

Häufig sind in einer zivilrechtlichen Klausur mehr als zwei *Personen* beteiligt (siehe z. B. Klausur 2, S. 79 ff.), was bei zu raschem Studium des Sachverhalts zu Verwechslungen führen kann. Hinzu kommt, dass der Verkäufer einer Sache nicht zwangsläufig V genannt wird, ebenso wenig der Käufer stets die Abkürzung K trägt. Des Weiteren kann ein Sachverhalt verschiedene *Erklärungen* der Parteien enthalten, die entwirrt und gesondert auf ihre rechtliche Bedeutung untersucht werden müssen. Des Öfteren enthalten Klausuren auch *Datumsangaben*, die auf Fristenprobleme hindeuten könnten (siehe Klausur 4, S. 97 ff.). In solchen Situationen ist der Sachverhalt besonders gründlich zu lesen, um sich einen klaren Überblick über die Geschehnisse zu verschaffen.

Zu diesem Zweck gibt es verschiedene Hilfsmittel. Das Spektrum der angepriesenen Erfolgsrezepte beginnt bei andersfarbigen Markierungen der wesentlichen Daten im Text und reicht über Skizzen und Zeittabellen bis hin zu ausgefeilten Diagrammen. *Wie* im Einzelnen vorgegangen wird, bleibt allein dem Prüfling überlassen und wird im Wesentlichen von seiner eigenen Herangehensweise an eine Klausur abhängen. Wesentlich ist nur, *dass* der notwendige Überblick gewonnen wird und dadurch folgenreiche Verwechslungen vermieden werden.

▶ Tipp Nr. B3: Die juristische Terminologie beachten! ☆☆☆

Dass die Rechtswissenschaft eine detailgetreue Geisteswissenschaft ist (vgl. bereits Tipp Nr. 7, S. 41 f.), deren Betreiber sich des Öfteren als spitzfindig, haarspalterisch oder pedantisch bezeichnen lassen müssen, gilt nicht zuletzt für das Zivilrecht. Daher gilt es, sich so früh wie möglich den exakten Gebrauch juristischer Fachbegriffe anzueignen.

> Beispiele: Für die Rechtzeitigkeit eines Widerrufs ist nicht dessen *Erklärung*, sondern der *Zugang der Erklärung* entscheidend. Es erlischt nicht die *Leistung*, sondern der *Anspruch auf eine Leistung*.
> Gegenbeispiel: Üblicherweise wird von Angebot und Annahme gesprochen, auch wenn es in den §§ 145 ff. BGB jeweils „Antrag" heißt und der Begriff „Angebot" nur in den §§ 294 ff. BGB verwendet wird.

Sorgfalt ist auch beim Umgang mit den zahlreichen Differenzierungen und Unterteilungen geboten, durch die sich das Zivilrecht auszeichnet. Bei einem gewöhnlichen Kaufvertrag handelt es sich beispielsweise um ein zweiseitiges *Rechtsgeschäft*, das zu seinem Zustandekommen zweier übereinstimmender Willenserklärungen bedarf. Bei *Willenserklärungen* können wiederum Unterscheidungen notwendig sein in Bezug auf Abgabe und Zugang oder bzgl. ihrer Erklärung unter Anwesenden bzw. Abwesenden. Eine Willenserklärung selbst lässt sich in einen äußeren und einen inneren *Erklärungstatbestand* unterteilen, die schließlich mit *Handlungswille, Rechtsbindungswille* (bzw. Erklärungsbewusstsein) und *Geschäftswille* aus jeweils drei weiteren Elementen bestehen. Auch insoweit sollte stets der richtige Anknüpfungspunkt und der zutreffende juristische Begriff verwendet werden.

> Beispiel: Wird jemand durch arglistige Täuschung zur Annahme eines Antrags auf Abschluss eines Kaufvertrags bewogen, so kann er gemäß § 123 Abs. 1 Var. 1 BGB nicht den Kaufvertrag selbst anfechten, sondern nur seine Annahmeerklärung.

▶ **Tipp Nr. B4: Niemals das Abstraktionsprinzip verletzen!** ☆☆☆☆

Auf die zivilrechtlichen Feinheiten gesteigerten Wert zu legen, gilt nicht zuletzt für den richtigen Gebrauch des Trennungs- und Abstraktionsprinzips. Nach dem *Trennungsprinzip* muss zwischen Verpflichtungs- und Verfügungsgeschäften unterschieden werden. Dies hat zur Folge, dass z. B. der herkömmliche Kauf einer CD aus drei Rechtsgeschäften besteht: dem zugrunde liegenden Verpflichtungsgeschäft (Kaufvertrag) und den beiden Verfügungsgeschäften (Übereignung der CD und Übereignung des Geldes). Das *Abstraktionsprinzip* geht über diese Differenzierung hinaus, indem Verfügungen auch in ihrer Wirksamkeit von der Wirksamkeit des zugrunde liegenden Verpflichtungsgeschäfts unabhängig sind.

> Kleiner Hinweis zum üblichen Wortgebrauch: Wenn laut Sachverhalt A an B eine Kaufsache *veräußert*, bedeutet dies den Abschluss des Kaufvertrags einschließlich der Übereignung der Kaufsache an den Käufer. *Verkauft* A dagegen einen Gegenstand an B, haben die beiden lediglich den Kaufvertrag abgeschlossen.

Trennungs- und Abstraktionsprinzip dürfen niemals missachtet werden. Es wäre zwar übertrieben, von (alsdann ehemaligen) Kollegen zu berichten, deren letzte juristische Tat eine Verletzung dieser beiden Prinzipien war. Deren Bedeutung ist jedoch schlicht überragend und ein solcher Fehler allein kann eine Klausur durchaus „unter den Strich" bringen. Die vier Sterne für diesen Hinweis sind somit kein Druckfehler, sondern Ausdruck für den Stellenwert des *obersten Gebots des Zivilrechts*.

> Beispiele: In einer Klausur darf niemals geschrieben werden, dass das Eigentum an der Kaufsache durch den Kaufvertrag übergeht (Verletzung des Trennungsprinzips). Ebenso wenig kann ein Anspruch aus § 985 BGB auf Herausgabe der bereits übereigneten Kaufsache damit begründet werden, dass der Verkäufer wieder Eigentümer geworden sei, indem er seine Annahmeerklärung zum zugrunde liegenden Kaufvertrag angefochten habe (Verletzung des Abstraktionsprinzips).

Klausur 1: Schwere Verhandlungen § 5

Sachverhalt

Grundfall: Der frisch vermählte V will sich von seinem wilden Leben verabschieden und sein Motorrad der Marke „Harley-Davidson" verkaufen. Daher setzt er in einer lokalen Tageszeitung eine Annonce auf, die wie folgt abgedruckt wird:

> Verkaufe Harley-Davidson XL 883 Sportster, EZ 05/06, 17 tkm, [… nähere Angaben …], VB 5600 €, Tel. 555-0001.

Auf das Inserat meldet sich der Harley-Davidson-Liebhaber K, der sich auf steter Suche nach weiteren Exemplaren für seine Sammlung befindet. Nachdem er sich über den Zustand der Maschine informiert hat, erklärt er V gegenüber, auf Verhandlungen zu verzichten und die Harley für den angebotenen Preis von 5600 € erwerben zu wollen. V ist verwundert und teilt dem K wahrheitsgemäß mit, dass der Zeitung ein Druckfehler unterlaufen sein müsse, da er als Verhandlungsbasis (VB) 6500 € in seinen Anzeigenauftrag geschrieben habe. Da er aber wisse, dass sein Motorrad bei K als Sammler in guten Händen sei, würde er es ihm für 6000 € verkaufen. K ist über die Entwicklung irritiert und verfällt in grüblerisches Schweigen. Bevor er etwas auf die neue Situation entgegnen kann, wird die Verbindung unterbrochen. K vergaß, die Akkubatterien seines schnurlosen Telefons aufzuladen, was zum vorzeitigen Abbruch des Gespräches führte.

K greift sogleich zu seinem Mobiltelefon, muss aber feststellen, dass der Anschluss des V besetzt ist. Bei einem zweiten Versuch wenige Minuten später erreicht er den V und nimmt sein Angebot zum Erwerb der Harley-Davidson zum Preis von 6000 € an. V muss dem K aber mitteilen, nunmehr zu spät zu kommen, da er zwischenzeitlich das Motorrad an einen anderen Interessenten verkauft habe. K ist empört. Schließlich habe ihm V ein verbindliches Angebot unterbreitet, dem er nicht widersprochen und das er spätestens jetzt angenommen habe. Ohnehin sei ihm zumindest eine geringe Bedenkzeit von wenigen Minuten zuzugestehen, zumal die

Unterbrechung ihres Telefonats unabsichtlich herbeigeführt wurde. K pocht daher auf Einhaltung des geschlossenen Kaufvertrags und verlangt von V die Übergabe und Übereignung der Maschine.

Bearbeitervermerk: Kann K von V die Übergabe und Übereignung der Harley-Davidson verlangen?

Abwandlung: Anders als im Ausgangsfall erklärt K beim (ersten und einzigen) Telefonat lediglich, die Harley-Davidson zum Betrag der in der Annonce angegebenen Verhandlungsbasis erwerben zu wollen. V nimmt den Antrag an, weil er davon ausgeht, dass das Inserat gemäß seinem Anzeigenauftrag eine VB in Höhe von 6500 € enthält anstelle der tatsächlich abgedruckten 5600 €.

Bearbeitervermerk: Ist ein wirksamer Kaufvertrag zustande gekommen? Wie kann sich V ggf. von diesem wieder lösen?

Lösungsskizze

Grundfall
Anspruch des K gegen V aus § 433 Abs. 1 Satz 1 BGB
Wirksamer Vertragsschluss
1. Inserat des V in der Zeitung als Antrag (−)
   Rechtsbindungswille
   essentialia negotii
2. Antrag des K beim ersten Telefonat (+)
3. Modifizierte Annahme des V beim ersten Telefonat
   Annahme (−); neuer Antrag (+)
4. Schweigen des K beim ersten Telefonat als Annahme (−)
5. Annahme des K beim zweiten Telefonat (−)
   Problem: vorzeitiger Abbruch eines Telefongesprächs

Abwandlung
A. Wirksamkeit des Kaufvertrags
  I. Antrag des K (+)
     Empfängerhorizont/normative Auslegung
  II. Annahme des V (+)
B. Lösungsmöglichkeiten des V
  I. Anfechtung nach § 119 Abs. 1 Var. 2 BGB (−)
  II. Anfechtung nach § 119 Abs. 1 Var. 1 BGB (+)
     Abgrenzung Erklärungs-/Inhaltsirrtum
  III. Anfechtung nach § 120 BGB (−)

Lösung

Grundfall

Anspruch des K gegen V aus § 433 Abs. 1 Satz 1 BGB

K könnte einen Anspruch gegen V auf Übergabe und Übereignung der Harley-Davidson gemäß § 433 Abs. 1 Satz 1 BGB haben.

I. Wirksamer Vertragsschluss

Dazu müssten K und V einen wirksamen Kaufvertrag geschlossen haben. Dies setzt zwei inhaltlich übereinstimmende, mit Bezug aufeinander abgegebene Willenserklärungen voraus, die auf den Abschluss des Vertrags gerichtet sind.[1]

1. Inserat des V in der Zeitung als Antrag

Zunächst könnte das Zeitungsinserat des V einen Antrag auf Abschluss eines Kaufvertrags darstellen. Dazu muss sich der Verkäufer bereits durch die Annonce rechtlich derart binden wollen, dass der Kaufvertrag mit der bloßen Annahme des Antrags durch einen beliebigen Interessenten zustande käme. Gegen einen solchen *Rechtsbindungswillen* spricht zum einen, dass sich mehrere Interessenten bei dem Verkäufer melden und seinen Antrag annehmen könnten. Dies hätte für den Verkäufer zur Folge, mehrere wirksame Kaufverträge zu schließen, von denen er aber nur einen einzigen erfüllen könnte. Ihm drohten daher Schadensersatzansprüche seiner anderen Vertragspartner.[2] Zudem ist bei der Auslegung des Zeitungsinserats zu bedenken, dass der Verkäufer nicht nur einen in seiner Zahl, sondern auch in seiner Zusammensetzung unbestimmten Personenkreis anspricht. Wenn seine Annonce bereits als verbindlicher Antrag gewertet würde, könnte er den Vertragsschluss nicht mehr von weiteren Faktoren abhängig machen und sich vor allem nicht mehr frei über die Person seines Vertragspartners entscheiden. Daran besteht aber ein berechtigtes Interesse des möglichen Verkäufers, der sich vor allem über die Zahlungsfähigkeit seines Vertragspartners informieren will.[3] In Anbetracht der Nachteile einer frühzeitigen Bindung ist dem V bei Aufgabe der Annonce in der Zeitung ein Rechtsbindungswille somit abzusprechen. Bei dem Inserat handelt es sich um eine bloße *invitatio ad offerendum*, die selbst keinen Antrag darstellt, sondern lediglich andere Personen dazu auffordert, ihrerseits einen Antrag auf den Abschluss eines Vertrags zu unterbreiten.[4]

Ohnehin muss ein Antrag inhaltlich derart bestimmt sein, dass seine Annahme durch die bloße Zustimmung des Antragsempfängers erfolgen kann. Dazu muss der

---
[1] *Brox/Walker* Rn. 77.
[2] *Brox/Walker* Rn. 165a; *Musielak/Hau* Rn. 145; zur Problematik bei Online-Angeboten BGH NJW 2002, 363 (364); NJW 2005, 976 (977).
[3] *Faust* § 3 Rn. 4; *Leipold* AT § 14 Rn. 5.
[4] Vgl. *Brox/Walker* Rn. 165a; *Leipold* AT § 14 Rn. 5.

Antrag alle für den Vertragsschluss erforderlichen Informationen (sog. *essentialia negotii*) beinhalten.[5] Bei einem Kaufvertrag erfordert dies die Angabe der Kaufsache und des Kaufpreises. V hat in seinem Inserat lediglich den Kaufgegenstand spezifiziert, den endgültigen Kaufpreis dagegen durch den Vermerk „VB" (Verhandlungsbasis) ausdrücklich offen gelassen. Über den Kaufpreis sollte folglich erst in Verhandlungen eine Einigung erzielt werden. Auch aus diesem Grund ist in dem Inserat des V kein rechtlich verbindlicher Antrag, sondern lediglich eine invitatio ad offerendum zu erblicken.

2. Antrag des K beim ersten Telefonat

Ein Antrag zum Abschluss des Kaufvertrags über die Harley-Davidson könnte in der telefonischen Erklärung des K liegen, auf weitere Preisverhandlungen zu verzichten und das Motorrad für 5600 € erwerben zu wollen. Um wirksam zu sein, muss ein Antrag so bestimmt sein, dass mit seiner uneingeschränkten Annahme eine Einigung zustande kommt. K hat mit der „Harley" sowohl den Kaufgegenstand als auch mit der genannten Summe von 5600 € den Kaufpreis festgelegt. Seine Äußerung enthält somit die essentialia negotii und stellt einen wirksamen Antrag auf Abschluss des Kaufvertrags über das Motorrad dar.

3. Modifizierte Annahme des V beim ersten Telefonat

Damit der Kaufvertrag (über die Summe von 5600 €) zustande kommt, müsste V den Antrag des K uneingeschränkt angenommen haben. V hat zwar erklärt, dem K das Motorrad verkaufen zu wollen, jedoch unter Verweis auf den Druckfehler im Inserat einen Kaufpreis von 6000 € vorgeschlagen. Er hat den Antrag des K somit nicht uneingeschränkt, sondern lediglich unter Veränderung des Kaufpreises angenommen. Eine solche *modifizierte Annahmeerklärung* gilt gemäß § 150 Abs. 2 BGB als Ablehnung des ursprünglichen Antrags, verbunden mit einem neuen Antrag, der seinerseits der Annahme bedarf.

4. Schweigen des K beim ersten Telefonat als Annahme

Den neuen Antrag des V könnte K noch während des ersten Telefonats angenommen haben. Denkbar ist, bereits das Schweigen des K und den somit fehlenden Widerspruch gegenüber dem Antrag des V als uneingeschränkte Annahmeerklärung zu deuten. Aus einem Schweigen kann aber nicht auf einen bestimmten Geschäftswillen geschlossen werden, so dass Schweigen grds. keine Willenserklärung darstellt.[6] Im vorliegenden Fall hat K geschwiegen, weil er mit einem höheren Preis als der Verhandlungsbasis nicht gerechnet hat und daher die neue Entwicklung überdenken musste. Nach den Umständen der Gesprächspause, die auf den neuen und

---

[5] *Brox/Walker* Rn. 167; *Faust* § 3 Rn. 3; *Köhler* § 8 Rn. 8.
[6] Zur rechtlichen Bedeutung des Schweigens als Annahmeerklärung *Faust* § 2 Rn. 7; *Leipold* AT § 14 Rn. 26 f.; *Musielak/Hau* Rn. 138 ff.

unerwarteten Antrag des V folgte, lässt sich das Schweigen weder als Annahmeerklärung noch überhaupt als irgendeine Willenserklärung auslegen.

5. Annahme des K beim zweiten Telefonat

K könnte den Antrag des V jedoch bei seinem zweiten Anruf vom Mobiltelefon aus angenommen haben. Seine Erklärung, den Antrag des V anzunehmen und die Harley-Davidson zum angebotenen Preis von 6000 € zu erwerben, erfüllt die Voraussetzungen einer Annahmeerklärung.

Im Zeitpunkt der Annahmeerklärung müsste V dazu aber noch an seinen Antrag *gebunden* gewesen sein. Gemäß § 146 Var. 2 BGB erlischt ein Antrag indessen, wenn er nicht rechtzeitig angenommen wird. Der Erklärung des V kann weder eine ausdrückliche noch konkludente Bestimmung einer Bindungsfrist entnommen werden. Die Bindungsfrist richtet sich daher nach § 147 BGB, nach dessen Absatz 1 Satz 1 der einem *Anwesenden* gemachte Antrag nur sofort angenommen werden kann. Gegen die Charakterisierung von Teilnehmern an einem Telefongespräch als Anwesende in diesem Sinne spricht zwar, dass Gesprächspartner beim Telefonat in der Regel örtlich voneinander getrennt sind. Allerdings ermöglicht ihnen die telefonische Verbindung eine sofortige Entscheidung über Antrag und Annahme, so dass sie sich in einer vergleichbaren Situation wie Anwesende in ein und demselben Raum befinden.[7] Einer gesonderten Bedenkzeit, wie sie etwa § 147 Abs. 2 BGB beim Antrag unter Abwesenden vorsieht, bedarf es daher nicht. Dementsprechend sieht *§ 147 Abs. 1 Satz 2 BGB* vor, dass auch ein über Fernsprecher unterbreiteter Antrag als Antrag unter Anwesenden zu werten ist und daher nur sofort angenommen werden kann.

Dazu muss die Annahmeerklärung grds. dem Antrag zeitlich unmittelbar nachfolgen und zumindest in demselben Telefongespräch abgegeben werden. Fraglich ist jedoch, ob dies auch dann gilt, wenn das betreffende *Telefonat unabsichtlich unterbrochen* wird. Nach einer Auffassung wirkt sich in dieser Situation gerade aus, dass die Gesprächspartner entgegen der Fiktion des § 147 Abs. 1 Satz 2 BGB keine Anwesenden sind. Daher könnte eine Verlängerung der Bindungsfrist gerechtfertigt sein, etwa um die Zeitspanne, die der Empfänger des Antrags benötigt, um seine Annahmeerklärung auf anderem Wege unverzüglich zu übermitteln. Vorliegend wäre die wenige Minuten später erfolgte Annahme durch K, der sogleich den V vom Mobiltelefon angerufen hat, rechtzeitig erfolgt.

Dagegen spricht jedoch, dass der Antragende an seinen Antrag gebunden wäre und die damit einhergehenden Nachteile tragen müsste, ohne hierfür eine Gegenleistung zu erhalten. Zudem kann er nicht ersehen, ob die Unterbrechung des Telefonats auf äußeren technischen Umständen beruht oder auf einem bewussten Auflegen seines Gesprächspartners. Die für ihn unsichere Rechtslage eines verbindlichen Antrags ist ihm daher nicht zuzumuten, weswegen es bei der Grundregel des § 147 Abs. 1 Satz 1 BGB verbleibt. Der Antrag kann demnach nur sofort angenommen werden, so dass bei einer Unterbrechung des Telefongesprächs vor einer Annahmeerklärung

---

[7] BeckOK-BGB/*Eckert* § 147 Rn. 4; *Faust* § 3 Rn. 7; *Musielak/Hau* Rn. 154 f.

der Antrag erlischt. Der Antragsempfänger trägt somit das *Risiko des technischen Funktionierens der Verbindung*.[8] Dies erscheint insbesondere dann gerechtfertigt, wenn die Unterbrechung des Telefonats mittelbar auf ein Verhalten des Antragsempfängers zurückzuführen ist. Vorliegend hat K vergessen, die Akkus seines schnurlosen Telefons aufzuladen, so dass die Ursache für den Abbruch des Telefongesprächs seiner Sphäre entstammt. Seine Annahmeerklärung beim zweiten Telefonat ist somit verfristet und lässt keinen Kaufvertrag zustande kommen. Sie gilt vielmehr gemäß § 150 Abs. 1 BGB als neuer Antrag, welcher der Annahme bedarf.

II. Ergebnis

V hat den letztlich verbleibenden Antrag des K nicht angenommen, so dass kein Kaufvertrag zwischen V und K über das Motorrad zustande kam. K hat daher keinen Anspruch auf Übergabe und Übereignung des Motorrads gemäß § 433 Abs. 1 Satz 1 BGB.

Abwandlung

A. Wirksamkeit des Kaufvertrags

K und V könnten durch ihre Einigung am Telefon einen wirksamen Kaufvertrag geschlossen haben.

I. Antrag des K

Der dazu erforderliche wirksame Antrag könnte in der Erklärung des K liegen, die Harley-Davidson zu der in der Zeitung angegebenen Verhandlungsbasis erwerben zu wollen. Diese Erklärung enthält die essentialia negotii eines Kaufvertrags und ist daher inhaltlich derart bestimmt, dass ihre Annahme durch eine bloße Zustimmung des Antragsempfängers erfolgen kann.

Fraglich bleibt jedoch der Inhalt des Antrags in Bezug auf den vorgeschlagenen Kaufpreis. K ging von einer Verhandlungsbasis von 5600 € aus, V dagegen von einem Betrag von 6500 €. Gemäß § 133 BGB muss bei der Auslegung einer Willenserklärung der wirkliche Wille des Erklärenden erforscht werden. Demnach wäre der Antrag des K derart auszulegen, das Motorrad des V für 5600 € erwerben zu wollen. Dabei bliebe allerdings unberücksichtigt, dass der Antrag eine *empfangsbedürftige Willenserklärung* darstellt, und daher aus Gründen des Verkehrsschutzes auch die Interessen des Erklärungsempfängers zu berücksichtigen sind. Zudem steht es allein in der Macht des Antragenden, seine Willenserklärung zweifelsfrei zu formulieren. Bei der Auslegung eines Antrags ist somit gemäß §§ 133, 157 BGB maßgeblich, wie der Empfänger die Erklärung verstehen darf (sog. *Empfängerhorizont*).

---

[8] Erman/*Armbrüster* § 147 Rn. 17; Palandt/*Ellenberger* § 147 Rn. 5; aA BeckOK-BGB/*Eckert* § 147 Rn. 7.

Etwaige Unklarheiten gehen somit grds. zu Lasten des Erklärenden.[9] K hat zwar ausdrücklich den Kaufgegenstand bezeichnet, es aber versäumt, einen konkreten Kaufpreis zu nennen, und sich mit der Bezugnahme auf die Verhandlungsbasis im Inserat des V begnügt. Dies spricht dafür, dem Antrag des K den Inhalt beizulegen, das Motorrad des V für 6500 € kaufen zu wollen.

Ausschließlich auf das Verständnis des tatsächlichen Empfängers abzustellen, wäre jedoch wiederum dem Antragenden gegenüber unbillig. Dann würde er vor allem auch das Risiko für Fehlinterpretationen des Empfängers tragen, die nicht auf einer unklaren Formulierung des Antrages beruhen. Bei der Auslegung empfangsbedürftiger Willenserklärungen ist daher nicht die Perspektive des tatsächlichen Empfängers entscheidend, sondern die Verständnismöglichkeit eines *objektivierten Empfängers* (sog. *normative Auslegung*).[10] Es muss ermittelt werden, wie die Erklärung aus der Sicht eines objektiven Dritten in der Rolle des Erklärungsempfängers unter Anwendung der verkehrsüblichen Sorgfalt und unter Berücksichtigung der Umstände des Einzelfalls zu verstehen war. Vorliegend gründete sich das Missverständnis zwischen K und V auf einem Druckfehler in der Zeitung, der nicht dem K zuzurechnen ist, sondern vielmehr der Sphäre des Anzeigenstellers V entstammt, der sich allein über die inhaltliche Richtigkeit seiner Annonce hätte informieren können. Ein objektivierter Empfänger hätte den Antrag des K so verstanden, die Harley-Davidson zum Betrag der tatsächlich in der Anzeige abgedruckten Verhandlungsbasis kaufen zu wollen. K hat dem V daher den Antrag unterbreitet, die Harley-Davidson zu einem Kaufpreis von 5600 € zu erwerben.

II. Annahme des V

Ein Kaufvertrag kommt zustande, wenn die Annahmeerklärung inhaltlich mit dem Antrag übereinstimmt. Vorliegend haben sich V und K zumindest über die Harley-Davidson als Kaufgegenstand geeinigt. Fraglich bleibt wegen des dargestellten Missverständnisses die Übereinstimmung über den Kaufpreis. Auch die Erklärung des V ist jedoch aus Sicht des objektivierten Empfängerhorizonts auszulegen. Unter der Bezugnahme auf das Inserat in seiner tatsächlich veröffentlichten Form ergibt sich daher, dass V sein Motorrad für 5600 € verkaufen wollte. Antrag und Annahme stimmen somit überein.

III. Ergebnis

K und V haben am Telefon einen wirksamen Kaufvertrag über die Harley-Davidson für einen Kaufpreis von 5600 € geschlossen.

---

[9] *Leipold* AT § 15 Rn. 11 f.
[10] *Brox/Walker* Rn. 135 f.; *Leipold* AT § 15 Rn. 12; *Musielak/Hau* Rn. 51; *Schwab/Löhnig* Rn. 562 ff.

B. Lösungsmöglichkeiten des V

Der unbemerkt gebliebene Druckfehler in dem Zeitungsinserat könnte V zur Anfechtung seiner Annahmeerklärung berechtigen. Dies führte zur rückwirkenden Nichtigkeit des Kaufvertrags (§ 142 Abs. 1 BGB).

I. Anfechtung nach § 119 Abs. 1 Var. 2 BGB

In Betracht kommt zunächst eine Anfechtung wegen *Erklärungsirrtums* gemäß § 119 Abs. 1 Var. 2 BGB. Dies setzt einen Fehler des Erklärenden bei der Äußerung als solcher voraus.[11] V wollte mit seiner Annahmeerklärung zum Ausdruck bringen, seine Harley-Davidson für den Betrag von 6500 € zu verkaufen. Stattdessen hat er unter Berücksichtigung des objektiven Empfängerhorizonts einem Kaufpreis von 5600 € zugestimmt. Diese Auslegung ergibt sich aber nicht infolge eines Versprechers oder ähnlichen Fehlers des V bei der Annahmeerklärung selbst, sondern lediglich unter Bezugnahme auf den Druckfehler im Inserat. Einem Erklärungsirrtum unterlag der V somit nicht.

II. Anfechtung nach § 119 Abs. 1 Var. 1 BGB

Stattdessen könnte ein *Inhaltsirrtum* gemäß § 119 Abs. 1 Var. 1 BGB gegeben sein. Dazu muss sich der Erklärende bereits bei der Entscheidung für die Äußerung einer bestimmten Willenserklärung über deren Sinn und deren rechtliche Bedeutung irren.[12] V wusste zwar, dass sich durch die Bezugnahme seiner Annahmeerklärung auf sein Inserat der Kaufpreis nach der dort angegebenen Verhandlungsbasis bestimmt. Er irrte aber über den tatsächlich abgedruckten Betrag und somit über den für die Auslegung entscheidenden Anknüpfungspunkt. Deshalb war er sich der genauen rechtlichen Bedeutung seiner auf die Anzeige verweisenden Annahmeerklärung nicht bewusst. V unterlag einem Inhaltsirrtum.

Wegen der nicht unerheblichen Differenz zwischen tatsächlich veröffentlichter und beabsichtigter Verhandlungsbasis hätte der V bei Kenntnis des Druckfehlers seine Annahmeerklärung nicht mit diesem Inhalt abgegeben. Bei verständiger Würdigung des Falles (vgl. § 119 Abs. 1 aE BGB)[13] ist vielmehr davon auszugehen, dass V auf den Druckfehler hingewiesen und sich um die Vereinbarung eines höheren Kaufpreises bemüht hätte.

Dem V steht somit ein Anfechtungsrecht gemäß § 119 Abs. 1 Var. 1 BGB zu. Er hat die Anfechtung gegenüber seinem Vertragspartner K (§ 143 Abs. 2 Var. 1 BGB) unverzüglich, d. h. ohne schuldhaftes Zögern (§ 121 Abs. 1 Satz 1 BGB), zu erklären, nachdem er Kenntnis von seinem Irrtum erlangt.

---

[11] *Faust* § 21 Rn. 2; *Musielak/Hau* Rn. 375; *Schwab/Löhnig* Rn. 605 f.
[12] *Brox/Walker* Rn. 411; *Faust* § 21 Rn. 3; *Musielak/Hau* Rn. 375.
[13] Siehe hierzu *Brox/Walker* Rn. 432; *Schwab/Löhnig* Rn. 603.

III. Anfechtung nach § 120 BGB

Des Weiteren könnte der V seine Annahmeerklärung wegen falscher Übermittlung nach § 120 BGB anfechten. Danach hat der Erklärende bei unbewussten Fehlern der von ihm für den Transport seiner Willenserklärung ausgewählten Boten ein Anfechtungsrecht. § 120 BGB ermöglicht bereits seinem Wortlaut nach eine Anfechtung aber nur, wenn sich der *Fehler bei der Übermittlung der Willenserklärung selbst* ereignet.[14] Der Druckfehler der Zeitung geschah im Vorfeld des Telefongesprächs zwischen K und V und betrifft lediglich die invitatio ad offerendum des V, nicht dagegen seine unmittelbar dem K gegenüber abgegebene Annahmeerklärung. Der Anfechtungsgrund des § 120 BGB scheidet daher aus.

IV. Ergebnis

V kann seine Annahmeerklärung wegen Inhaltsirrtums gemäß § 119 Abs. 1 Var. 1 BGB anfechten. Seine Annahmeerklärung und somit letztlich der dadurch zustande gekommene Kaufvertrag wären daraufhin *rückwirkend* (ex tunc) *nichtig* (§ 142 Abs. 1 BGB).

Erwartungshorizont der Klausur

Schwerpunkte erster Ordnung
- Zeitungsinserat als invitatio ad offerendum
- Bindung an den Antrag bei Unterbrechung eines Telefongesprächs

Schwerpunkte zweiter Ordnung
- essentialia negotii bei Verhandlungsbasis
- Schweigen als Annahmeerklärung
- Auslegung der Erklärungen von K und V
- Abgrenzung Inhalts-/Erklärungsirrtum

Kleinere Probleme
- modifizierte Annahmeerklärung des V
- Formalien der Anfechtung nach § 119 Abs. 1 Var. 1 BGB
- Anfechtung nach § 120 BGB
- Rechtsfolgen der Anfechtung

---

[14] *Brox/Walker* Rn. 413; *Leipold* AT § 18 Rn. 46 f.

Klausur 2: Korrespondenz mit Hindernissen § 6

Sachverhalt

TV-Junkie V befindet sich in Geldnöten und erwägt den Verkauf seiner wertvollen Sammlung von Originalrequisiten einer US-amerikanischen Fernsehserie aus den 1960ern. Er erinnert sich an eine Unterhaltung mit dem Frührentner K, der ihm auf der letzten Convention seine Sammlung abkaufen wollte und ihm vorsorglich seine Adresse gab. Schweren Herzens schreibt V einen Brief, in dem er dem K seine detailliert beschriebene Sammlung zu einem bestimmen Preis anbietet. Da er das Geld dringend benötigt, setzt er dem K zugleich eine Annahmefrist von zwei Wochen und gibt den Brief umgehend zur Post.

Am nächsten Morgen plagen den V Gewissensbisse, seine kostbare und mühevoll zusammengetragene Sammlung aufzugeben. Er will daher Abstand von seinem Angebot nehmen. Nachdem er die Telefonnummer von K nicht ausfindig machen kann, erinnert er sich an seinen Cousin C, der in derselben Stadt wie K wohnt. Um 9.30 Uhr beauftragt V den C, sogleich bei K vorbeizugehen und sein Angebot mündlich zu widerrufen. K müsse aufgrund seines Rentnerdaseins zu Hause anzutreffen sein und unbedingt vor Eintreffen der täglichen Post erreicht werden. C schreibt indessen zuerst seine morgendlichen E-Mails zu Ende, bevor er sich auf den Weg zu K macht. Währenddessen wirft der Postbote wie jeden Morgen gegen 10.00 Uhr das Angebotsschreiben des V in den Briefkasten des K. Um 10.30 Uhr schließlich erreicht C das Haus des K. Da K kurz außer Haus ist, richtet C dessen Ehefrau F den Widerruf des V aus. Als K kurze Zeit später nach Hause kommt, leert er zunächst den Briefkasten, öffnet und liest den Brief des V. Kurz darauf überbringt ihm seine Ehefrau F die Botschaft von dem Widerruf.

K lässt sich davon nicht beirren und antwortet dem V noch an demselben Tag per Einschreiben mit Rückschein, sein Angebot liebend gern anzunehmen. Am Abend des folgenden Tages findet V in seinem Briefkasten einen Benachrichtigungsschein, dass ein Einschreiben für ihn sieben Werktage zur Abholung in seiner Postfiliale bereit läge. Angaben über den Absender bzw. den Inhalt des Einschreibens enthält der Benachrichtigungsschein wie gewöhnlich nicht. Nachdem V mittlerweile von C von der nur verzögerten Überbringung des Widerrufs erfahren hat, beschleicht ihn die düstere und zutreffende Vorahnung, dass es sich dabei nur um die Antwort des K handeln könne. Er sieht daher davon ab, das Einschreiben abzuholen, weswegen es dem K nach Ablauf der Lagerfrist wieder zurückgesendet wird. K ist daraufhin irritiert und lässt die Angelegenheit zunächst wenige Tage auf sich beruhen, bevor er einen weiteren Versuch unternimmt, den V zu erreichen, und ihm in einem einfachen Brief die Annahme seines Angebots erklärt. Sein neues Schreiben wird dem V einen Tag nach Ablauf der Annahmefrist in den Briefkasten geworfen.

Bearbeitervermerk: Besteht ein wirksamer Kaufvertrag zwischen V und K?

Lösungsskizze

Kaufvertrag zwischen V und K

I. Antrag des V
   1. Inhaltliche Bestimmtheit (+)
   2. Wirksamkeit
      a) Zugang des Antrags
         10.00 Uhr: Briefkasten als Empfangsvorrichtung (+)
      b) Kein Widerruf des Antrags
         9.30 Uhr: C als Erklärungsbote (−)
         10.30 Uhr: F als Empfangsbotin (+), aber zu spät
II. Wirksame Annahme des K
   1. Inhaltliche Übereinstimmung (+)
   2. Wirksamkeit
      a) Zugang des Benachrichtigungsscheins
         mangels Inhalts (−)
      b) Zugang des Einschreibens
         durch Abholmöglichkeit in der Postfiliale (±)
      c) Zugang des zweiten Schreibens (+)
   3. Rechtzeitigkeit der Annahme
      a) Wahrung der Annahmefrist (−)
      b) Treu und Glauben
         Sorgfaltsverstoß des V (+): keine Abholung des Einschreibens
         jedoch ebenso des K (+): kein unverzüglich neuer Versuch
         Sonderfall der grundlosen Annahmeverweigerung durch V (−)

Lösung

Kaufvertrag zwischen V und K

Fraglich ist, ob V und K einen wirksamen Kaufvertrag über die Originalrequisiten geschlossen haben. Dies setzt zwei inhaltlich übereinstimmende, mit Bezug aufeinander abgegebene Willenserklärungen voraus, die auf den Abschluss des Vertrags gerichtet sind.[1]

I. Antrag des V

1. Inhaltliche Bestimmtheit

Ein Antrag könnte in dem Schreiben des V an den K liegen. Dazu muss das Schreiben inhaltlich so bestimmt sein, dass durch die uneingeschränkte Zustimmung des Antragsempfängers dessen Annahme erfolgen kann. In dem Schreiben müssen daher alle für den Vertragsschluss notwendigen Angaben (sog. *essentialia negotii*) enthalten sein.[2] Beim Kaufvertrag setzt dies Informationen zum Kaufgegenstand und zum Kaufpreis voraus. V hat in seinem Brief an K detailliert seine Sammlung an Originalrequisiten beschrieben und einen konkreten Preis genannt. Damit ist der Antrag inhaltlich hinreichend bestimmt.

2. Wirksamkeit

a) Zugang des Antrags

Der Antrag müsste zudem wirksam geworden sein. Wird ein Antrag auf Vertragsschluss als *empfangsbedürftige Willenserklärung* unter Abwesenden abgegeben, bedarf er zu seiner Wirksamkeit des Zugangs (§ 130 Abs. 1 Satz 1 BGB). Eine Willenserklärung geht zu, wenn die Erklärung derart in den *Machtbereich des Empfängers* gelangt, dass bei Annahme gewöhnlicher Verhältnisse mit ihrer *Kenntnisnahme zu rechnen* ist.[3] Der Brief wurde in den Briefkasten des K als eine von ihm aufgestellte *Empfangsvorrichtung* geworfen und gelangte somit in dessen Machtbereich.

Fraglich bleibt jedoch, wann mit der Kenntnisnahme des Antrags zu rechnen war. Dies ist bei mit der Post versandten Schreiben in der Regel zu dem Zeitpunkt der Fall, in dem die Leerung des Briefkastens durch den Empfänger erwartet werden kann.[4] Vorliegend bringt der Briefträger jeden Morgen gegen 10.00 Uhr die tägliche Post am Haus des K vorbei. Da K als Frührentner auch tagsüber zu Hause anzutreffen ist, kann bereits zu dieser Zeit die Leerung seines Briefkastens angenommen

---

[1] *Brox/Walker* Rn. 77.
[2] *Brox/Walker* Rn. 167; *Faust* § 3 Rn. 3; *Köhler* § 8 Rn. 8.
[3] BGHZ 67, 271 (275); *Musielak/Hau* Rn. 95.
[4] *Brox/Walker* Rn. 150a; *Schwab/Löhnig* Rn. 501.

werden. Unabhängig von der tatsächlichen Lektüre des Schreibens ging der Antrag des V dem K somit gegen 10.00 Uhr zu.

b) Kein Widerruf des Antrags

Der Zugang bewirkt die Wirksamkeit des Antrags jedoch nur, wenn er nicht rechtzeitig widerrufen wurde. Der Widerruf liegt in der von C im Auftrag des V übermittelten Erklärung, sein Angebot widerrufen zu wollen. Dass die Widerrufserklärung im Gegensatz zu dem schriftlichen Antrag des V nur mündlich ergeht, ist unerheblich, da § 130 Abs. 1 Satz 2 BGB für die Widerrufserklärung keine besondere Form vorsieht. Insbesondere muss der Widerruf nicht in derselben Form wie die zu widerrufende Willenserklärung erfolgen.[5]

Allerdings vermag der Widerruf gemäß § 130 Abs. 1 Satz 2 BGB das Wirksamwerden einer Erklärung nur dann zu verhindern, wenn er dem Empfänger vor oder zumindest gleichzeitig mit der zu widerrufenden Willenserklärung zugeht. Fraglich ist daher, wann der Zugang des Widerrufs des V bei K bewirkt wurde.

Denkbar ist ein Zugang des Widerrufs um 9.30 Uhr, als V dem C die auszurichtende Willenserklärung übermittelte. Auch bei dem Widerruf als empfangsbedürftige Willenserklärung setzt der Zugang voraus, dass die Erklärung in den Machtbereich des Empfängers gelangt. Der als Bote ausgewählte Cousin C wies zu K jedoch keine Verbindung auf. Er wurde vielmehr als Gehilfe des V tätig und entstammt somit der Sphäre des Absenders der Willenserklärung. Bei solchen *Erklärungsboten* trägt allein der Erklärende das Risiko, dass der von ihm eingeschaltete Bote die zu übermittelnde Willenserklärung zu spät oder ggf. überhaupt nicht überbringt.[6] Gegen 9.30 Uhr befand sich der Widerruf noch nicht in dem Machtbereich des K und ging ihm somit ebenso wenig zu.

In Betracht kommt ein Zugang des Widerrufs um 10.30 Uhr mit seiner Übermittlung an F, die Ehefrau des Empfängers. Auch insoweit ist entscheidend, ob die Willenserklärung den Machtbereich des Empfängers erreicht. Dies setzt voraus, dass diejenige Person, der die Erklärung ausgerichtet wird, vom eigentlichen Empfänger zur Entgegennahme von Erklärungen bestellt oder nach der Verkehrsanschauung als dazu bestellt und geeignet anzusehen ist. Der Ehegatte gehört zum engsten Lebensbereich des Empfängers und gilt daher zumindest bei ohne Weiteres verständlichen Willenserklärungen als empfangsberechtigt.[7] Die Ehefrau F wurde somit als *Empfangsbotin* und personifizierte Empfangseinrichtung des K tätig. Mit ihrer Übermittlung an F gelangte die Widerrufserklärung somit in den unmittelbaren Machtbereich des Empfängers K.

Der Zugang erfordert des Weiteren, dass unter Zugrundelegung gewöhnlicher Umstände mit der Kenntnisnahme durch den Empfänger selbst zu rechnen ist. Bei der Einschaltung von Empfangsboten geschieht dies zu demjenigen Zeitpunkt, zu

---

[5] *Faust* § 2 Rn. 41; BeckOK-BGB/*Wendtland* § 130 Rn. 30.
[6] *Köhler* § 6 Rn. 15; *Schwab/Löhnig* Rn. 502.
[7] Erman/*Arnold* § 130 Rn. 17; *Leipold* AT § 12 Rn. 14.

dem in der Regel die Weitergabe der ausgerichteten Willenserklärung an den Empfänger erwartet werden darf.[8] Da F und K zusammen wohnen und K als Frührentner auch tagsüber gewöhnlich zu Hause verweilt, ist die Zeitspanne äußerst kurz zu bemessen und kann gegen Null tendieren. Somit konnte mit der unmittelbaren Weitergabe der Widerrufserklärung an K gerechnet und ihr Zugang um 10.30 Uhr angenommen werden. Dass K die Botschaft von dem Widerruf tatsächlich erst später erhielt, bleibt unerheblich.

c) Ergebnis

Das Antragsschreiben des V ging dem K mit Einwurf in den Briefkasten um 10.00 Uhr zu. Der Zugang der Widerrufserklärung erfolgte dagegen frühestens um 10.30 Uhr mit Übermittlung an die Ehefrau F und war daher nicht mehr rechtzeitig. Der Antrag des V ist wirksam.

II. Wirksame Annahme des K

1. Inhaltliche Übereinstimmung

K müsste den Antrag des V angenommen haben. Eine Annahme ist in dem Schreiben des K zu erblicken, in dem er das Angebot des V liebend gern annimmt. Die uneingeschränkte Annahmeerklärung stimmt inhaltlich mit dem Antrag des V überein und kann daher den Vertragsschluss bewirken.

2. Wirksamkeit

Dazu müsste die Annahmeerklärung aber auch wirksam geworden sein. Dies setzt wiederum ihren Zugang voraus.

a) Zugang des Benachrichtigungsscheins

Bei einem Einschreiben mit Rückschein könnte der Zugang bereits an die Zustellung des Benachrichtigungsscheins geknüpft werden. Nach den oben dargelegten Grundsätzen gelangt der Benachrichtigungsschein mit seinem Einwurf in den Briefkasten als Empfangsvorrichtung des Empfängers in dessen Machtbereich, so dass zum Zeitpunkt der zu erwartenden täglichen Leerung des Briefkastens und der damit verbundenen möglichen Kenntnisnahme der Zugang des Benachrichtigungsscheins anzunehmen ist.

Fraglich bleibt jedoch, ob der *Benachrichtigungsschein* selbst inhaltlich *als Annahmeerklärung* gewertet werden kann. Dazu muss er inhaltlich bestimmt genug sein und insbesondere alle für den Vertragsschluss notwendigen Angaben enthalten.

---

[8] BGH NJW-RR 1989, 757 (758 f.); *Brox/Walker* Rn. 152; *Musielak/Hau* Rn. 101; *Schwab/Löhnig* Rn. 502.

Der Benachrichtigungsschein teilt dem Empfänger aber lediglich mit, dass für ihn ein Einschreiben bei seiner Postfiliale zur Abholung bereitliegt. Dagegen enthält er weder einen Hinweis auf den Absender des Einschreibebriefs noch über den Inhalt der Sendung, der auch in einer Ablehnung des Antrags oder der Unterbreitung eines neuen Antrags liegen könnte. Der Benachrichtigungsschein stellt somit keine Willenserklärung dar, die vielmehr nur dem abzuholenden Einschreiben selbst entnommen werden kann.[9] Der Zugang des Benachrichtigungsscheins vermag den Zugang des Einschreibens nicht zu ersetzen.

b) Zugang des Einschreibens

Das Einschreiben könnte dem V zugegangen sein, indem es in der Postfiliale zur Abholung bereitlag. Dazu muss das Einschreiben bereits dadurch in seinen Machtbereich gelangt sein. Dafür spricht, dass der Empfänger ein an ihn gerichtetes Einschreiben ohne Weiteres in der Postfiliale abholen kann. Bei Zugrundelegung gewöhnlicher Umstände kann mit der Abholung eines Einschreibens durch den Empfänger ein oder zwei Werktage nach Erhalt des Benachrichtigungsscheins gerechnet werden. Es könnte daher zu diesem Zeitpunkt ein Zugang des Einschreibens angenommen werden.[10]

Jedoch gehören die Räume der Postfiliale nicht zum Lebensbereich des V. Anders als bei einem Postfach, zu dem der Inhaber allein und häufig rund um die Uhr frei zugreifen kann, werden Einschreibesendungen im allgemeinen Lager aufbewahrt, zu welchem der Empfänger keinen ungehinderten Zutritt hat. Sie sind zudem nur während der Öffnungszeiten der Filiale abholbar und werden nach sieben Werktagen wieder zurückgesendet.[11] Die bloße Möglichkeit, ein Einschreiben in der Postfiliale entgegenzunehmen, begründet somit keinen Machtbereich des V an dem an ihn adressierten Einschreibebrief. Die Annahmeerklärung des K in dem Einschreiben ging dem V somit nicht zu.

c) Zugang des zweiten Schreibens

Ein Zugang ist vielmehr erst beim zweiten Schreiben gegeben, das dem V in den Briefkasten geworfen wurde. Dadurch gelangte die darin enthaltene Annahmeerklärung des K in den Machtbereich des V und konnte von ihm zur Kenntnis genommen werden. Die Annahmeerklärung des K wurde zu diesem Zeitpunkt wirksam.

3. Rechtzeitigkeit der Annahme

Damit dadurch ein Kaufvertrag zustande kommt, müsste die Annahmeerklärung dem V rechtzeitig zugegangen sein.

---

[9] BGHZ 137, 205 (208) m. w. N.; *Leipold* AT § 12 Rn. 20; *Musielak/Hau* Rn. 96.
[10] Erman/*Arnold* § 130 Rn. 29; Palandt/*Ellenberger* § 130 Rn. 18.
[11] *Köhler* § 6 Rn. 14.

a) Wahrung der Annahmefrist

Vorliegend hat V dem K in seinem Antragsschreiben eine Annahmefrist von zwei Wochen gesetzt. Wie sich aus dem Vergleich mit § 149 Satz 1 BGB ergibt, entscheidet über die Wahrung der Frist der Zeitpunkt des Zugangs der Annahmeerklärung.[12] Da dieser einen Tag nach Ablauf der Annahmefrist erfolgte, war der Antrag des V gemäß §§ 146, 148 BGB erloschen. Die verspätete Annahmeerklärung vermag den Kaufvertrag nicht mehr zustande zu bringen und gilt gemäß § 150 Abs. 1 BGB lediglich als neuer Antrag.

b) Treu und Glauben

Im Hinblick auf die willentlich unterlassene Abholung des ersten Einschreibens könnte sich V aber treuwidrig verhalten, wenn er sich auf die Verfristung der Annahmeerklärung beruft. Er könnte daher gemäß § 242 BGB so zu behandeln sein, als ob ihm die Annahmeerklärung rechtzeitig zugegangen wäre.

Wer im Rahmen von Vertragsverhandlungen mit dem Zugang rechtserheblicher Willenserklärungen seines Vertrags- bzw. Verhandlungspartners zu rechnen hat, muss geeignete Vorkehrungen treffen, dass ihn derartige Erklärungen erreichen. Ansonsten verletzt er seine Sorgfaltspflichten, die ihm durch die *Aufnahme von Vertragsverhandlungen* gegenüber seinem Partner erwachsen.[13] V hat dem K einen befristeten Antrag unterbreitet und musste daher damit rechnen, während der Annahmefrist der nächsten zwei Wochen ein Antwortschreiben des K zu erhalten, in dem er seinen Antrag annimmt. Obwohl er vorliegend sogar davon ausging, dass das Einschreiben von K stammte, unterließ er es, das Einschreiben abzuholen, und verhinderte somit den rechtzeitigen Zugang der Annahmeerklärung des K. Dadurch verletzte er seine Sorgfaltspflicht gegenüber K.

Fraglich ist allerdings, ob der Sorgfaltsverstoß des V ausreicht, um ihm die Berufung auf die Verfristung der Annahmeerklärung des K zu verwehren. Dies setzt voraus, dass der potentielle Vertragspartner seine Obliegenheiten beachtet und sich nicht ebenfalls sorgfaltswidrig verhalten hat. Der Grundsatz von Treu und Glauben kann nur dann zugunsten des Erklärenden eingreifen, wenn er seinerseits *alles Erforderliche und ihm Zumutbare* unternommen hat, um einen rechtzeitigen Zugang der Erklärung beim Adressaten zu bewirken. Dies erfordert in der Regel, nach Kenntnis von dem nicht erfolgten Zugang unverzüglich erneut zu versuchen, den Zugang seiner Erklärung beim Empfänger zu bewirken.[14] K ließ nach Rücksendung seines Einschreibens die Angelegenheit zunächst wenige Tage auf sich beruhen und bemühte sich nicht um einen zweiten Versuch, seine Annahmeerklärung dem V zugehen zu lassen. Dies ist ihm vor allem deswegen vorzuwerfen, weil

---

[12] *Brox/Walker* § 8 Rn. 174; *Köhler* § 8 Rn. 18.
[13] BGHZ 137, 205 (208 f.) m. w. N.; vgl. schon RGZ 110, 34 (36).
[14] BGHZ 137, 205 (209) m. w. N.; *Brox/Walker* § 7 Rn. 159; *Leipold* AT § 12 Rn. 20; kritisch Erman/*Palm* § 130 Rn. 8.

nach wie vor die zweiwöchige Annahmefrist lief und bei sogleich erfolgter Versendung seines zweiten Schreibens zu erwarten war, dass es den V rechtzeitig erreichte. K unternahm daher nicht alles Erforderliche und ihm Zumutbare, um den rechtzeitigen Zugang seiner Annahmeerklärung zu bewirken. Er kann sich daher grds. nicht auf Treu und Glauben berufen.

Etwas anderes gilt nur, wenn der Empfänger die Annahme einer an ihn gerichteten schriftlichen Mitteilung *grundlos verweigert*, obwohl er mit der Zusendung rechtserheblicher Erklärungen seines Vertrags- bzw. Verhandlungspartners rechnen muss.[15] Vorliegend hat V aber nicht die Annahme des Einschreibens verweigert, sondern lediglich seine Abholung unterlassen. Auch wenn er eine Vorahnung über den Absender des an ihn gerichteten Einschreibebriefs hatte, konnte er wegen des über Absender und Inhalt des Einschreibens schweigenden Benachrichtigungsscheins nicht sicher sein, dass das Einschreiben zum einen von K stammt und dass darin zum anderen sein Antrag uneingeschränkt angenommen wird. Die Verwendung eines eingeschriebenen Briefs war zudem in keiner Weise erforderlich, weswegen der V das Einschreiben nicht zwingend mit der Annahmeerklärung des K in Verbindung bringen musste. V muss sich daher nicht gemäß § 242 BGB so behandeln lassen, als ob ihm die Annahmeerklärung rechtzeitig zugegangen wäre.

III. Ergebnis

Die Annahme des K ging nicht rechtzeitig zu, so dass der Antrag des V erloschen ist (§§ 146, 148 BGB). Den in der verspäteten Annahmeerklärung gemäß § 150 Abs. 1 BGB liegenden neuen Antrag auf Abschluss eines Kaufvertrags hat V nicht angenommen. Somit ist kein Kaufvertrag zwischen V und K zustande gekommen.

Erwartungshorizont der Klausur

Schwerpunkte erster Ordnung
- Zugang der Annahmeerklärung durch Einschreiben
- Rechtzeitigkeit der Annahme nach Treu und Glauben

Schwerpunkte zweiter Ordnung
- Zugang einer Willenserklärung unter Abwesenden
- Zugang bei Einschaltung eines Erklärungs-/Empfangsboten

Kleinere Probleme
- inhaltliche Bestimmtheit von Antrag und Annahme
- Form des Widerrufs
- verspätete Annahme als neuer Antrag

---

[15] BGHZ 137, 205 (209 f.); *Brox/Walker* § 7 Rn. 157; *Leipold* AT § 12 Rn. 20.

Klausur 3: Der verschwiegene Unfall   § 7

Sachverhalt

Automobilliebhaber A will sich einen neuen Sportwagen zulegen und daher sein altes Gefährt verkaufen. Freund F gibt ihm den Tipp, dass seine Bekannte B gerade einen günstigen Gebrauchtwagen suche. F vermittelt ein Treffen zwischen A und B, zu dem sich B von ihrem Sohn und Hobbymechaniker S bringen lässt. B ist von dem Wagen auf Anhieb begeistert und möchte ihn unbedingt erwerben, wenn S keine Mängel daran feststellen sollte.

Während S das Auto genauer inspiziert, erhält B einen Anruf auf ihrem Mobiltelefon und entschuldigt sich daher bei A und S für kurze Zeit. A nutzt die Gelegenheit, um sich bei S über die Fahrkünste der B zu informieren. Schließlich lege er großen Wert darauf, dass sein treuer Wagen in guten Händen sei und auch in Zukunft unversehrt bleibe. S antwortet, B sei eine exzellente Fahrerin und habe noch keinen einzigen Unfall verursacht. Dabei weiß er, dass B nur deswegen einen neuen fahrbaren Untersatz sucht, weil ihr eigener Wagen einen Totalschaden erlitt, nachdem sie einem anderen Verkehrsteilnehmer die Vorfahrt genommen hatte.

Nachdem S an dem Wagen nichts zu beanstanden hat, fragt B den A, was er denn kosten solle. A nimmt daraufhin einen von ihm aufgesetzten Kaufvertrag, setzt darin eine Kaufsumme von 2300 € ein und überreicht ihn der B. Nachdem B und S den Kaufpreis für äußerst fair erachten, unterschreiben A und B den Kaufvertrag. A überreicht der B alle nötigen Papiere und die Fahrzeugschlüssel, so dass B sogleich mit dem Wagen nach Hause fahren kann.

Als sich F bei A an demselben Abend nach dem Stand der Dinge erkundigt, berichtet ihm A zufrieden von dem reibungslosen Ablauf des Treffens. Auch F ist über die Nachricht erfreut und erzählt dem A, wie verzweifelt B nach einem neuen günstigen Auto suchte, nachdem sie ihr altes Gefährt bei einem Unfall zu Schrott gefahren hatte. A ist außer sich, als er dies erfährt, und will sogleich den Kaufvertrag rückgängig machen. Als er in seiner Ausfertigung des Kaufvertrags nach der Telefonnummer der B sucht, fällt ihm auf, dass er sich zu allem Überfluss bei dem Kaufpreis verschrieben und statt der gewollten 2500 € einen Betrag von lediglich 2300 €

eingetragen hat. A ruft erbost bei B an und teilt ihr mit, dass er sowohl wegen der schamlosen Lüge des S als auch wegen seines Schreibfehlers von sämtlichen Erklärungen Abstand nehme und seinen Wagen heraus verlange. B entgegnet, dass ihr die fehlerhafte Auskunft des S leid tue, aber sie nichts davon gewusst habe. Sie möchte den Wagen auf jeden Fall behalten und sei auch bereit, den höheren Preis zu zahlen. A lässt sich jedoch nicht besänftigen und besteht auf Herausgabe des Wagens.

Bearbeitervermerk: Mit Erfolg?

Lösungsskizze

Ansprüche des A gegen B auf Herausgabe des Wagens

A. Anspruch aus § 985 BGB
  I. A als Eigentümer
    ursprünglich (+)
    1. Übereignung gemäß § 929 Satz 1 BGB (+)
    2. Anfechtung der dinglichen Einigungserklärung durch A
        a) Anfechtung gemäß § 119 Abs. 1 Var. 2 BGB (–)
           Abstraktionsprinzip
        b) Anfechtung gemäß § 123 Abs. 1 Var. 1 BGB
           aa) Anfechtungsgrund (+)
               Fehleridentität
               Vernünftigkeit der Anfechtung irrelevant
               Täuschung des S als Dritten
           bb) Anfechtungserklärung (+)
           cc) Anfechtungsgegner und Anfechtungsfrist (+)
  II. B als Besitzerin (+)
  III. Kein Recht der B zum Besitz
      grds. aus Kaufvertrag
      1. Anfechtung gemäß § 119 Abs. 1 Var. 2 BGB
          a) Anfechtungsgrund (+)
          b) Sonstige Voraussetzungen der Anfechtung (+)
          c) Treu und Glauben
             Privatautonomie und Vertrauensschutz
      2. Anfechtung gemäß § 123 Abs. 1 Var. 1 BGB (+)
B. Anspruch aus § 812 Abs. 1 Satz 1 Var. 1 BGB (+)
   Bereicherung durch Besitz, nicht durch Eigentum

Lösung

Ansprüche des A gegen B auf Herausgabe des Wagens

A. Anspruch aus § 985 BGB

A könnte gegen B einen Anspruch auf Herausgabe des Wagens gemäß § 985 BGB haben.

I. A als Eigentümer

Dazu muss A Eigentümer des Wagens sein. Ursprünglich war er Eigentümer des Automobils.

1. Übereignung gemäß § 929 Satz 1 BGB

A könnte jedoch das Eigentum an dem Wagen gemäß § 929 Satz 1 BGB an B übertragen haben. Die Übereignung nach dieser Vorschrift setzt die Einigung über den Eigentumsübergang, die Übergabe der beweglichen Sache sowie die Berechtigung des Übereignenden voraus. A händigte der B alle nötigen Papiere sowie die Fahrzeugschlüssel aus und ließ sie mit dem Wagen davonfahren. Dadurch erlangte B die tatsächliche Gewalt über das Automobil und erwarb somit unmittelbaren Besitz (§ 854 Abs. 1 BGB). Bei der Übergabe einigten sich A und B zumindest stillschweigend über die Übertragung des Eigentums an dem Wagen. Da A als Eigentümer verfügungsberechtigt war, wurde B durch Übereignung gemäß § 929 Satz 1 BGB zur Eigentümerin des Wagens.

2. Anfechtung der dinglichen Einigungserklärung durch A

Durch seine Äußerung am Telefon könnte A seine dingliche Einigungserklärung wirksam angefochten und somit ihre rückwirkende Nichtigkeit (§ 142 Abs. 1 BGB) herbeigeführt haben.

a) Anfechtung gemäß § 119 Abs. 1 Var. 2 BGB

Denkbar ist zunächst eine Anfechtung wegen Erklärungsirrtums gemäß § 119 Abs. 1 Var. 2 BGB. Ein solcher Irrtum liegt vor, wenn der Erklärende seine Willenserklärung nicht mit dem tatsächlich geäußerten Inhalt abgeben wollte. Dem Erklärenden muss somit ein Fehler bei der Entäußerung der Willenserklärung unterlaufen sein.[1] Vorliegend gab A statt der gewollten 2500 € einen Betrag von lediglich 2300 € im Kaufvertrag an. Sein Schreibfehler betraf aber nur den Antrag, der zum Zustandekommen des Kaufvertrags notwendig war.

---

[1] *Faust* § 21 Rn. 2; *Musielak/Hau* Rn. 375; *Schwab/Löhnig* Rn. 605 f.

Die *dingliche Einigungserklärung* erschöpft sich dagegen in der Kundgabe des Willens, das Eigentum an einer bestimmten Sache übertragen zu wollen.[2] Durch die Übergabe des Wagens hat A konkludent erklärt, das Eigentum am Wagen solle auf die B übergehen. Insoweit war der Schreibfehler des A ohne Bedeutung, so dass ihm diesbezüglich kein Erklärungsirrtum unterlief. Dass sich A beim Ausfüllen des Kaufvertrags verschrieben hat, kann ggf. zu dessen Unwirksamkeit führen, lässt aber nach dem *Abstraktionsprinzip* die Wirksamkeit der darauf beruhenden Verfügung unberührt.

b) Anfechtung gemäß § 123 Abs. 1 Var. 1 BGB

In Betracht kommt allerdings eine Anfechtung wegen arglistiger Täuschung gemäß § 123 Abs. 1 Var. 1 BGB.

aa) Anfechtungsgrund

Dazu bedarf es eines entsprechenden Anfechtungsgrundes. Eine Täuschung liegt in jedem Verhalten, das Tatsachen vorspiegelt, entstellt oder unterdrückt und in dem Erklärenden eine unrichtige Vorstellung hervorrufen, bestärken oder unterhalten soll.[3] S antwortete auf die Frage des A nach den Fahrkünsten der B wahrheitswidrig, dass B noch keinen Unfall verursacht habe. Tatsächlich war sie in einen selbst verschuldeten Unfall verwickelt, als sie einem Verkehrsteilnehmer die Vorfahrt nahm. S täuschte den A somit über die Unfallfreiheit der B.

Die Täuschung müsste arglistig sein. Der Täuschende muss die Unwahrheit seiner Äußerung kennen und zudem wissen, dass der Getäuschte durch die falschen Angaben *zur Abgabe der Willenserklärung veranlasst* wird.[4] S wusste von dem Unfall der B. Ebenso war ihm bewusst, dass seine Angaben für die Abgabe der Willenserklärung durch A von Bedeutung waren, nachdem A ihm zuvor beteuert hatte, er lege großen Wert darauf, dass sein Wagen in gute Hände gelange. Die Täuschung des S war somit arglistig.

Darüber hinaus muss die Täuschung für die Abgabe der Willenserklärung ursächlich sein. Bei Kenntnis der wahren Umstände dürfte der Getäuschte die Willenserklärung folglich überhaupt nicht, nicht zu der Zeit bzw. nicht mit diesem Inhalt abgeben.[5] Wie sich auch aus der Empörung des A ergibt, als er von dem Unfall der B erfuhr, hätte er bei dessen Kenntnis seinen Wagen nicht an B veräußert. Anders als bei dem Erklärungsirrtum gemäß § 119 Abs. 1 Var. 2 BGB wirkt sich die arglistige Täuschung somit im Wege der sog. *Fehleridentität* sowohl auf die Abgabe der zum Zustandekommen des Kaufvertrags notwendigen schuldrechtlichen als auch auf die Abgabe der zum Eigentumsübergang erforderlichen dinglichen Einigungserklärung

---

[2] Palandt/*Bassenge* § 929 Rn. 6; BeckOK-BGB/*Kindl* § 929 Rn. 10 f.
[3] Erman/*Arnold* § 123 Rn. 11.
[4] BGH NJW-RR 1991, 411 (412); *Faust* § 22 Rn. 7 f.; *Köhler* § 7 Rn. 43; *Musielak/Hau* Rn. 421.
[5] BGHZ 2, 287 (299); Erman/*Arnold* § 123 Rn. 26; *Brox/Walker* Rn. 452.

aus.[6] Die Täuschung des S war somit kausal für die dingliche Einigungserklärung des A.

Ob die Auffassung des A, der potentiellen Käuferin nur wegen eines früheren Unfalls den Wagen nicht verkaufen zu wollen, einsichtig erscheint, ist unerheblich. Anders als bei § 119 Abs. 1 aE BGB kommt es bei der Anfechtung wegen arglistiger Täuschung nicht auf eine vernünftige Kausalität des Anfechtungsgrundes für die Abgabe der Willenserklärung an.[7]

Als problematisch erweist sich aber, dass die Täuschung durch den Außenstehenden und Nichtvertragspartner S erfolgte. Gemäß § 123 Abs. 2 Satz 1 BGB führt die *Täuschung eines Dritten* nur zu einem Anfechtungsgrund des Getäuschten, wenn der Empfänger der daraufhin abgegebenen Willenserklärung die Täuschung kannte oder kennen musste. B wusste von der Täuschung durch ihren Sohn S nichts, weswegen ein Anfechtungsrecht des A fraglich erscheint.

Um die Risiken bei solchen Täuschungen angemessen zu verteilen, wird indes der Begriff des Dritten nicht als jede beliebige vom Erklärungsempfänger verschiedene Person verstanden, sondern eng ausgelegt. Danach ist der Täuschende dann nicht Dritter, wenn er *interessenmäßig auf der Seite des Erklärungsempfängers* steht und diesem das bewusst ist. Dies ist unter anderem der Fall, wenn der Täuschende als Vertrauensperson des Erklärungsempfängers erscheint oder ihm sein Verhalten nach Billigkeitsgesichtspunkten unter Berücksichtigung der Interessenlage zuzurechnen ist.[8] S wurde im Vorfeld des Kaufvertragsschlusses von Seiten der B eingeschaltet, um den Zustand des Wagens zu kontrollieren und um bei der Entscheidungsfindung behilflich zu sein. Aufgrund der engen Beziehung zu B kann S als deren Vertrauensperson angesehen werden. Zumindest steht er interessenmäßig auf ihrer Seite. Das Verhalten des S muss somit der B zugerechnet werden, so dass S kein Dritter im Sinne des § 123 Abs. 2 Satz 1 BGB ist. Die Täuschung des S gereicht daher unabhängig von der Kenntnis der Erklärungsempfängerin B zu einem Anfechtungsgrund des A.

bb) Anfechtungserklärung

A müsste seine Anfechtung erklärt haben. Als empfangsbedürftige Willenserklärung ist eine Anfechtung nach dem objektiven Empfängerhorizont auszulegen. Danach muss der Wille des Anfechtenden erkennbar sein, an seiner vorangegangenen Willenserklärung nicht mehr festhalten zu wollen. Dazu bedarf es nicht der Verwendung des Begriffs der Anfechtung selbst. Ebenso wenig muss die Anfechtungserklärung den Grund der Anfechtung ausdrücklich enthalten. Vielmehr reicht es aus, dass sich beides aus der Erklärung oder aus den Umständen ergibt.[9] A rief die B an, um wegen der Lüge des S von sämtlichen Erklärungen Abstand zu nehmen.

---

[6] *Faust* § 22 Rn. 10; *Köhler* § 7 Rn. 59; *Musielak/Hau* Rn. 442.
[7] BGH NJW 1967, 1222 (1223); Palandt/*Ellenberger* § 123 Rn. 24; *Faust* § 22 Rn. 6.
[8] BGH NJW 1990, 1661 (1662); *Leipold* AT § 19 Rn. 11; *Musielak/Hau* Rn. 426; Erman/*Palm* § 123 Rn. 33 ff.
[9] Palandt/*Ellenberger* § 143 Rn. 3; *Faust* § 23 Rn. 2.

In seiner Äußerung kam klar zum Ausdruck, unter anderem wegen der Täuschung des S (sowohl seine schuldrechtliche als auch) seine dingliche Einigungserklärung nicht mehr gelten lassen zu wollen. A hat die notwendige Anfechtungserklärung abgegeben.

cc) Anfechtungsgegner und Anfechtungsfrist

A hat seine Anfechtung gegenüber seiner Vertragspartnerin B als zutreffender Anfechtungsgegnerin erklärt (§ 143 Abs. 2 Var. 1 BGB). Die Jahresfrist des § 124 Abs. 1 BGB hat A durch seine unmittelbar nach Entdeckung der Täuschung (§ 124 Abs. 2 Satz 1 BGB) erfolgte Anfechtungserklärung eingehalten.

c) Ergebnis

Die Anfechtung seiner dinglichen Einigungserklärung durch A wegen arglistiger Täuschung des S gemäß § 123 Abs. 1 Var. 1 BGB ist wirksam. Seine Einigungserklärung sowie die dadurch zustande gekommene dingliche Einigung sind rückwirkend (ex tunc) nichtig (§ 142 Abs. 1 BGB). A bleibt Eigentümer des Wagens.

II. B als Besitzerin

B ist als derzeitige unmittelbare Besitzerin des Wagens gemäß § 854 Abs. 1 BGB die zutreffende Anspruchsgegnerin des Herausgabeanspruchs aus § 985 BGB.

III. Kein Recht der B zum Besitz

Schließlich darf B kein Recht zum Besitz gemäß § 986 Abs. 1 Satz 1 Halbs. 1 BGB haben. Als solches kommt insbesondere der zwischen A und B geschlossene Kaufvertrag in Betracht,[10] bei dessen Wirksamkeit der A dazu verpflichtet wäre, der B den Besitz an dem Wagen zu übertragen. A könnte jedoch den Kaufvertrag wirksam angefochten haben.

1. Anfechtung gemäß § 119 Abs. 1 Var. 2 BGB

a) Anfechtungsgrund

In Betracht kommt eine Anfechtung des Kaufvertrags wegen Erklärungsirrtums gemäß § 119 Abs. 1 Var. 2 BGB. Dazu ist erforderlich, dass der Erklärende seine Willenserklärung mit einem anderen Inhalt abgibt als gewollt. Ihm muss folglich bei der Entäußerung seiner Willenserklärung ein Fehler unterlaufen. A hat sich bei der Aufsetzung des Kaufvertrags verschrieben, indem er statt der gewollten

---

[10] Erman/*Ebbing* § 986 Rn. 7.

2500 € einen Betrag von lediglich 2300 € eingetragen hat. Ein Erklärungsirrtum liegt somit vor.

Hätte A den Irrtum gekannt, ist bei verständiger Würdigung des Falles (§ 119 Abs. 1 aE BGB) anzunehmen, dass er seinen Antrag nicht mit dem tatsächlich erklärten Inhalt abgegeben, sondern auf den höheren Kaufpreis bestanden hätte.

b) Sonstige Voraussetzungen der Anfechtung

A müsste in seiner Anfechtungserklärung verdeutlichen, wegen seines Erklärungsirrtums von seinem Antrag auf Abschluss des Kaufvertrags Abstand zu nehmen. In seinem Telefonat mit B hat A explizit erklärt, seinen Antrag nicht nur wegen der Lüge des S, sondern auch wegen des Schreibfehlers nicht mehr gelten lassen zu wollen. Er brachte somit klar zum Ausdruck, sowohl wegen der arglistigen Täuschung des S als auch wegen seines Erklärungsirrtums gemäß § 119 Abs. 1 Var. 2 BGB anzufechten.

Die Anfechtungserklärung erfolgte gegenüber der B als seiner Vertragspartnerin (§ 143 Abs. 2 Var. 1 BGB). Durch seinen sogleich nach Aufdeckung seines Schreibfehlers getätigten Anruf hat A das Unverzüglichkeitserfordernis der Anfechtungsfrist des § 121 Abs. 1 Satz 1 BGB gewahrt. Die Voraussetzungen einer wirksamen Anfechtung wegen Erklärungsirrtums sind deshalb an sich gegeben.

c) Treu und Glauben

Das Anfechtungsrecht des A könnte jedoch eingeschränkt sein, weil B sich auch mit dem höheren Kaufpreis von 2500 € einverstanden zeigt. Die Anfechtungsregeln dienen der Privatautonomie des Erklärenden, der an ungewollten Erklärungen nicht festgehalten werden soll. Dem steht allerdings der Vertrauensschutz des Erklärungsempfängers gegenüber, der sich in einem gewissen Umfang auf die ihm gegenüber abgegebenen Willenserklärungen verlassen können muss. Dies gilt vor allem beim Erklärungsirrtum, bei dem der Fehler allein auf Seiten des Erklärenden liegt. Daher ist eine Einschränkung der Privatautonomie des Erklärenden dergestalt geboten, dass er rückwirkend nur beseitigen darf, was er tatsächlich nicht wollte. Er darf bei einer fehlerhaften Willenserklärung somit nicht besser stehen als bei einer fehlerfreien Willenserklärung.[11] Vorliegend war B bereit, den Wagen auch zu dem von A angestrebten Kaufpreis in Höhe von 2500 € zu erwerben. Es wäre unbillig, wenn sein Erklärungsirrtum dem A ermöglichte, sich vollständig von dem Kaufvertrag zu lösen, den er selbst bei fehlerfreier Willenserklärung nicht zu einem höheren Kaufpreis als 2500 € abgeschlossen hätte. Nach dem Grundsatz von Treu und Glauben muss A daher seine Willenserklärung mit dem Inhalt gelten lassen, den er ihr ursprünglich verleihen wollte. Sein Erklärungsirrtum berechtigt ihn daher nicht zur Anfechtung gemäß § 119 Abs. 1 Var. 2 BGB.

---

[11] Palandt/*Ellenberger* § 119 Rn. 2; *Faust* § 23 Rn. 12; BeckOK-BGB/*Wendtland* § 119 Rn. 46.

2. Anfechtung gemäß § 123 Abs. 1 Var. 1 BGB

Denkbar ist jedoch wiederum eine Anfechtung wegen arglistiger Täuschung. Da die arglistige Täuschung des S für den Antrag des A auf Abschluss des Kaufvertrags ebenso kausal war wie für die Abgabe seiner dinglichen Einigungserklärung, besteht auch insoweit der Anfechtungsgrund des § 123 Abs. 1 Var. 1 BGB. Indem A am Telefon von sämtlichen Erklärungen Abstand nahm, hat er seine schuldrechtliche Einigungserklärung wirksam wegen arglistiger Täuschung angefochten. Dadurch wurde der Kaufvertrag zwischen A und B rückwirkend (ex tunc) gemäß § 142 Abs. 1 BGB beseitigt. B hat daher an dem Wagen kein Recht mehr zum Besitz gemäß § 986 Abs. 1 Satz 1 Halbs. 1 BGB.

IV. Ergebnis

A hat gegen B einen Anspruch auf Herausgabe des Wagens gemäß § 985 BGB.

B. Anspruch aus § 812 Abs. 1 Satz 1 Var. 1 BGB

Darüber hinaus könnte A gegen B einen Anspruch auf Herausgabe des Wagens aus ungerechtfertigter Bereicherung gemäß § 812 Abs. 1 Satz 1 Var. 1 BGB haben.

Dazu muss B etwas erlangt haben. „Etwas" im Sinne des § 812 Abs. 1 BGB ist *jeder vermögenswerte Vorteil*.[12] Zwar ist B wegen der „ex tunc"-Wirkung der wirksamen Anfechtung der dinglichen Einigungserklärung seitens A nicht Eigentümerin des Wagens geworden bzw. jedenfalls – bei Annahme des faktischen Vorliegens der Erklärung bis zur Anfechtung – nicht mehr Eigentümerin. Jedoch befindet sich der Wagen nach wie vor in ihrem Besitz, der als solcher einen vermögenswerten Vorteil darstellt.

Der Besitz muss durch die Leistung eines anderen erlangt sein. Unter Leistung ist *jede bewusste und zweckgerichtete Mehrung fremden Vermögens* zu verstehen.[13] Der Besitzerwerb an dem Wagen beruhte auf der willentlichen Übergabe durch A, welcher der B zur Erfüllung seiner Verpflichtungen aus dem Kaufvertrag alle nötigen Papiere sowie die Fahrzeugschlüssel aushändigte.

Für die Bereicherung der B darf kein rechtlicher Grund vorliegen. Ursprünglich stellte der von A und B geschlossene Kaufvertrag einen Rechtsgrund dafür dar, dass B den Besitz an dem Wagen behalten darf. Durch die Anfechtung wegen arglistiger Täuschung gemäß § 123 Abs. 1 Var. 1 BGB wurde jedoch der Kaufvertrag und somit der Rechtsgrund rückwirkend (§ 142 Abs. 1 BGB) beseitigt. Durch die Rückwirkung lag ein Rechtsgrund entweder bereits von Anfang an nicht vor (§ 812 Abs. 1 Satz 1 Var. 1 BGB) oder fiel zumindest nachträglich weg (§ 812 Abs. 1 Satz 2 Var. 1 BGB).[14] Da die Voraussetzungen der Varianten der Leistungskondiktion identisch sind, ist dieser Streit letztlich unerheblich.[15]

---

[12] BGH NJW 1995, 53 (54 f.); Palandt/*Sprau* § 812 Rn. 8.
[13] Erman/*Buck-Heeb* § 812 Rn. 11; *Musielak/Hau* Rn. 1018.
[14] In letztgenanntem Sinne *Musielak/Hau* Rn. 1021; Palandt/*Sprau* § 812 Rn. 26.
[15] Vgl. Erman/*Buck-Heeb* § 812 Rn. 47; Palandt/*Sprau* § 812 Rn. 23.

A hat somit auch aus Leistungskondiktion gemäß § 812 Abs. 1 Satz 1 Var. 1 BGB einen Anspruch auf Herausgabe seines Wagens.

Erwartungshorizont der Klausur

Schwerpunkte erster Ordnung
- keine Anfechtung der dinglichen Einigungserklärung wegen Erklärungsirrtums
- Anfechtung bei Täuschung eines Dritten

Schwerpunkte zweiter Ordnung
- Anfechtung der dinglichen Einigungserklärung wegen arglistiger Täuschung
- Auslegung der Anfechtungserklärung
- Anfechtung des Kaufvertrags wegen Erklärungsirrtums
- kein Anfechtungsrecht bei Anerkennung des höheren Kaufpreises durch B

Kleinere Probleme
- keine vernünftige Kausalität bei Anfechtung wegen arglistiger Täuschung
- Anfechtungsgegner und Anfechtungsfrist
- Anwendbarkeit des § 812 Abs. 1 Satz 1 Var. 1 BGB bei Anfechtung

Klausur 4: Filme auf Raten § 8

Sachverhalt

Grundfall: Der 17-jährige Auszubildende A will sich schon seit längerem ein leistungsstarkes Heimkinosystem zulegen. Entsprechend hoch ist sein Interesse, als er im Training seines Sportvereins von dem Mitglied V erfährt, dass dieser sein erst wenige Monate altes hochmodernes Heimkinosystem verkaufen will. Für seinen Vereinskollegen macht V ein besonders günstiges Angebot und verlangt nur die Hälfte des eigentlichen Werts seines Systems als Gegenleistung. Da selbst dieser Preis 500 € beträgt, bittet A sich etwas Bedenkzeit aus. V gewährt ihm die Bitte und erwartet seine Antwort im nächsten Training.

Als A nach dem Training nach Hause kommt, will er die Erlaubnis seiner Eltern einholen. Da er allerdings nicht mit ihrer Zustimmung rechnet, wenn er den wahren Preis seines Kaufobjekts nennt, fragt A lediglich, ob er einen Blu-ray-Player für 150 € erwerben dürfe. Die Eltern des A sind damit ohne Weiteres einverstanden. Sie weisen ihren Sohn darauf hin, dass er sich ohnehin alles leisten dürfe, was er wolle, solange er es von seinem Ausbildungslohn bezahle. Im nächsten Training nimmt A das Angebot des V an, worauf ihm V sogleich das vorsorglich mitgebrachte Heimkinosystem übergibt. Sie vereinbaren, dass A 350 € sogleich und die restlichen 150 € in wenigen Wochen zahlt, wenn er seinen nächsten Ausbildungslohn erhält.

Als die Eltern des A ein paar Tage später die Neuerwerbung ihres Sprösslings bemerken, stellen sie ihn zur Rede. Nachdem A ihnen die tatsächliche Kaufsumme nennt, verlangen sie von A aus Enttäuschung über seine Unaufrichtigkeit, das Heimkinosystem wieder zurückzugeben und das Geld von V zurückzuverlangen. A bringt dies jedoch nicht übers Herz. Mittlerweile erfährt V zufällig, dass A erst in sechs Monaten sein achtzehntes Lebensjahr vollendet. Bislang hielt er den deutlich älter wirkenden A für volljährig. Um auf Nummer sicher zu gehen, fragt er daher bei den Eltern des A schriftlich an, ob sie mit dem Kauf des Heimkinosystems einverstanden seien. Das Schreiben geht den Eltern am Montag, den 3. April 2017, zu. Nachdem die Eltern zwischenzeitlich bemerken, wie günstig der Preis für das Heimkinosystem war, bereuen sie die Verweigerung ihrer Genehmigung und wollen nun

gegenüber dem V ihre uneingeschränkte Zustimmung zum Kauf erteilen. Infolge ihres vorgezogenen Osterurlaubs kommen sie aber erst nach knapp zwei Wochen dazu, ein entsprechendes Schreiben aufzusetzen. Wegen der Osterfeiertage erhält der V das Schreiben am Dienstag, den 18. April 2017.
Bearbeitervermerk: Besteht ein wirksamer Kaufvertrag zwischen A und V?

Abwandlung: Anders als im Ausgangsfall reagieren die Eltern des A nicht auf die schriftliche Aufforderung des V. V verlangt daher sein Heimkinosystem von A wieder zurück.
Bearbeitervermerk: Kann V Herausgabeansprüche geltend machen?

Lösungsskizze

Grundfall: Wirksamer Kaufvertrag zwischen A und V

I. Wirksamer Antrag des V
  1. Inhaltliche Bestimmtheit (+)
  2. Wirksamkeit
     Zugang trotz Minderjährigkeit des A (+)
II. Wirksame Annahme des A
  1. Inhaltliche Übereinstimmung (+)
  2. Wirksamkeit
     a) Rechtzeitiger Zugang der Annahmeerklärung (+)
     b) Beschränkte Geschäftsfähigkeit des A
        aa) Minderjährigkeit des A (+)
        bb) Rechtlich lediglich vorteilhaftes Geschäft (−)
            wirtschaftlicher Vorteil nicht ausreichend
        cc) Partielle Geschäftsfähigkeit gemäß § 113 Abs. 1 BGB (−)
        dd) Zustimmung des gesetzlichen Vertreters
            (1) Einzeleinwilligung (−)
            (2) Einwilligung gemäß § 110 BGB
                entsprechende Erklärung der Eltern (+)
                bei Ratenkauf aber vollständige Zahlung erforderlich
            (3) Genehmigung des Kaufvertrags
                Genehmigung nach vorheriger Verweigerung möglich (+)
                Wahrung der Genehmigungsfrist (+)

Abwandlung: Herausgabeansprüche des V

A. Herausgabeanspruch aus § 985 BGB
Eigentum des V (−)
dingliche Einigungserklärungen jeweils rechtlich vorteilhaft
B. Anspruch aus § 812 Abs. 1 Satz 1 Var. 1 BGB (+)
Unwirksamkeit des Kaufvertrags wegen fehlender Genehmigung

Lösung

Grundfall: Wirksamer Kaufvertrag zwischen A und V

Fraglich ist, ob A und V einen wirksamen Kaufvertrag geschlossen haben. Dazu sind zwei inhaltlich übereinstimmende Willenserklärungen erforderlich, die auf den Abschluss des Vertrags gerichtet sind.[1]

I. Wirksamer Antrag des V

1. Inhaltliche Bestimmtheit

Vorliegend könnte V einen Antrag mit seiner Erklärung während des Trainings unterbreitet haben. Dazu muss die mündliche Äußerung inhaltlich so bestimmt sein, dass durch die uneingeschränkte Zustimmung des Antragsempfängers ihre Annahme erfolgen kann. Die Äußerung muss daher alle für den Vertragsschluss notwendigen Angaben (sog. *essentialia negotii*) enthalten.[2] Beim Kaufvertrag umfasst dies Informationen zum Kaufgegenstand und Kaufpreis. V brachte in seiner Erklärung zum Ausdruck, dem A ein Heimkinosystem für 500 € verkaufen zu wollen, und unterbreitete somit einen inhaltlich bestimmten Antrag.

2. Wirksamkeit

Zur Wirksamkeit bedarf der Antrag seines Zugangs. Bei mündlichen, nicht verkörperten Erklärungen unter Anwesenden setzt dies nach der *Vernehmungstheorie* voraus, dass der Erklärungsempfänger die Erklärung wahrnimmt.[3] Vorliegend hat A den Antrag des V vernommen und inhaltlich zutreffend verstanden.

Dem wirksamen Zugang könnte gleichwohl das Alter des A von lediglich 17 Jahren entgegenstehen. Nach §§ 2, 106 BGB ist A noch minderjährig und lediglich *beschränkt geschäftsfähig*. Gemäß § 131 Abs. 2 Satz 1 i.V. m. Abs. 1 BGB wird eine Willenserklärung, die gegenüber einem beschränkt Geschäftsfähigen abgegeben wird, erst wirksam, wenn sie seinem gesetzlichen Vertreter zugeht. Etwas anderes gilt jedoch, wenn die Erklärung dem beschränkt geschäftsfähigen Erklärungsempfänger *lediglich* einen *rechtlichen Vorteil* bringt (§ 131 Abs. 2 Satz 2 BGB). Dies setzt voraus, dass der Minderjährige weder mit einer rechtlichen Pflicht noch mit einem sonstigen Rechtsverlust belastet wird. Mit der Unterbreitung eines Vertragsangebots wird dem Empfänger lediglich das Recht eingeräumt, den Antrag innerhalb seiner Frist annehmen und einen Vertragsschluss herbeiführen zu können. Ein rechtlicher Nachteil geht damit nicht einher und resultiert erst aus der ggf. erklärten

---

[1] *Brox/Walker* Rn. 77.
[2] *Brox/Walker* Rn. 167; *Faust* § 3 Rn. 3; *Köhler* § 8 Rn. 8.
[3] BGH NJW 1989, 1728; Palandt/*Ellenberger* § 130 Rn. 14; BeckOK-BGB/*Wendtland* § 130 Rn. 28.

Annahme.[4] Der Antrag des V gewährt dem A nur einen rechtlichen Vorteil. Er ging dem A daher bereits in dem Zeitpunkt zu, in dem er ihn vernommen hat, und war somit wirksam.

II. Wirksame Annahme des A

1. Inhaltliche Übereinstimmung

Den Antrag nahm A mündlich im nächsten Training an. Als uneingeschränkte Annahmeerklärung stimmte die mündliche Äußerung inhaltlich mit dem Antrag des V überein und war daher geeignet, den Abschluss eines Kaufvertrags herbeizuführen.

2. Wirksamkeit

a) Rechtzeitiger Zugang der Annahmeerklärung

Zu ihrer Wirksamkeit muss die Annahmeerklärung rechtzeitig zugegangen sein. Wie bereits der Antrag des V ging die Annahme des A als mündliche Erklärung unter Anwesenden dem V zu dem Zeitpunkt zu, in dem er sie vernahm.

Fraglich bleibt, ob die Annahmeerklärung rechtzeitig erfolgte. Gemäß § 147 Abs. 1 Satz 1 BGB kann der einem Anwesenden unterbreitete Antrag nur sofort angenommen werden. Danach wäre die Annahme des A, die erst im nächsten Training erfolgte, verspätet und stellte gemäß § 150 Abs. 1 BGB lediglich einen neuen Antrag dar. Sofern der Antragende jedoch eine Antragsfrist bestimmt, ist gemäß § 148 BGB allein die gesetzte Frist für die Rechtzeitigkeit der Annahmeerklärung maßgeblich. V hat vorliegend dem A die gewünschte Bedenkzeit gewährt und ihm ausdrücklich eine Annahmefrist bis zum nächsten Training gesetzt. Diese Frist hat A gewahrt. Seine Annahmeerklärung war somit rechtzeitig.

b) Beschränkte Geschäftsfähigkeit des A

Der Wirksamkeit der Annahmeerklärung könnte jedoch die beschränkte Geschäftsfähigkeit des A entgegenstehen.

aa) Minderjährigkeit des A

Gemäß §§ 2, 106 BGB ist der 17-jährige A minderjährig und daher lediglich beschränkt geschäftsfähig. Seine Willenserklärungen bedürfen zu ihrer Wirksamkeit grds. der Zustimmung des gesetzlichen Vertreters (§ 107 BGB). Dies sind gemäß § 1629 Abs. 1 Satz 1 BGB die Eltern des Minderjährigen.

Dass der V zum Zeitpunkt des Vertragsschlusses nicht um die Minderjährigkeit des A wusste, ist unerheblich. Die Regeln über die beschränkte Geschäftsfähigkeit

---

[4] Vgl. *Brox/Walker* Rn. 161; Palandt/*Ellenberger* § 131 Rn. 3; *Köhler* § 6 Rn. 26.

dienen dem Schutz des Minderjährigen, der gegenüber sonstigen Interessen etwaiger Vertragspartner Vorrang genießt. Die Vorschriften der §§ 106 ff. BGB sind somit zwingend. Ein *guter Glaube* an die Volljährigkeit und Geschäftsfähigkeit des Vertragspartners wird daher *nicht geschützt*.[5]

bb) Rechtlich lediglich vorteilhaftes Geschäft

Gemäß § 107 BGB darf der Minderjährige ohne Zustimmung seines gesetzlichen Vertreters handeln, wenn er aus seiner Willenserklärung keinen rechtlichen Nachteil erleidet. Der Abschluss des Kaufvertrags verpflichtet den A zur Zahlung des Kaufpreises und gereicht ihm rechtlich nicht ausschließlich zum Vorteil.

Fraglich ist, ob die Ausnahme des § 107 BGB auch auf Fälle erstreckt werden kann, in denen dem Minderjährigen aus seiner Willenserklärung ein *wirtschaftlicher Vorteil* erwächst. Dafür spricht zwar, dass die Regeln der §§ 106 ff. BGB Schutzvorschriften zugunsten des Minderjährigen sind, der bei wirtschaftlich günstigen Rechtsgeschäften keines Schutzes zu bedürfen scheint. Das Gesetz stellt aber bewusst nur auf den rechtlichen Vorteil ab, da wirtschaftliche Aspekte einen zu unsicheren Maßstab für die Bewertung der Schutzbedürftigkeit des Minderjährigen darstellen.[6] Dass V lediglich die Hälfte des eigentlichen Wertes des Heimkinosystems verlangt hat, so dass der Kauf für den A ein äußerst günstiges Geschäft darstellt, bleibt daher außer Betracht. Für die Wirksamkeit seiner Annahme ist A somit grds. auf die Mitwirkung seiner Eltern als gesetzliche Vertreter angewiesen.

cc) Partielle Geschäftsfähigkeit gemäß § 113 Abs. 1 BGB

Ausnahmsweise bedürfte es der Mitwirkung seiner Eltern indessen nicht, wenn A gemäß § 113 Abs. 1 BGB partiell geschäftsfähig wäre. Wird der Minderjährige dazu ermächtigt, ein Dienst- oder Arbeitsverhältnis einzugehen, so erlangt er zugleich seine unbeschränkte Geschäftsfähigkeit für alle mit dem Dienst- oder Arbeitsverhältnis in einem näher bezeichneten Zusammenhang stehenden Rechtsgeschäfte.

Fraglich ist allerdings bereits, ob es sich bei dem Ausbildungsverhältnis des A um ein solches Dienst- oder Arbeitsverhältnis handelt. Schließlich steht hier der Ausbildungszweck im Vordergrund.[7] Allerdings begründet allein die Tatsache, dass von dem Ausbildungslohn eine (ausbildungsfremde) Sache erworben wird, noch nicht den notwendigen Zusammenhang zum Dienst- bzw. Arbeitsverhältnis. Der Kauf des Heimkinosystems durch A steht daher nicht im Zusammenhang mit seinem Ausbildungsverhältnis und ist schon deshalb kein Rechtsgeschäft im Sinne des § 113 Abs. 1 BGB. Deshalb kann offenbleiben, ob auch ein Ausbildungsverhältnis dieser Vorschrift unterfällt. Auch nach § 113 Abs. 1 BGB weist A somit nicht die notwendige unbeschränkte Geschäftsfähigkeit zum Kauf des Heimkinosystems auf.

---

[5] RGZ 120, 170 (174); BGH ZIP 1988, 829 (831); *Brox/Walker* Rn. 260; *Musielak/Hau* Rn. 322.
[6] *Brox/Walker* Rn. 272; *Köhler* § 10 Rn. 12; *Schwab/Löhnig* Rn. 713.
[7] Vgl. Palandt/*Ellenberger* § 113 Rn. 2; *Leipold* AT § 11 Rn. 66.

dd) Zustimmung des gesetzlichen Vertreters

Zu ihrer Wirksamkeit bedarf deshalb die auf Zustandekommen des Kaufvertrags abgegebene Annahmeerklärung des A der Zustimmung seiner Eltern (§ 107 BGB). Sie kann entweder vorab als Einwilligung (vgl. § 183 Satz 1 BGB) oder nachträglich als Genehmigung (vgl. § 184 Abs. 1 BGB) erteilt werden.

(1) Einzeleinwilligung

Zunächst könnte in der Zustimmung der Eltern, einen Blu-ray-Player für 150 € erwerben zu dürfen, eine Einwilligung in den Kauf des Heimkinosystems liegen. Die Einwilligung kann gemäß § 182 Abs. 1 BGB gegenüber jeder Partei des angestrebten Vertrags, d. h. auch gegenüber dem daran beteiligten Minderjährigen im Wege einer Inneneinwilligung erteilt werden. Eine wirksame Einwilligung setzt jedoch voraus, dass sie mit dem einwilligungsbedürftigen Rechtsgeschäft, auf das sie sich bezieht, übereinstimmt.[8] A nannte als Kaufpreis einen Betrag von 150 € statt der tatsächlichen 500 €. Des Weiteren bezog sich die Einwilligung der Eltern nur auf den Kauf eines Blu-ray-Players und stellt daher keine Zustimmung für den Erwerb eines Heimkinosystems zu einem höheren Preis dar. Die Annahmeerklärung des A ist folglich nicht durch die Einwilligung seiner Eltern gedeckt.

(2) Einwilligung gemäß § 110 BGB

Die Annahmeerklärung des A könnte wegen des sog. Taschengeldparagraphen des § 110 BGB von Anfang an wirksam sein. Danach ist ein von einem Minderjährigen geschlossener Vertrag auch ohne Zustimmung des gesetzlichen Vertreters wirksam, wenn er die von ihm zu erbringende Leistung mit Mitteln bewirkt, die ihm vom gesetzlichen Vertreter zur freien Verfügung überlassen wurden. Unerheblich ist dabei, ob die Mittel von dem gesetzlichen Vertreter selbst stammen. Er muss lediglich dem Minderjährigen gestatten, darüber frei zu verfügen.[9] Dass A seinen Ausbildungslohn nicht von seinen Eltern, sondern von seinem Arbeitgeber bezieht, steht der Anwendung des § 110 BGB somit nicht entgegen.[10] Die Eltern haben den A darauf hingewiesen, sich alles leisten zu dürfen, solange er es von seinem Ausbildungslohn bezahle. Dadurch haben seine Eltern ihm gegenüber ausdrücklich erklärt, über seinen Lohn nach Belieben verfügen zu dürfen.

Damit der Kaufvertrag zwischen A und V von Anfang an wirksam ist, müsste A gemäß § 110 BGB seine vertragsgemäße Leistung bereits bewirkt haben. Von einem Bewirken in diesem Sinne kann nur gesprochen werden, wenn der Minderjährige seine *vertragsgemäße Leistung vollständig erbracht* hat (vgl. § 362 Abs. 1 BGB).[11]

---

[8] *Köhler* § 10 Rn. 22; *Leipold* AT § 11 Rn. 45.
[9] *Schwab/Löhnig* Rn. 723 f.
[10] Vgl. Palandt/*Ellenberger* § 110 Rn. 3; *Faust* § 18 Rn. 33.
[11] *Brox/Walker* Rn. 280; Erman/*Müller* § 110 Rn. 2.

§ 110 BGB will nämlich verhindern, dass der Minderjährige Pflichten eingeht, die er nicht erfüllen kann. Bei der Vereinbarung einer Ratenzahlung im Rahmen eines unteilbaren Rechtsgeschäfts wird demnach das Rechtsgeschäft erst mit *Entrichtung der letzten Rate* wirksam.[12] A hat nur 350 € des Gesamtkaufpreises von 500 € bezahlt. Der Kaufvertrag zwischen A und V ist daher nicht gemäß § 110 BGB wirksam geworden.

(3) Genehmigung des Kaufvertrags

Mangels Einwilligung in die Annahmeerklärung des A ist der Kaufvertrag schwebend unwirksam. Zu seiner Wirksamkeit bedarf er daher der nachträglichen Genehmigung der Eltern (§ 108 Abs. 1 BGB). Sie könnte in dem Schreiben der Eltern an den V zu erblicken sein.

Fraglich bleibt, ob eine Genehmigung zu diesem Zeitpunkt überhaupt noch möglich war, nachdem die Eltern zuvor ihre Genehmigung bereits verweigert hatten. Die Eltern des A haben gegenüber ihrem Sohn vor Zugang des Schreibens des V zum Ausdruck gebracht, er solle das Heimkinosystem wieder zurückgeben und das Geld von V zurückverlangen. Die *Verweigerung der Genehmigung* beendet den Schwebezustand und führt grds. zur endgültigen Unwirksamkeit des Vertrags.[13] Allerdings enthält § 108 Abs. 2 Satz 1 Halbs. 2 BGB eine Ausnahmeregelung, wonach bei der Aufforderung des Vertragspartners des Minderjährigen an den gesetzlichen Vertreter, die Genehmigung zu erklären, eine vorherige (Verweigerung der) Genehmigung gegenüber dem Minderjährigen unwirksam wird. Durch das Schreiben des V an die Eltern des A hat somit die vorherige Verweigerung der Genehmigung gegenüber A ihre Wirksamkeit verloren. Der Kaufvertrag zwischen A und V befindet sich wieder im Stadium der schwebenden Unwirksamkeit.

Bei einer solchen Aufforderung kann der gesetzliche Vertreter gemäß § 108 Abs. 2 Satz 1 Halbs. 1 BGB seine Genehmigung bzw. deren Verweigerung nur gegenüber dem Auffordernden erklären. Vorliegend haben die Eltern ein Schreiben an den V als auffordernden Vertragsteil gerichtet und darin ihre Zustimmung zu dem Kauf des Heimkinosystems zu den vereinbarten Bedingungen erklärt. Sie haben somit die Genehmigung zu dem Kaufvertrag zwischen A und V erteilt.

Zu ihrer Wirksamkeit müsste die Genehmigung dem V rechtzeitig zugegangen sein. Gemäß § 108 Abs. 2 Satz 2 Halbs. 1 BGB muss die Genehmigung binnen zwei Wochen nach dem Zugang der Aufforderung erteilt werden. Ansonsten gilt die Genehmigung nach der *Fiktion des § 108 Abs. 2 Satz 2 Halbs. 2 BGB* als verweigert. Die Zwei-Wochen-Frist beginnt gemäß § 187 Abs. 1 BGB mit dem Ablauf desjenigen Tages, an dem die Aufforderung dem gesetzlichen Vertreter zugeht. Die Frist beginnt vorliegend am Dienstag, den 4. April 2017, um 0.00 Uhr. Das Fristende fällt in Anwendung des § 188 Abs. 2 BGB auf den Montag, den 17. April 2017, um 24.00 Uhr. Die Genehmigung der Eltern ging dem V aber erst einen Tag später am 18. April 2017 zu.

---

[12] *Brox/Walker* Rn. 280; *Faust* § 18 Rn. 34; *Musielak/Hau* Rn. 355.
[13] *Köhler* § 10 Rn. 30; *Leipold* AT § 11 Rn. 50; *Schwab/Löhnig* Rn. 721.

Einer Verfristung könnte gleichwohl entgegenstehen, dass die Verzögerung des Zugangs auf Feiertagen beruht, an denen eine postalische Zustellung einer schriftlichen Willenserklärung von vornherein ausscheidet. Demgemäß gewährt § 193 BGB in derartigen Konstellationen eine *Fristverlängerung*. Fällt danach der letzte Tag einer Frist auf einen Sonn- oder Feiertag, endet die Frist erst am nächsten Werktag. Der 17. April 2017 war ein Ostermontag und somit ein bundesweit anerkannter Feiertag. Dies führte zu einer Verlegung des Fristendes auf Dienstag, den 18. April 2017, um 24.00 Uhr. Die Genehmigung des Kaufvertrags der Eltern des A ging dem V daher rechtzeitig zu.

III. Ergebnis

Die schwebende Unwirksamkeit des Kaufvertrags wurde durch die Genehmigung der Eltern des A gegenüber V beseitigt. Der Kaufvertrag ist somit wirksam.

Abwandlung: Herausgabeansprüche des V

A. Herausgabeanspruch aus § 985 BGB

V könnte gegen A einen Anspruch aus § 985 BGB auf Herausgabe des Heimkinosystems haben.

I. Eigentum des V

Dazu muss V noch dessen Eigentümer sein.

Ursprünglich hatte V das Eigentum an dem Heimkinosystem. Es könnte aber durch Übereignung gemäß § 929 Satz 1 BGB auf den A übergegangen sein. Dies setzt die Einigung über den Eigentumsübergang sowie die Übergabe der beweglichen Sache voraus. Das Heimkinosystem übergab der berechtigte Eigentümer V an den A. Fraglich ist jedoch, ob sich V und A wirksam über den Übergang des Eigentums geeinigt haben. Zwar haben V und A bei der Übergabe des Heimkinosystems zumindest konkludent entsprechende dingliche Einigungserklärungen abgegeben. Im Hinblick auf die Minderjährigkeit des A bestehen jedoch Bedenken bzgl. ihrer Wirksamkeit.

Die dingliche Einigungserklärung des A könnte wegen seiner nur beschränkten Geschäftsfähigkeit gemäß §§ 2, 106 BGB zu ihrer Wirksamkeit der Zustimmung seiner Eltern bedürfen. Gemäß § 107 BGB ist die Zustimmung ausnahmsweise entbehrlich, wenn der Minderjährige durch seine Willenserklärung rechtlich lediglich einen Vorteil erlangt. Die dingliche Einigung zwischen V und A über den Eigentumsübergang an dem Heimkinosystem ist in ihrer rechtlichen Wirkung auf den Eigentumserwerb des A an dem System beschränkt. Etwaige rechtliche Nachteile wie die Verpflichtung zur Kaufpreiszahlung bzw. der Übergang des Eigentums an dem als Kaufpreis entrichteten Entgelt folgen dagegen allein aus dem zugrunde liegenden Kaufvertrag als Verpflichtungsgeschäft bzw. aus einem gesonderten Verfügungsgeschäft. Durch die dingliche Einigung über die Übertragung des Eigentums an dem Heimkinosystem erlangt A dagegen *rechtlich ausschließlich einen*

Vorteil.[14] Seine diesbezügliche dingliche Einigungserklärung ist daher unabhängig von der Zustimmung seiner gesetzlichen Vertreter wirksam.

Zudem müsste die dingliche Einigungserklärung des V wirksam, d. h. dem A zugegangen sein. Gemäß § 131 Abs. 2 Satz 1 i.V. m. Abs. 1 BGB wird eine empfangsbedürftige Willenserklärung gegenüber einem beschränkt Geschäftsfähigen zwar erst dann wirksam, wenn sie dem gesetzlichen Vertreter zugeht. Etwas anderes gilt aber nach § 131 Abs. 2 Satz 2 BGB, wenn die Willenserklärung dem beschränkt geschäftsfähigen Erklärungsempfänger lediglich einen rechtlichen Vorteil bringt. Wie soeben aufgezeigt, ist die dingliche Einigung über den Eigentumsübergang an dem Heimkinosystem für den A rechtlich ausschließlich vorteilhaft. Auch die dingliche Einigungserklärung des V ist demgemäß wirksam.

II. Ergebnis

V und A haben sich wirksam über den Übergang des Eigentums an dem Heimkinosystem geeinigt. V hat sein Eigentum hieran durch Übereignung nach § 929 Satz 1 BGB an den A verloren. Ein Herausgabeanspruch des V aus § 985 BGB scheidet daher aus.

B. Anspruch aus § 812 Abs. 1 Satz 1 Var. 1 BGB

Allerdings könnte V gegen A einen Anspruch auf Herausgabe des Heimkinosystems aus ungerechtfertigter Bereicherung gemäß § 812 Abs. 1 Satz 1 Var. 1 BGB haben.

Dazu muss A etwas, d. h. irgendeinen *vermögenswerten Vorteil* erlangt haben.[15] Mit dessen Übereignung und Übergabe gemäß § 929 Satz 1 BGB hat A Eigentum und Besitz an dem Heimkinosystem erhalten.

Der Vermögenszuwachs muss auf der Leistung eines anderen beruhen. Leistung im Sinne des § 812 Abs. 1 BGB ist jede *bewusste und zweckgerichtete Mehrung fremden Vermögens*.[16] Das Eigentum des A an dem Heimkinosystem ist auf die willentlich abgegebene dingliche Einigungserklärung des V zurückzuführen. Der Besitz hieran basiert auf der ebenso willentlich erfolgten Übergabe des Heimkinosystems.

Für die Bereicherung darf kein rechtlicher Grund gegeben sein. Als solcher kommt der Kaufvertrag zwischen V und A in Betracht. Wie im Grundfall aufgezeigt, beruht die Wirksamkeit des Kaufvertrags lediglich auf der Genehmigung der Eltern, die sie dem V schriftlich erteilt haben. Wird eine Genehmigung dagegen nicht ausgesprochen, so gilt sie mit Ablauf der Zwei-Wochen-Frist des § 108 Abs. 2 Satz 2 Halbs. 1 BGB als verweigert (Halbs. 2). Die Fiktion führt zur Beseitigung der schwebenden Unwirksamkeit des Kaufvertrags. Nachdem die Eltern des A die Annahmeerklärung ihres Sohnes nicht genehmigt haben, ist der *Kaufvertrag endgültig unwirksam*. Damit mangelt es an einem Rechtsgrund für die Leistung von Eigentum und Besitz an dem Heimkinosystem.

---

[14] *Brox/Walker* Rn. 276; *Faust* § 18 Rn. 15 ff.; *Köhler* § 10 Rn. 15.
[15] BGH NJW 1995, 53 (54 f.); Palandt/*Sprau* § 812 Rn. 8.
[16] Erman/*Buck-Heeb* § 812 Rn. 11; *Musielak/Hau* Rn. 1018.

V hat daher einen Anspruch gegen A aus Leistungskondiktion gemäß § 812 Abs. 1 Satz 1 Var. 1 BGB auf Herausgabe des Heimkinosystems und Rückübereignung des Eigentums.

Erwartungshorizont der Klausur

Schwerpunkte erster Ordnung
- Bewirken im Sinne des § 110 BGB bei Ratenzahlung
- Unwirksamkeit der Verweigerung der Genehmigung bei Aufforderung des anderen Teils

Schwerpunkte zweiter Ordnung
- Abgrenzung rechtlicher und wirtschaftlicher Vorteil
- rechtzeitiger Zugang der Genehmigung
- rechtlicher Vorteil bei dinglicher Einigungserklärung

Kleinere Probleme
- Zugang von Willenserklärungen unter Anwesenden
- rechtzeitiger Zugang der Annahmeerklärung
- Unbeachtlichkeit des guten Glaubens des V
- partielle Geschäftsfähigkeit gemäß § 113 Abs. 1 BGB
- Einzeleinwilligung in den Kauf des Heimkinosystems

Klausur 5: Möbelkauf ist Vertrauenssache § 9

Sachverhalt

Grundfall: Junggeselle J ist auf der Suche nach einer Couchgarnitur für sein Wohnzimmer. Bei einem Einkaufsbummel durch sein Stammmöbeleinrichtungshaus des G glaubt er, endlich fündig geworden zu sein. Da er sich jedoch nicht allzu sicher in seiner Wahl von Farben und Mustern fühlt, will er nicht allein entscheiden, ob die Couchgarnitur mit der restlichen Ausstattung seines Wohnzimmers harmoniert.

J bittet daher seinen langjährigen Freund und Modedesigner M, das Möbelhaus aufzusuchen und die gewünschte Garnitur mit einem passenden Bezug seiner Wahl zu erwerben. J teilt dem M mit, dass er bereits mit G telefoniert und dem M dabei uneingeschränkte Vertretungsmacht eingeräumt habe. M könne die Couch unter Angabe der Kundennummer des J auf Rechnung kaufen und baldmögliche Lieferung an die Adresse des J vereinbaren. Abschließend äußert J die Bitte, für die Couch maximal einen Preis von 2500 € zu bezahlen. Zwar trage die Couch ein Preisschild von 2799 €. G lasse aber sicher mit sich verhandeln.

M sucht an demselben Nachmittag das Möbelhaus auf und begutachtet verschiedene Modelle der betreffenden Sitzgarnitur auf ihre Farb- und Stilkompatibilität. Als er sich für ein Modell entschieden hat und gerade mit G den Kauf perfekt machen will, erhält er einen Anruf von J auf seinem Mobiltelefon. J erzählt dem M, in einem Werbeprospekt ein weitaus schöneres Objekt gesichtet zu haben, so dass M die Couch nicht mehr erwerben solle. M ist über den kurzfristigen Sinneswandel wenig erfreut und will sich nicht umsonst in den Feierabendverkehr begeben haben. Er sucht daher trotzdem den G auf, lässt sich seine Farbwahl in einem Gespräch bestätigen und Pflegehinweise für die Couch geben. Daraufhin schließt er mit G einen Kaufvertrag unter Angabe der Kundennummer des J ab und veranlasst die Lieferung der Couch an dessen Adresse. Aus Verärgerung über die kurzfristige Absage des J vergisst er außerdem über den Preis zu verhandeln und kauft die Couch zu dem ausgeschriebenen Preis von 2799 €. Den Kaufvertrag unterschreibt er mit seinem eigenen Namen ohne Vertretungszusatz.

Bearbeitervermerk: Kann G von J Zahlung des Kaufpreises Zug um Zug gegen Übergabe und Übereignung der Couchgarnitur verlangen?

Abwandlung: Anders als im Grundfall hat J den G nicht zuvor angerufen und den M nur im direkten Gespräch bevollmächtigt. Als J erfährt, dass M trotz seiner telefonischen Absage die Couch unter seiner Kundennummer gekauft hat, ruft er bei G an, schildert ihm die Geschehnisse und erklärt ihm, sich durch den Kaufvertrag nicht gebunden zu fühlen.
Bearbeitervermerk: Wie ist die Rechtslage?

Lösungsskizze

Grundfall

Anspruch aus § 433 Abs. 2 BGB
I. Einigung über Kaufvertrag (+)
II. Wirksame Stellvertretung des J
   1. Eigene Willenserklärung des M (+)
      Abgrenzung Bote/Vertreter
   2. Handeln des M im fremden Namen (+)
      Wahrung des Offenkundigkeitsprinzips trotz fehlenden Vertretungszusatzes
   3. Vertretungsmacht des M
      a) Bevollmächtigung des M (+)
      b) Widerruf der Vollmacht (–)
         im Außenverhältnis unbeachtlich (§ 170 BGB)
      c) Überschreitung der Vollmacht (–)
         keine Einschränkung der Vollmacht
         allenfalls schuldrechtliche Beschränkung (Abstraktheit der Vollmacht)

Abwandlung

A. Anspruch des G gegen J aus § 433 Abs. 2 BGB
   I. Einigung über Kaufvertrag (+)
   II. Wirksame Stellvertretung des J
      Widerruf der Vollmacht mangels Vertrauenstatbestandes
   III. Rechtsfolgen
      Genehmigung des Vertretenen (–)
B. Anspruch des G gegen M aus § 433 Abs. 2 BGB (–)
C. Anspruch des G gegen M aus § 179 Abs. 1 BGB
   I. Voraussetzungen (+)
   II. Rechtsfolgen
      Erfüllung oder Schadensersatz statt der Leistung

Lösung

Grundfall

Anspruch aus § 433 Abs. 2 BGB

G könnte gegen J einen Anspruch aus Kaufvertrag gemäß § 433 Abs. 2 BGB auf Zahlung des Kaufpreises in Höhe von 2799 € haben, Zug um Zug (§ 322 Abs. 1 BGB) gegen Übergabe und Übereignung der Couchgarnitur.

I. Einigung über Kaufvertrag

Dazu müsste zwischen G und J ein wirksamer Kaufvertrag über die Couchgarnitur zustande gekommen sein. Dies setzt zwei inhaltlich übereinstimmende, in Bezug aufeinander abgegebene Willenserklärungen voraus.[1] Vorliegend haben sich G und M über den Erwerb der Couchgarnitur zum Preis von 2799 € und somit über die *essentialia negotii* eines Kaufvertrags geeinigt.

II. Wirksame Stellvertretung des J

Zwar ist J in eigener Person beim Vertragsschluss nicht in Erscheinung getreten. M könnte aber als sein Stellvertreter gehandelt haben. Dann müsste J die Willenserklärung des M (§ 164 Abs. 1 Satz 1 BGB) sowie den Zugang der gegenüber M abgegebenen Willenserklärung des G (§ 164 Abs. 3 BGB) gegen sich gelten lassen.

1. Eigene Willenserklärung des M

Dazu muss M beim Vertragsschluss eine eigene Willenserklärung abgegeben haben. J gab aber Kaufgegenstand und Kaufpreis konkret vor, weswegen dies zweifelhaft erscheint. Mangels eigenen Entscheidungsspielraums könnte der M somit lediglich (Erklärungs-)*Bote* sein, der beim Vertragsschluss keine eigene Willenserklärung abgibt, sondern lediglich eine fremde Willenserklärung übermittelt. Entscheidend für die Abgrenzung zwischen Bote und Vertreter ist das *äußere Erscheinungsbild*.[2] Das Auftreten des M gegenüber G beschränkte sich nicht auf die bloße Abgabe einer Willenserklärung zum Abschluss des Kaufvertrags. Vielmehr ließ er sich zuvor von G Pflegehinweise für die Couch geben und seine Farbwahl bestätigen. Hinzu kommt, dass J in seinem vorherigen Telefonat mit G dem M uneingeschränkte Vertretungsmacht eingeräumt hatte. Nach außen ist M somit als Vertreter mit eigenem Entscheidungsspielraum aufgetreten.

---

[1] *Brox/Walker* Rn. 77.
[2] BGHZ 12, 327 (334); *Brox/Walker* Rn. 518; *Faust* § 29 Rn. 3; *Leipold* AT § 22 Rn. 11.

2. Handeln des M im fremden Namen

Darüber hinaus müsste M gemäß § 164 Abs. 1 Satz 1 BGB im Namen des Vertretenen gehandelt haben. Bei der Abgabe seiner auf Abschluss des Kaufvertrags gerichteten Willenserklärung muss M erkennbar als Stellvertreter des J aufgetreten sein. Zwar hat M den Kaufvertrag mit eigenem Namen ohne jeglichen Vertretungszusatz wie etwa der Abkürzung „i.V." unterzeichnet. Zur Wahrung des sog. *Offenkundigkeitsprinzips* ist dies allerdings gemäß § 164 Abs. 1 Satz 2 BGB auch nicht erforderlich. Vielmehr genügt es, dass aus den Umständen das Handeln des Vertreters im fremden Namen ersichtlich wird.[3] M hat den Kaufvertrag mit G unter Angabe der Kundennummer des J abgeschlossen und die Couchgarnitur an dessen Adresse liefern lassen. Dadurch wird deutlich, dass M nicht im eigenen, sondern im Namen des J gehandelt hat. Dies ergibt sich zudem aus der vorherigen telefonischen Ankündigung des J gegenüber G, dass M für ihn als Vertreter agieren werde.

3. Vertretungsmacht des M

a) Bevollmächtigung des M

Letztlich musste M mit Vertretungsmacht handeln. Mangels gesetzlicher Vertretungsmacht des M kommt nur in Betracht, dass J ihm durch Rechtsgeschäft eine *Vollmacht* (vgl. § 166 Abs. 2 Satz 1 BGB) erteilte. Dies ist nach § 167 Abs. 1 BGB sowohl gegenüber dem zu Bevollmächtigenden als auch gegenüber dem Geschäftspartner als Dritten möglich. Vorliegend hat J im Telefonat mit G dem M uneingeschränkte Vertretungsmacht im Wege einer *Außenvollmacht* erteilt.

b) Widerruf der Vollmacht

Die Vollmacht könnte J durch seinen Telefonanruf widerrufen haben. Dem § 168 Satz 2 BGB lässt sich entnehmen, dass die Vollmacht bis zur Vornahme des Rechtsgeschäfts grds. widerrufen werden kann. J hat den M in dem Telefonat angewiesen, die Couch nicht mehr in seinem Namen zu erwerben, und somit die Vollmacht widerrufen.

Fraglich ist, ob der Widerruf gegenüber dem Dritten G Wirkung entfaltet, der hiervon keine Kenntnis hatte. Gemäß § 168 Satz 3 i.V. m. § 167 Abs. 1 BGB ist der Widerruf der Vollmacht sowohl gegenüber dem Vertreter als auch gegenüber dem Dritten möglich. Dies hätte zur Folge, dass bei einem gegenüber dem Vertreter erfolgten Widerruf die schützenswerten Interessen des um die Bevollmächtigung wissenden Dritten unberücksichtigt blieben, auch wenn er mangels Kenntnis des Widerrufs nach wie vor *auf* den *Fortbestand der Vollmacht vertraut*.[4] Daher bleibt gemäß § 170 BGB eine Außenvollmacht gegenüber dem Erklärungsempfänger

---

[3] *Brox/Walker* Rn. 524; *Köhler* § 11 Rn. 18; *Leipold* AT § 22 Rn. 22; *Musielak/Hau* Rn. 1162.
[4] *Brox/Walker* Rn. 557 f.; *Leipold* AT § 24 Rn. 32.

so lange in Kraft, bis ihm das Erlöschen der Vollmacht von dem Vollmachtgeber angezeigt wird. Da J es unterließ, den G über den Widerruf der Vollmacht des M in Kenntnis zu setzen, wirkt die Außenvollmacht gegenüber G fort. M hat dem G gegenüber somit weiterhin mit Vertretungsmacht gehandelt.

c) Überschreitung der Vollmacht

M könnte jedoch die Grenzen seiner Vertretungsmacht überschritten haben. Zwar hat der J dem M im Telefonat mit G uneingeschränkte Vollmacht eingeräumt. Im Gespräch mit M äußerte J jedoch die Bitte, für die Couchgarnitur maximal 2500 € zu entrichten. Gleichwohl hat M die Couch für den ausgeschriebenen Preis von 2799 € erworben.

Fraglich ist, ob und ggf. welche Auswirkung die Bitte des J auf den Umfang der Vollmacht des M hat. Eine solche Vereinbarung kann die Vollmacht inhaltlich begrenzen, so dass der Vertreter bei Missachtung der Beschränkung als vollmachtloser Vertreter handelt. Vorliegend hat J dem M im Telefonat mit G eine Außenvollmacht erteilt. Bei der Bevollmächtigung ließ er keine Beschränkung erkennen, weswegen von einer unbegrenzten Vertretungsmacht des M auszugehen ist. Die Bitte des J, einen bestimmten Kaufpreis nicht zu überschreiten, kann somit allenfalls als schuldrechtliche Verpflichtung des Vertreters M gegenüber dem Vertretenen J betrachtet werden, die wegen der *Abstraktheit der Vollmacht* für deren Umfang aber bedeutungslos bleibt. Verletzt der Vertreter seine Pflicht, ist er ggf. im Innenverhältnis gegenüber dem Vertretenen zu Schadensersatz verpflichtet. Die Wirksamkeit der von ihm als Vertreter getätigten Rechtsgeschäfte wird davon nicht berührt. M ist somit in seinem *rechtlichen Dürfen* beschränkt, wegen der uneingeschränkten Außenvollmacht jedoch nicht in seinem *rechtlichen Können*.[5]

III. Ergebnis

Aufgrund wirksamer Vertretung durch M beim Abschluss des Kaufvertrags ist J Vertragspartner des G. G hat somit gegen J einen Anspruch aus Kaufvertrag nach § 433 Abs. 2 BGB auf Zahlung des Kaufpreises in Höhe von 2799 €, Zug um Zug (§ 322 Abs. 1 BGB) gegen Übergabe und Übereignung der Couchgarnitur.

Abwandlung

A. Anspruch des G gegen J aus § 433 Abs. 2 BGB

G könnte gegen J einen Anspruch aus Kaufvertrag gemäß § 433 Abs. 2 BGB auf Zahlung des Kaufpreises in Höhe von 2799 € haben, Zug um Zug (§ 322 Abs. 1 BGB) gegen Übergabe und Übereignung der Couchgarnitur.

---

[5] Vgl. *Köhler* § 11 Rn. 25; *Leipold* AT § 24 Rn. 19.

I. Einigung über Kaufvertrag

G und M haben einen Kaufvertrag über die Couch für 2799 € geschlossen.

II. Wirksame Stellvertretung des J

Fraglich ist, ob J die zum Abschluss des Kaufvertrags abgegebene Willenserklärung des M gemäß § 164 Abs. 1 Satz 1 BGB gegen sich gelten lassen muss. Dies setzt voraus, dass M den J wirksam vertreten hat.

M hat zunächst eine eigene Willenserklärung abgegeben. In Abgrenzung zur Botenschaft wird sein eigener Entscheidungsspielraum nach außen bereits darin deutlich, dass er sich mit G über seine Farbwahl unterhält und sich Pflegehinweise geben lässt. Auch ohne das Telefonat des J mit G war somit offensichtlich, dass M eine eigene Willenserklärung abgibt.

Zudem hat M im fremden Namen gehandelt. M hat beim Abschluss des Kaufvertrags die Kundennummer des J angegeben und eine Lieferung an dessen Adresse vereinbart. Dadurch wird auch ohne den vorherigen Anruf des J hinreichend ersichtlich, dass M nicht im eigenen, sondern im Namen des J handelt. Das Offenkundigkeitsprinzip ist gewahrt.

Schließlich müsste M mit Vertretungsmacht gehandelt haben. In Abweichung zum Grundfall hat J dem M mangels Telefonats mit G keine Außenvollmacht erteilt. Vielmehr hat J dem M im direkten Gespräch eine sog. *Innenvollmacht* eingeräumt.

Die Innenvollmacht hat J wirksam durch seinen Telefonanruf bei M widerrufen. Anders als im Grundfall wurde mangels Außenvollmacht kein Vertrauenstatbestand begründet, infolge dessen die Vollmacht des M gegenüber G gemäß § 170 BGB noch in Kraft bliebe. M hat somit beim Abschluss des Kaufvertrags als Vertreter ohne Vertretungsmacht, als sog. *falsus procurator* gehandelt.

III. Rechtsfolgen

Fraglich sind die Rechtsfolgen, wenn beim Vertragsschluss ein Vertreter ohne Vertretungsmacht auftritt.

Gemäß § 164 Abs. 1 Satz 1 BGB muss der Vertretene bei fehlender Vertretungsmacht des Vertreters dessen Willenserklärung nicht gegen sich gelten lassen. Dies führt jedoch nicht zwingend zur endgültigen Unwirksamkeit des Vertrags. Vielmehr kann der scheinbar Vertretene gemäß § 177 Abs. 1 BGB das vom Vertreter getätigte Rechtsgeschäft genehmigen und an sich ziehen. Bis zur Erteilung bzw. Verweigerung der Genehmigung ist der Vertrag *schwebend unwirksam*.[6] Nachdem J von dem Abschluss des Kaufvertrags durch M erfahren hatte, hat er bei G angerufen und erklärt, sich durch den Kaufvertrag nicht gebunden zu fühlen. Damit hat er die erforderliche Genehmigung verweigert, so dass der Kaufvertrag endgültig unwirksam wurde.

---

[6] *Köhler* § 11 Rn. 66; *Musielak/Hau* Rn. 1213.

Ein Anspruch des G gegen J aus Kaufvertrag gemäß § 433 Abs. 2 BGB auf Zahlung des Kaufpreises scheidet aus.

B. Anspruch des G gegen M aus § 433 Abs. 2 BGB

G könnte jedoch einen Anspruch gegen M aus Kaufvertrag gemäß § 433 Abs. 2 BGB auf Zahlung des Kaufpreises haben.
Dazu muss zwischen M und G ein wirksamer Kaufvertrag vorliegen. M und G einigten sich zwar inhaltlich über den Kauf der Couchgarnitur. M hat aber erkennbar im Namen des J gehandelt, so dass vor allem die Regelung des § 164 Abs. 2 BGB keine Anwendung findet. Auch zwischen G und M kam somit kein Kaufvertrag zustande.
Ein Anspruch des G gegen M aus § 433 Abs. 2 BGB ist nicht gegeben.

C. Anspruch des G gegen M aus § 179 Abs. 1 BGB

Denkbar sind letztlich Haftungsansprüche des G gegen M aus § 179 Abs. 1 BGB.

I. Voraussetzungen

Dazu ist zunächst erforderlich, dass die Unwirksamkeit des vom Vertreter getätigten Rechtsgeschäfts allein *auf* seiner *fehlenden Vertretungsmacht beruht*.[7] Die Voraussetzungen einer wirksamen Stellvertretung sind vorliegend allesamt erfüllt mit Ausnahme gerade der Vollmacht des M, die infolge ihres Widerrufs durch J vor Abschluss des betreffenden Kaufvertrags erloschen ist.
Darüber hinaus muss der Vertretene die Genehmigung des schwebend unwirksamen Vertrags verweigert haben. J hat in seinem Telefonat mit G deutlich zum Ausdruck gebracht, den zwischen G und M geschlossenen Kaufvertrag nicht gegen sich gelten lassen zu wollen, und hat somit die zur Wirksamkeit des Kaufvertrags erforderliche Genehmigung verweigert.
Aus dem Umkehrschluss zu § 179 Abs. 2 BGB ergibt sich, dass der Vertreter ohne Vertretungsmacht um das Fehlen seiner Vertretungsmacht gewusst haben muss. J hat dem M gegenüber seine Vollmacht widerrufen, weswegen M um den Mangel seiner Vertretungsmacht wusste. Die Voraussetzungen der Haftungsvorschrift des § 179 Abs. 1 BGB sind gegeben.
Schließlich darf kein Haftungsausschluss nach § 179 Abs. 3 Satz 1 BGB eingreifen. Danach entfällt die Haftung des Vertreters, wenn der Geschäftspartner den Mangel der Vertretungsmacht kannte oder hätte kennen müssen. Vorliegend existieren keine Anhaltspunkte, dass G um die fehlende Vollmacht wusste. Für eine ordnungsgemäße Bevollmächtigung des M spricht zudem, dass er die Kundennummer des J angeben und auf Rechnung kaufen konnte. Damit musste der G ebenso wenig um das Fehlen wie um den Widerruf der Vollmacht wissen.

---

[7] *Köhler* § 11 Rn. 69; BeckOK-BGB/*Schäfer* § 179 Rn. 3 f.

II. Rechtsfolgen

Der Vertreter ohne Vertretungsmacht M haftet daher dem anderen Teil G gegenüber nach dessen Wahl auf Erfüllung oder Schadensersatz.

Entscheidet sich der Geschäftspartner für den Erfüllungsanspruch, kann er vom falsus procurator die *Erfüllung* des nicht zustande gekommenen Vertrags verlangen.[8] Zwischen dem Vertreter und dem Dritten entsteht dann ein *gesetzliches Schuldverhältnis* mit dem Inhalt, den es mit dem Vertretenen gehabt hätte, wenn der Vertreter mit Vertretungsmacht gehandelt hätte.[9] Vorliegend hätte G einen Anspruch auf Zahlung des Kaufpreises in Höhe von 2799 €, müsste dem M aber die entsprechende Gegenleistung erbringen, d. h. die Couchgarnitur übergeben und ihm das Eigentum daran übertragen.

Wählt der andere Teil dagegen den *Schadensersatz* (statt der Leistung), hat er einen Anspruch auf Ersatz seines Erfüllungsinteresses.[10] Der Geschäftspartner ist danach so zu stellen, wie er bei ordnungsgemäßer Erfüllung gestanden hätte. Ihm ist derjenige Schaden zu ersetzen, der ihm dadurch entstand, dass das vom falsus procurator getätigte Rechtsgeschäft nicht mit Wirkung für und gegen den Vertretenen wirksam wurde. Sein Schaden bemisst sich somit grds. nach der *Wertdifferenz zwischen* dem Wert seiner *Leistung und* dem der *Gegenleistung*.[11] Vorliegend könnte G von M den ihm durch das Nichtzustandekommen des Kaufvertrags entgangenen Gewinn verlangen.

> **Erwartungshorizont der Klausur**
>
> **Schwerpunkte erster Ordnung**
> - Überschreitung der Vollmacht (Abstraktheit)
> - Haftungsansprüche aus § 179 Abs. 1 BGB
>
> **Schwerpunkte zweiter Ordnung**
> - Abgrenzung Bote/Stellvertreter
> - Handeln des M im fremden Namen
> - Widerruf der Vollmacht
>
> **Kleinere Probleme**
> - Anspruch auf Zahlung des Kaufpreises nur Zug um Zug
> - Genehmigungsmöglichkeit des schwebend unwirksamen Kaufvertrags
> - kein Anspruch des G gegen M aus Kaufvertrag

---

[8] Siehe hierzu *Leipold* AT § 26 Rn. 8 ff.; *Musielak/Hau* Rn. 1215.
[9] BGH NJW 1970, 240 (241); *Brox/Walker* Rn. 602; *Musielak/Hau* Rn. 1215; BeckOK-BGB/*Schäfer* § 179 Rn. 20.
[10] *Köhler* § 11 Rn. 69; *Leipold* AT § 26 Rn. 11 f.; *Musielak/Hau* Rn. 1215.
[11] *Brox/Walker* Rn. 603; *Faust* § 27 Rn. 10; BeckOK-BGB/*Schäfer* § 179 Rn. 23.

III Fünf Klausuren zum Strafrecht

Einführende Hinweise § 10

I. Zu den Klausuren

Die ersten Lehrveranstaltungen zum Strafrecht behandeln in der Regel den *Allgemeinen Teil* des StGB, dessen Grundsätze auf sämtliche Straftatbestände des Besonderen Teils anwendbar sind. Ähnlich wie im Zivilrecht ist es in einer Fallklausur nicht möglich, den Allgemeinen Teil völlig unabhängig zu behandeln. Vielmehr setzt die Strafbarkeit eines Verhaltens als Aufhänger zumindest eine konkrete Strafvorschrift aus dem Besonderen Teil voraus. Zumindest die Schwerpunkte der folgenden fünf Klausuren entstammen jedoch dem Allgemeinen Teil. Aus dem Besonderen Teil werden lediglich Körperverletzungs- und Tötungsdelikte herangezogen, die den Studentinnen und Studenten bereits in den ersten strafrechtlichen Veranstaltungen begegnen dürften.

II. Erste Hinweise zum Aufbau

Strafrechtliche Sachverhalte fragen fast ausnahmslos nach der Strafbarkeit bestimmter Personen. Für diesen Standardfall einer Klausur gibt es ein paar goldene Aufbauregeln, die verinnerlicht und beherzigt werden sollten. So muss das Gutachten eine gewisse Gliederung beachten, die in den ersten drei Ebenen zwischen Tatkomplexen, Beteiligten und Straftatbeständen unterscheidet.

- Als *Tatkomplex* (dazu sogleich noch Tipp Nr. S1, S. 119) werden (örtlich und zeitlich) zusammengehörende Geschehensabläufe bezeichnet, die sich nach außen als einheitlicher Vorgang präsentieren (z. B. Schlägerei auf dem Campus, Einbruchsdiebstahl in einer Villa). Für die Klausur gilt zumeist, dass ein Absatz des Sachverhalts einem Tatkomplex im Gutachten entspricht. Die einzelnen Tatkomplexe werden in der Regel *chronologisch* geprüft.
- Innerhalb der einzelnen Tatkomplexe wird sodann nach *Beteiligten* differenziert, bei denen nach § 28 Abs. 2 StGB zwischen Täter und Teilnehmer zu unterscheiden

ist. Das entscheidende Kriterium für die Prüfungsreihenfolge der einzelnen Beteiligten stellt die Nähe der Tat dar, so dass die Prüfung mit derjenigen Person beginnt, die der Tatverwirklichung am nächsten steht. Oder auf einen vereinfachenden Nenner gebracht: *Täter vor Teilnehmer*.

Ausnahmsweise sind die ersten beiden Gliederungsebenen in umgekehrter Reihenfolge anzusprechen, wenn lediglich nach der Strafbarkeit eines einzigen Beteiligten gefragt wird. Da sich hier eine Gliederung nach Personen erübrigt, lautet die (einzige) Überschrift erster Ordnung „Strafbarkeit des […]". Auf der zweiten Gliederungsebene wird sodann zwischen den einzelnen Tatkomplexen unterschieden.

- Kommt schließlich innerhalb eines Tatkomplexes die Strafbarkeit eines Beteiligten nach mehreren *Straftatbeständen* in Betracht, sind diese nach ihrem Unrechtsgehalt zu ordnen. Zunächst werden die schwereren Delikte (gelegentlich als „Dickschiffe" bezeichnet), zum Schluss die weniger schwer wiegenden Straftaten geprüft. So ist in einem Gutachten beispielsweise die (vollendete oder versuchte) Tötung eines Menschen vor den Körperverletzungsdelikten anzusprechen oder sind grds. etwa Verbrechen vor Vergehen (siehe hierzu § 12 StGB) zu erörtern.

In den ersten Strafrechtseinheiten werden gewöhnlich nur Delikte geprüft, deren tatbestandlicher Erfolg der Beteiligte in eigener Person (d. h. als Täter) bewusst (d. h. vorsätzlich) durch eine aktive Handlung (d. h. durch positives Tun) herbeiführt (d. h. vollendet). In der Regel ist somit das *vorsätzliche* (vollendete) *Begehungsdelikt* (z. B. eine vorsätzliche vollendete Körperverletzung gemäß § 223 StGB) anzusprechen, dessen dreigliedriger Prüfungsaufbau zwischen Tatbestand, Rechtswidrigkeit und Schuld unterscheidet.

- Der *Tatbestand* umfasst sämtliche Merkmale, deren Verwirklichung in ihrer Gesamtheit grds. als Begehung strafwürdigen Unrechts angesehen wird. Unterschieden wird dabei zwischen objektivem und subjektivem Tatbestand.
  - Der *objektive* Tatbestand setzt sich aus den (objektiven) Merkmalen der jeweiligen Strafvorschrift zusammen (z. B. die Tötung eines anderen Menschen in § 212 StGB), wobei der Taterfolg sich kausal auf die Tathandlung des Täters zurückführen lassen muss.
  - Der *subjektive* Tatbestand besteht vornehmlich aus dem Vorsatz des Täters, der die Verwirklichung des objektiven Tatbestandes kannte und wollte. Vereinzelt enthalten Strafvorschriften zusätzliche subjektive Merkmale (z. B. die Zueignungsabsicht beim Diebstahl), die dann ebenfalls hier zu erörtern sind.
- Die Begehung des Tatbestandes stellt ausnahmsweise kein Unrecht dar, wenn die Tat gerechtfertigt ist. An der *Rechtswidrigkeit* der Tat fehlt es, wenn dem Täter die tatbestandliche Verletzung von Rechtsgütern in seiner Situation erlaubt wird, er etwa aus Notwehr gemäß § 32 StGB die körperliche Unversehrtheit des Angreifers beeinträchtigen darf, um dessen körperlichen Angriff abzuwehren.
- In der *Schuld* ist schließlich zu erörtern, ob dem Täter das mit der rechtswidrigen Tat begangene Unrecht persönlich vorgeworfen werden kann. So nimmt § 19

StGB bei Kindern unter 14 Jahren generell an, dass sie das Unrecht ihres Verhaltens nicht einsehen können und demzufolge ohne Schuld handeln.

Im Allgemeinen Teil gibt es noch weitere Deliktsformen außer dem (als Täter verwirklichten) vorsätzlichen vollendeten Begehungsdelikt (durch aktives Tun). So kann der Beteiligte eine Tat ungewollt, aber sorgfaltspflichtwidrig (d. h. fahrlässig; § 15 StGB) oder durch Nichtstun (d. h. durch Unterlassen; § 13 StGB) vollendet bzw. einen Taterfolg nicht selbst herbeigeführt, sondern lediglich dazu animiert (d. h. angestiftet; § 26 StGB) oder geholfen (d. h. Hilfe geleistet; § 27 StGB) haben. Vielleicht ist der von ihm beabsichtigte Taterfolg auch völlig ausgeblieben, so dass lediglich der Versuch einer Straftat vorliegt (§ 22 StGB). All diese (ggf. auch miteinander kombinierten) Erscheinungsformen folgen eigenen Prüfungsschemata, die sich aber zumindest in groben Zügen auf die obige Dreiteilung Tatbestand, Rechtswidrigkeit und Schuld zurückführen lassen.

Jede Strafrechtsklausur endet mit einem *Ergebnis*, in dem die Strafbarkeit sämtlicher Beteiligten festgehalten wird. Sollte jemand mehrere Delikte verwirklichen, ist zudem anzusprechen, wie diese sich zueinander verhalten, ob ein Delikt etwa hinter ein anderes im Rahmen der sog. *Konkurrenzen* zurücktritt. Beispielsweise verdrängen die vollendeten Tötungsdelikte die vollendeten Körperverletzungsdelikte, weil es sich bei der Körperverletzung um ein notwendiges Durchgangsstudium zur Tötung handelt. Der Täter wird folglich „nur" wegen z. B. Totschlags, nicht aber zudem wegen Körperverletzung verurteilt. Ähnlich werden Konkurrenzen und Ergebnis am Ende eines jeden Tatkomplexes kurz aufgezeigt.

III. Tipps zum Strafrecht

▶ Tipp Nr. S1: Tatkomplexe bezeichnen! ☆

In einer Strafrechtsklausur müssen nicht nur Tatkomplexe gebildet und durchnummeriert, sondern auch mit einer kurzen erläuternden Überschrift versehen werden. Erst dadurch lässt die Gliederung die Klausur übersichtlicher werden und wird dem Korrektor zugleich verdeutlicht, welche Ereignisse des Sachverhalts im Folgenden rechtlich untersucht werden.

Vorzugswürdig sind Bezeichnungen, welche die *tatsächlichen* Handlungsabläufe des Tatkomplexes prägnant zusammenfassen. Die *juristische* Bewertung des Geschehens bleibt dem Gutachten selbst vorbehalten. Ein Tatkomplex kann daher z. B. „Der Tod des X" heißen. Hingegen bietet sich die Überschrift „Der heimtückische Mord an X" nicht an.

▶ Tipp Nr. S2: Anknüpfungspunkt für die Strafbarkeit benennen! ☆☆

Bei jeder Strafvorschrift ist (am besten sogleich im Einleitungssatz) anzugeben, durch welche *konkrete Handlung* der Täter den Tatbestand (z. B. durch einen Faustschlag eine Körperverletzung gemäß § 223 StGB) verwirklicht haben könnte. Schließlich knüpft die Strafbarkeit des Täters stets an ein bestimmtes Verhalten an.

Strafvorschriften ahnden nicht, dass jemand generell eine kriminelle Energie aufweist, sondern dass jemand eine konkrete kriminelle Tat begangen hat.

Das auf seine Strafbarkeit zu untersuchende Verhalten ist vor allem dann zu bezeichnen, wenn mehrere Aktionen des Täters in engem zeitlichen Zusammenhang rechtlich (unterschiedlich) zu bewerten sind (z. B. Fußtritt gegen das Opfer, das zuvor in Notwehr durch einen Fausthieb bewusstlos geschlagen wurde) (siehe auch Klausur 7, S. 133 ff., sowie Klausur 9, S. 153 ff.).

▶ Tipp Nr. S3: Alle denkbaren Tatbestandsvarianten ansprechen! ☆☆☆

Die Strafvorschriften des Besonderen Teils weisen häufig mehrere (insbesondere Tatbestands- und Qualifikations-)Merkmale auf. So enthält die Qualifikation der gefährlichen Körperverletzung in § 224 Abs. 1 StGB einen Katalog von fünf Nummern (mit insgesamt sieben Varianten) und die Strafvorschrift des Mordes in § 211 Abs. 2 StGB neun unterschiedliche Mordmerkmale. Nicht selten sind in einer Klausur mehrere Merkmale bzw. Varianten ein und derselben Strafvorschrift erfüllt.

> Beispiel: Eine gefährliche Körperverletzung mittels einer Waffe (§ 224 Abs. 1 Nr. 2 Var. 1 StGB) kann zugleich mittels einer das Leben gefährdenden Behandlung (Nr. 5) verwirklicht werden. Ein Mord kann zugleich heimtückisch (§ 211 Abs. 2 Gr. 2 Var. 1 StGB) und aus niedrigen Beweggründen (Gr. 1 Var. 4) begangen werden.

Zwar reicht es für die Verwirklichung eines Straftatbestandes bereits aus, eine seiner alternativen Voraussetzungen zu erfüllen. In der Klausur sind gleichwohl stets alle nahe liegenden Varianten zu erörtern. Sind etwa mehrere Nummern der gefährlichen Körperverletzung gemäß § 224 Abs. 1 StGB gegeben, darf sich der Prüfling nicht nur eine einzige für seine Lösung heraussuchen und die anderen geflissentlich verschweigen. Damit würde das Gutachten nicht mehr seinem Sinn und Zweck gerecht, die Rechtslage umfassend darzulegen. In der Regel weist auch der Bearbeitervermerk ausdrücklich darauf hin, dass auf *alle* aufgeworfenen Rechtsfragen einzugehen ist.

▶ Tipp Nr. S4: Niemals eine Vorab- oder Vorwegprüfung vornehmen! ☆☆☆

Ein letzter und umso wichtigerer Hinweis für strafrechtliche Klausuren ist, unter keinen Umständen eine Vorab- oder Vorwegprüfung vorzunehmen. Die Regel gilt ausnahmslos und bedeutet, keine juristischen Ausführungen losgelöst und unabhängig von einem bestimmten Straftatbestand durchführen zu dürfen. Schließlich richtet sich die Strafbarkeit des Täters stets nach *einzelnen Straftatbeständen*. Allgemeine Stellungnahmen sind daher nicht angebracht, da sich Bewertung und Lösung eines Problems von Straftatbestand zu Straftatbestand unterscheiden können.

> So kann ein Täter innerhalb eines Tatkomplexes einige Straftatbestände vollenden, andere dagegen nur versuchen. Eine Strafnorm kann er als Täter, eine andere nur als Teilnehmer verwirklichen. Ebenso kann er ein Delikt durch aktives Tun, ein anderes in demselben Tatkomplex durch Unterlassen begehen.

III. Tipps zum Strafrecht

Wie die Beispiele verdeutlichen, besteht die Gefahr einer Vorabprüfung vor allem in den Tiefen des Allgemeinen Teils. Hier können den Prüfling etwa Abgrenzungen zwischen bedingtem Vorsatz und bewusster Fahrlässigkeit (vgl. dazu Klausur 8, S. 145 f.) oder zwischen Täterschaft und Teilnahme erwarten. Die notwendigen Ausführungen sind am besten unter demjenigen Prüfungspunkt anzusprechen, an dem sie erstmalig von Bedeutung sind und es somit einer Entscheidung für eine der abzugrenzenden Erscheinungsformen bedarf.

Unzulässige *Vorab-* und *Vorweg*prüfungen sind von zulässigen *Vor*prüfungen zu unterscheiden. Letztgenannte werden – wenngleich als erster Prüfungspunkt – *innerhalb* des jeweiligen Straftatbestandes vorgenommen. So wird beim Versuch noch vor dem ersten Tatbestandsmerkmal die Nichtvollendung der (bereits konkret bezeichneten) Straftat sowie die Strafbarkeit ihres Versuchs erörtert. Vergleichbar ist bei Taten mit Auslandsbezug in einer Vorprüfung die Anwendbarkeit des deutschen Strafrechts nach den §§ 3 ff. StGB zu untersuchen.

Klausur 6: Eine schrecklich nette Apothekerfamilie

§ 11

Sachverhalt

Der Apothekeninhaber Dr. V liegt nach einem gescheiterten Selbstexperiment im Koma. Sein Tod steht unmittelbar bevor. Nach seinem testamentarischen Willen sollen seine drei Söhne A, B und C, die allesamt ihr Pharmaziestudium mit Auszeichnung absolviert haben, gemeinsam seine Apotheke fortführen. In den letzten Jahren haben allerdings der Rückgang der Kundenzahlen und die Konkurrenzapotheke auf der anderen Seite des Marktplatzes die Lukrativität des väterlichen Geschäftes erheblich gemindert. Um sich eine hinreichende Entlohnung für ihr jahrelanges Studium zu sichern, kommen A, B und C unabhängig voneinander auf die Idee, ihren Erbteil vorsorglich zu vergrößern.

Erster Leidtragender ist der B. Wie an jedem Samstagmorgen liest er den Sportteil seiner Tageszeitung, um sich anschließend seinem neuen Kriminalroman zu widmen. B hat die Angewohnheit, die Seiten mit seinem mit Spucke befeuchteten Finger umzublättern. In Kenntnis dieser Gepflogenheit hat A – ohne Wissen des C – die Seitenecken des Sportteils mit Arsen bestrichen, um B als Erben auszuschließen. In Verbindung mit dem Speichel des B oxidiert das Arsen und entfaltet seine toxische Wirkung. Auf die gleiche Weise hatte der C – ohne Wissen des A – die ersten Seiten des Romans des B bearbeitet. Nach einigen Stunden intensiven Lesens klagt B über heftige Bauchschmerzen und verstirbt kurze Zeit darauf. Durch die Lektüre des Sportteils und der ersten Seiten seines Romans hat B insgesamt eine tödliche Dosis Arsen aufgenommen. Die Einzelmengen dagegen hätten jeweils nur geringe Unterleibsschmerzen bewirkt.

Um das frühzeitige Ableben des C herbeizuführen, stellt A einen Zuckerwürfel mit einer tödlichen Dosis Strychnin her und mischt ihn in die Zuckerdose des C. A weiß nicht, dass B auf dieselbe Idee gekommen ist und kurz vor seinem Tod seinerseits einen derart manipulierten Zuckerwürfel dort versteckt hat. Als C am nächsten Morgen sein koffeinhaltiges Heißgetränk wie üblich mit zwei Stück Zucker versüßen möchte, nimmt er gerade die beiden von A und B präparierten Zuckerwürfel. Als C wenig später sein Haus verlassen will, beginnen die beiden

Giftmengen zu wirken. Von schweren Krämpfen geplagt und nach Luft röchelnd bricht er kurz vor Erreichen der Haustür zusammen. Weder A noch B wusste, dass der X – ein Erzfeind des C, seitdem dieser ihm seine Geliebte ausgespannt hatte – einen Berufskiller angeheuert hatte, der den C ohnehin erschossen hätte, sobald er an diesem Morgen sein Haus verlassen hätte.

Bearbeitervermerk: Strafbarkeit des A? Zu prüfen sind lediglich § 212 und § 223 StGB. Eventuell erforderliche Strafanträge sind gestellt.

Lösungsskizze

Strafbarkeit des A

Tatkomplex 1: Vergiftete Lektüre

I. § 212 Abs. 1 StGB zum Nachteil des B
Tatbestand
Kausalität (+); kumulative Kausalität
Zurechnung (−); atypischer Kausalverlauf
Meinungsstreit Rechtsprechung/Literatur
II. §§ 212 Abs. 1, 22 StGB zum Nachteil des B
1. Vorprüfung (+)
2. Tatentschluss (+)
3. Unmittelbares Ansetzen (+)
4. Rechtswidrigkeit und Schuld (+)
5. Kein Rücktritt (+)
III. § 223 Abs. 1 StGB zum Nachteil des B
1. Tatbestand
    a) Objektiver Tatbestand (+)
    b) Subjektiver Tatbestand (+)
2. Rechtswidrigkeit und Schuld (+)
IV. Konkurrenzen und Ergebnis

Tatkomplex 2: Zwei Stück Zucker

I. § 212 Abs. 1 StGB zum Nachteil des C
1. Tatbestand
    a) Objektiver Tatbestand (+)
        alternative Kausalität; modifizierte „condicio sine qua non"-Formel
        Unbeachtlichkeit von Reserveursachen
    b) Subjektiver Tatbestand (+)
2. Rechtswidrigkeit und Schuld (+)
II. § 223 Abs. 1 StGB zum Nachteil des C (+)
III. Konkurrenzen und Ergebnis

Konkurrenzen und Gesamtergebnis

Lösung

Strafbarkeit des A

Tatkomplex 1: Vergiftete Lektüre

I. § 212 Abs. 1 StGB zum Nachteil des B

A könnte sich wegen Totschlags zum Nachteil des B zu verantworten haben, indem er die Seitenecken der Samstagszeitung des B mit Arsen bestrichen hat.

1. Tatbestand

Dazu müsste er den Tatbestand des § 212 Abs. 1 StGB verwirklicht haben. Der Taterfolg besteht vorliegend im Tod des B. Hierfür müsste das Bestreichen der Zeitungsecken mit Arsen als Handlung des A kausal gewesen sein. Nach der „condicio sine qua non"-Formel ist eine gesetzte Bedingung für den Taterfolg dann ursächlich, wenn sie nicht hinweggedacht werden kann, ohne dass der Erfolg in seiner konkreten Gestalt entfiele.[1] Hätte A den Sportteil der Samstagszeitung des B nicht mit Arsen versehen, hätte B durch das Umblättern der einzelnen Seiten mit seinem spuckebefeuchteten Finger diese Giftmenge nicht zu sich genommen. Zwar hat C auf dieselbe Weise den Roman des B bearbeitet und seinerseits eine Ursache für die Vergiftung des B gesetzt. Beide Giftmengen waren aber jeweils für sich allein nicht tödlich, sondern bildeten erst in ihrer Gesamtheit eine letale Dosis. Somit kann das Verhalten des A nicht hinweggedacht werden, ohne dass der Tod des B entfiele. Die von A und C gesetzten Bedingungen führen vielmehr kumulativ zum Taterfolg und sind somit beide dafür ursächlich (sog. *kumulative Kausalität*).[2]

Allerdings bleibt fraglich, ob der Tod des B dem A zugerechnet werden kann. Nach der Literatur ist ein Erfolg objektiv zurechenbar, wenn der Täter eine rechtlich relevante Gefahr geschaffen hat, die sich im tatbestandsmäßigen Erfolg realisiert.[3] An einer solchen Verwirklichung der Gefahr könnte es infolge eines *atypischen Kausalverlaufs* fehlen. Dazu muss der eingetretene Erfolg völlig außerhalb dessen liegen, was nach dem gewöhnlichen Verlauf der Dinge und nach der allgemeinen Lebenserfahrung noch in Rechnung zu stellen ist. Es darf mit anderen Worten nur noch ein zufälliger Zusammenhang zwischen der Handlung des Täters und dem eingetretenen Erfolg bestehen. In den Konstellationen der kumulativen Kausalität ist häufig ein nicht vorhersehbarer Geschehensablauf gegeben, da mit dem unabhängigen Handeln des (Neben-)Täters gewöhnlich nicht gerechnet werden muss.[4] So konnte A vorliegend nicht einkalkulieren, dass einerseits C auf dieselbe Weise

---

[1] BGHSt 1, 332 (333); 39, 195 (197); *Fischer* Vor § 13 Rn. 21.
[2] Vgl. dazu *Kühl* § 4 Rn. 21; *Wessels/Beulke/Satzger* Rn. 223.
[3] *Fischer* Vor § 13 Rn. 25; *Hilgendorf/Valerius* AT § 4 Rn. 46.
[4] *Heinrich* Rn. 249; *Wessels/Beulke/Satzger* Rn. 289 f.

und zu derselben Zeit versucht, den B zu vergiften, und sich andererseits nur die Gesamtdosis der beiden Giftmengen als tödlich erweist. Der Tod des B erscheint somit nicht mehr als Werk des A, sondern als *Werk des Zufalls* und kann dem A nicht zugerechnet werden.

Nach der Rechtsprechung werden die Ergebnisse der uferlosen Kausalität dagegen erst im Rahmen des subjektiven Tatbestandes eingeschränkt. Danach werden normative Gesichtspunkte der Zurechnung im Rahmen des Vorsatzes berücksichtigt, der sich auf das ungeschriebene Tatbestandsmerkmal der Kausalität beziehen muss. Weicht der tatsächliche Kausalverlauf wesentlich von dem vorgestellten ab, d. h. hält sich die Abweichung nicht mehr in den Grenzen dessen, was nach allgemeiner Lebenserfahrung vorhersehbar ist, und rechtfertigt somit eine andere Bewertung der Tat, liegt danach ein *Irrtum über den Kausalverlauf* und somit letztlich ein den Vorsatz ausschließender Tatumstandsirrtum im Sinne des § 16 Abs. 1 Satz 1 StGB vor.[5] A hat nicht damit gerechnet, dass C auf dieselbe Weise und zu derselben Zeit wie er den B versuchen würde zu vergiften und dass erst durch die zusätzliche Giftmenge der Tod des B verursacht würde. Der tatsächliche Kausalverlauf weicht somit vom vorgestellten ab. Das Auftreten des unabhängig agierenden Nebentäters C liegt nicht mehr im Rahmen allgemeiner Lebenserfahrung, so dass die Kausalabweichung wesentlich erscheint. Auch nach der Rechtsprechung ist dem A der Tod des B daher nicht zurechenbar. Da die Zurechnungskriterien im Wesentlichen identisch sind, gelangen beide Ansichten vorliegend zu demselben Ergebnis. Ein Streitentscheid ist somit nicht erforderlich.

2. Ergebnis

Eine Strafbarkeit des A wegen vollendeten Totschlags zum Nachteil des B scheidet aus.

II. §§ 212 Abs. 1, 22 StGB zum Nachteil des B

Durch das Bestreichen der Seitenecken mit Arsen könnte sich A wegen versuchten Totschlags strafbar gemacht haben.

1. Vorprüfung

A dürfte die Tat nicht bereits vollendet haben. Zwar ist vorliegend der tatbestandliche Erfolg mit dem Tod des B bereits eingetreten. Die Nichtvollendung der Tat kann jedoch nicht nur auf tatsächlichen, sondern auch auf rechtlichen Gründen beruhen. Eine solche *Nichtvollendung im Rechtssinne* stellt auch die fehlende Zurechnung dar, die einer Vollendungsstrafbarkeit entgegensteht.

Der Versuch des Totschlags als Verbrechen (vgl. § 12 Abs. 1 StGB) ist gemäß § 23 Abs. 1 Var. 1 StGB strafbar.

---

[5] Vgl. BGHSt 7, 325 (329); 38, 32 (34); siehe dazu auch *Hilgendorf/Valerius* AT § 4 Rn. 45; *Rengier* AT § 13 Rn. 42.

2. Tatentschluss

A müsste Tatentschluss zur Tötung des B gehabt haben. Dies erfordert Vorsatz bzgl. aller objektiven Tatbestandsmerkmale. Vorsatz ist der Wille zur Verwirklichung eines Straftatbestandes in Kenntnis aller seiner objektiven Tatumstände (§ 15 StGB).[6] A hat den Sportteil der Zeitung mit Arsen bestrichen, um den B als Erben auszuschließen. Er besaß somit den notwendigen Tatentschluss zum Totschlag zum Nachteil des B.

3. Unmittelbares Ansetzen

Zudem müsste A unmittelbar zum Totschlag an B angesetzt haben. Ein unmittelbares Ansetzen im Sinne des § 22 StGB liegt vor, wenn der Täter *subjektiv* die Schwelle zum „Jetzt geht es los!" überschreitet und *objektiv* derart zur tatbestandsgemäßen Angriffshandlung ansetzt, dass sie ohne wesentliche Zwischenakte in die Tatbestandsverwirklichung einmündet (sog. gemischt subjektiv-objektive Theorie).[7] Begeht das Opfer selbst die letzte zum Tätererfolg führende Handlung, bleibt fraglich, wann der unmittelbare räumliche und zeitliche Zusammenhang zur Tatbestandsverwirklichung vorliegt. Dies ist jedenfalls dann der Fall, wenn sich das Opfer derart in den *Wirkungskreis des Tatmittels* begibt, dass sein Verhalten nach dem Gesamtplan des Täters bei ungestörtem Fortgang unmittelbar in die Tatbestandsverwirklichung einmünden kann.[8] Vorliegend hat B die präparierten Seiten des Sportteils seiner Samstagszeitung gelesen und das Gift bereits zu sich genommen. Spätestens mit dieser Handlung des Opfers B als unwissendem Tatmittler gegen sich selbst hat A unmittelbar zum Totschlag angesetzt.

4. Rechtswidrigkeit und Schuld

A handelte rechtswidrig und schuldhaft.

5. Kein Rücktritt

Ein Rücktritt vom Versuch ist nicht ersichtlich.

6. Ergebnis

A hat sich somit wegen versuchten Totschlags gemäß §§ 212 Abs. 1, 22 StGB zum Nachteil des B strafbar gemacht.

---

[6] BGHSt 19, 295 (298); 36, 1 (10 f.); *Heinrich* Rn. 264 f.; *Wessels/Beulke/Satzger* Rn. 306.
[7] BGHSt 48, 34 (35 f.); *Rengier* AT § 34 Rn. 22 f.; *Wessels/Beulke/Satzger* Rn. 855.
[8] Zur Problematik BGHSt 43, 177 (181); BGH StV 2013, 632 (636 f.); *Wessels/Beulke/Satzger* Rn. 857.

III. § 223 Abs. 1 StGB zum Nachteil des B

Durch das Bestreichen der Zeitungsseiten mit Arsen könnte A wegen (einfacher) Körperverletzung zum Nachteil des B strafbar sein.

1. Tatbestand

a) Objektiver Tatbestand

Dazu müsste er den B durch die Verabreichung des Arsens körperlich misshandelt (Var. 1) oder an der Gesundheit geschädigt (Var. 2) haben. Eine körperliche Misshandlung ist jede üble und unangemessene Behandlung, die das körperliche Wohlbefinden nicht nur unerheblich beeinträchtigt.[9] Die Vergiftung eines Menschen mit Arsen stellt eine üble und unangemessene Behandlung dar. Das körperliche Wohlbefinden des B ist bereits durch diejenigen Schmerzen im Unterleib erheblich beeinträchtigt, die sich allein auf die von A auf dem Sportteil der Zeitung verteilte Giftmenge zurückführen lassen. Dieser Kausalzusammenhang wird nicht dadurch aufgehoben, dass das Arsen des C die Schmerzen des B verstärkt. Auf die Grundsätze zur kumulativen Kausalität muss daher nicht zurückgegriffen werden.

Eine Gesundheitsschädigung wird durch jeden vom Normalzustand abweichenden pathologischen Zustand begründet.[10] Die Vergiftung des B stellt einen krankhaften Zustand dar. A hat durch das Bestreichen der Zeitungsecken mit Arsen den B kausal an seiner Gesundheit geschädigt.

b) Subjektiver Tatbestand

A müsste bzgl. des objektiven Tatbestandes vorsätzlich gehandelt, d. h. den Tatbestand der Körperverletzung wissentlich und willentlich verwirklicht haben (§ 15 StGB). Zwar wollte A den B nicht (nur) verletzen, sondern darüber hinaus sogar töten. Die Körperverletzung erscheint indes als notwendiges Durchgangsstadium jeder Tötung. Nach der sog. Einheitstheorie schließt daher ein Tötungsvorsatz den Vorsatz zur Körperverletzung nicht aus, sondern vielmehr mit ein.[11] A hat somit bzgl. der Körperverletzung des B mit Vorsatz gehandelt.

2. Rechtswidrigkeit und Schuld

A handelte rechtswidrig und schuldhaft.

---

[9] BGHSt 14, 269 (271); Schönke/Schröder/*Eser/Sternberg-Lieben* § 223 Rn. 3; *Rengier* BT II § 13 Rn. 7.

[10] BGHSt 36, 1 (6); Schönke/Schröder/*Eser/Sternberg-Lieben* § 223 Rn. 5; *Wessels/Hettinger* Rn. 257.

[11] BGHSt 16, 122 (123); Schönke/Schröder/*Eser/Sternberg-Lieben* § 212 Rn. 17a; *Rengier* BT II § 13 Rn. 14.

3. Ergebnis

A ist der Körperverletzung nach § 223 Abs. 1 StGB zum Nachteil des B schuldig. Der gemäß § 230 Abs. 1 Satz 1 StGB erforderliche Strafantrag ist gestellt.

IV. Konkurrenzen und Ergebnis

Zwischen der versuchten Tötung und der vollendeten Körperverletzung besteht zur Wahrung des Klarstellungsinteresses Tateinheit.[12] A hat sich somit im ersten Tatkomplex strafbar gemacht wegen §§ 212 Abs. 1, 22, § 223 Abs. 1, § 52 Abs. 1 StGB zum Nachteil des B.

Tatkomplex 2: Zwei Stück Zucker

I. § 212 Abs. 1 StGB zum Nachteil des C

Durch das Verstecken des vergifteten Zuckerwürfels in der Zuckerdose des C könnte A einen Totschlag verwirklicht haben.

1. Tatbestand

a) Objektiver Tatbestand

Taterfolg im Sinne des § 212 Abs. 1 StGB ist vorliegend der Tod des C. Fraglich erscheint, ob er kausal auf der Handlung des A beruht, der zuvor einen mit einer tödlichen Menge Strychnin versehenen Zuckerwürfel in der Zuckerdose des C versteckt hat. Kausal ist nach der „condicio sine qua non"-Formel eine Handlung für den Taterfolg dann, wenn sie nicht hinweggedacht werden kann, ohne dass der Erfolg in seiner konkreten Gestalt entfiele. C hat seinen Frühstückskaffee mit zwei Stück Zucker versüßt, die jeweils eine tödliche Dosis Strychnin enthielten. Sowohl der von A als auch der von B mit einer letalen Dosis versehene Zuckerwürfel hätte jeweils allein (alternativ) den Vergiftungstod des C bewirkt. Die Handlung des A kann somit hinweggedacht werden, ohne dass der Tod des C entfiele.

In einem solchen Fall der *alternativen Kausalität* führt eine strenge Anwendung der „condicio sine qua non"-Formel zu dem Ergebnis, dass beide Täter mangels Kausalität ihrer Tathandlung für den eingetretenen Erfolg nicht wegen vollendeter, sondern allenfalls wegen versuchter Tat strafbar wären. Diese Rechtsfolge erscheint wenig plausibel, da beide Täter ihr Tatziel verwirklicht haben und allein wegen der zufälligen Begebenheit, dass ein weiterer Täter eine alternative Ursache für den Taterfolg gesetzt hat, privilegiert würden.[13]

Um dies zu vermeiden, wird die „condicio sine qua non"-Formel für die Fälle der alternativen Kausalität *modifiziert*: Von mehreren Bedingungen, die zwar alternativ, nicht aber kumulativ hinweggedacht werden können, ohne dass der Erfolg in seiner

---

[12] BGHSt 44, 196 (198 f.); *Wessels/Hettinger* Rn. 320 f.
[13] BGHSt 39, 195 (198); *Hilgendorf/Valerius* AT § 4 Rn. 39 ff.

konkreten Gestalt entfiele, ist jede für den Erfolg ursächlich.[14] Vorliegend können sowohl das Verstecken des Zuckerwürfels durch A als auch das identische Verhalten durch B für sich, d. h. alternativ hinweggedacht werden, ohne dass der Vergiftungstod des C entfiele. Werden jedoch beide Handlungen hinweggedacht, bleibt der Vergiftungstod des C aus. Das Verstecken des Zuckerwürfels durch A ist somit kausal für den Vergiftungstod des C.

Der Kausalzusammenhang könnte jedoch dadurch ausgeschlossen sein, dass C an diesem Morgen von einem von X angeheuerten Berufskiller erschossen worden wäre, wenn er sein Haus verlassen hätte. Werden nach der modifizierten „condicio sine qua non"-Formel die Handlungen von A und B hinweggedacht, wäre der Tod des C als Taterfolg im Sinne des § 212 Abs. 1 StGB gleichwohl eingetreten. Jedoch handelt es sich bei dem Tod durch Erschießen um einen *Erfolg in einer anderen konkreten Gestalt* als bei dem Tod durch Vergiftung mit Strychnin. Auch in Anbetracht des wartenden Berufskillers kann das Verhalten des A somit nicht hinweggedacht werden, ohne dass der Erfolg in seiner konkreten Gestalt entfiele. Eine solche *Reserveursache* bleibt vielmehr unbeachtlich.[15] Das Verstecken des Zuckerwürfels in der Zuckerdose ist somit kausal für den Tod des C.

b) Subjektiver Tatbestand

A wollte mit dem vergifteten Zuckerwürfel das frühzeitige Ableben des C herbeiführen und handelte daher vorsätzlich bzgl. der Tötung des C.

2. Rechtswidrigkeit und Schuld

A handelte rechtswidrig und schuldhaft.

3. Ergebnis

A ist des Totschlags gemäß § 212 Abs. 1 StGB zum Nachteil des C schuldig.

II. § 223 Abs. 1 StGB zum Nachteil des C

Darüber hinaus könnte A wegen Körperverletzung strafbar sein.

1. Tatbestand

Dazu müsste A den C körperlich misshandelt haben (Var. 1). In der Verabreichung von Strychnin liegt eine üble und unangemessene Behandlung. Die dadurch verursachten schweren Krämpfe beeinträchtigen das körperliche Wohlbefinden des C erheblich. Die Vergiftungssymptome bedeuten zugleich einen vom Normalzustand abweichenden krankhaften Zustand und stellen somit eine Gesundheitsschädigung (Var. 2) dar.

---

[14] *Heinrich* Rn. 228 f.; *Kühl* § 4 Rn. 19; *Wessels/Beulke/Satzger* Rn. 222.
[15] *Hilgendorf/Valerius* AT § 4 Rn. 30; *Kühl* § 4 Rn. 11 ff.

Diesen Taterfolg hat A durch das Verstecken des vergifteten Zuckerwürfels in der Zuckerdose des C kausal herbeigeführt. Dass der B dieselbe Idee hatte und ausführte, steht nach den oben aufgezeigten Grundsätzen zur alternativen Kausalität dem Kausalzusammenhang nicht entgegen.

Bzgl. der Körperverletzung des C handelte A mit Vorsatz. Sein zugleich vorliegender Tötungsvorsatz vermag den Körperverletzungsvorsatz nicht auszuschließen.

2. Rechtswidrigkeit und Schuld

A handelte rechtswidrig und schuldhaft.

3. Ergebnis

A ist wegen Körperverletzung nach § 223 Abs. 1 StGB strafbar. Der erforderliche Strafantrag (§ 230 Abs. 1 Satz 1 StGB) ist gestellt.

III. Konkurrenzen und Ergebnis

Die Körperverletzung gemäß § 223 StGB tritt auf Konkurrenzebene hinter dem vollendeten Totschlag im Wege der Subsidiarität zurück.[16] A ist somit strafbar wegen Totschlags gemäß § 212 Abs. 1 StGB zum Nachteil des C.

Konkurrenzen und Gesamtergebnis

A ist strafbar gemäß §§ 212 Abs. 1, 22, § 223 Abs. 1, § 52 Abs. 1 (zum Nachteil des B); § 212 Abs. 1 (zum Nachteil des C); § 53 Abs. 1 StGB.

Erwartungshorizont der Klausur

Schwerpunkte erster Ordnung
- kumulative Kausalität einschließlich Zurechnungsproblematik
- alternative Kausalität

Schwerpunkte zweiter Ordnung
- Unbeachtlichkeit von Reserveursachen

Kleinere Probleme
- Nichtvollendung der Tat im Rechtssinne
- Verhältnis von Körperverletzungs- und Tötungsvorsatz
- Klarstellungsinteresse bei den Konkurrenzen
- keine kumulative Kausalität bei der Körperverletzung

---

[16] BGHSt 16, 122 (123); Schönke/Schröder/*Eser/Sternberg-Lieben* § 212 Rn. 17; *Wessels/ Hettinger* Rn. 320.

Klausur 7: Casanovas Ende § 12

Sachverhalt

Auf der Suche nach einer neuen Eroberung begibt sich Casanova C eines schönen Sommerabends in eine Diskothek. Als er dort in einem jungen weiblichen Gast ein reizvolles Ziel erblickt, verschwendet er keine Zeit, um Bekanntschaft mit ihr zu schließen. Deren Freund und professioneller Boxer A, der wenige Augenblicke später von der Bar zurückkehrt, ist über das sich ihm bietende Schauspiel alles andere als erfreut. Da dem C weder der missbilligende Gesichtsausdruck des A noch dessen Statur entgeht, sucht er das Weite.

Kurz darauf tippt jemand dem A von hinten auf die Schulter. Da A den Störenfried C hinter sich vermutet, schlägt er noch im Umdrehen zu. A trifft den unbescholtenen Stammgast G, der den A lediglich um Feuer bitten wollte und dessen Nase durch den Fausthieb des A hörbar zu Bruch geht. Gerade in Geberlaune beschließt A, nun auch dem tatsächlich am Nachbartisch sitzenden C eine Lektion zu erteilen. C bemerkt dies aber und kann sich behände wegdrehen, so dass der Schlag des A sein Ziel in der Magengrube des gerade pausierenden und sich nun vor Schmerzen windenden DJ J findet. C verlässt daraufhin vorsorglich die Diskothek.

Am Morgen danach unternimmt C seinen täglichen Spaziergang durch den Park. Dort hat sich der gehörnte Ehemann und ehemalige Auftragskiller B mit einem Scharfschützengewehr in einem Baum versteckt, um sich bei C mit einem gezielten und tödlichen Schuss für die Affäre mit seiner Ehefrau zu revanchieren. Wegen des dichten Blätterwerks hält B jedoch irrigerweise den in sein Blickfeld tretenden Naturliebhaber N für den C und richtet seine Waffe auf den N. Als B gerade abdrücken will, wird er durch eine auffliegende Kohlmeise irritiert. Er verzieht und trifft versehentlich einen fröhlich vor sich hin pfeifenden Passanten, der sich als C entpuppt. C bricht tödlich getroffen zusammen und stirbt auf der Stelle. N verlässt fluchtartig den Park.

Bearbeitervermerk: Wie haben sich A und B strafbar gemacht? §§ 211, 224 ff. StGB sind nicht zu prüfen. Eventuell erforderliche Strafanträge sind gestellt.

Lösungsskizze

Tatkomplex 1: Schläge in der Diskothek

Strafbarkeit des A
I. § 223 Abs. 1 StGB zum Nachteil des G (Erster Faustschlag)
   1. Tatbestand
      a) Objektiver Tatbestand (+)
      b) Subjektiver Tatbestand (+)
         error in persona
   2. Rechtswidrigkeit und Schuld (+)
II. § 223 Abs. 1 StGB zum Nachteil des J (Zweiter Faustschlag)
   1. Tatbestand
      a) Objektiver Tatbestand (+)
      b) Subjektiver Tatbestand (−)
         aberratio ictus
III. §§ 223 Abs. 1, 22, 223 Abs. 2 StGB zum Nachteil des C (Zweiter Faustschlag)
IV. § 229 StGB zum Nachteil des J (Zweiter Faustschlag) (+)
   1. Tatbestand (+)
   2. Rechtswidrigkeit und Schuld (+)
V. Konkurrenzen und Ergebnis

Tatkomplex 2: Ein Schuss im Park

Strafbarkeit des B
   I. § 212 Abs. 1 StGB zum Nachteil des C
      1. Tatbestand
         a) Objektiver Tatbestand (+)
         b) Subjektiver Tatbestand (−)
            Kombination aus error in persona und aberratio ictus
  II. § 223 Abs. 1 StGB zum Nachteil des C (−)
 III. §§ 212 Abs. 1, 22 StGB zum Nachteil des N (+)
  IV. §§ 223 Abs. 1, 22, 223 Abs. 2 StGB zum Nachteil des N (+)
   V. § 222 StGB zum Nachteil des C (+)
  VI. § 229 StGB zum Nachteil des C (+)
 VII. Konkurrenzen und Ergebnis

Konkurrenzen und Gesamtergebnis

Lösung

Tatkomplex 1: Schläge in der Diskothek

Strafbarkeit des A

I. § 223 Abs. 1 StGB zum Nachteil des G (Erster Faustschlag)

A könnte sich durch den Fausthieb auf die Nase des G wegen Körperverletzung strafbar gemacht haben.

1. Tatbestand

a) Objektiver Tatbestand

Dazu müsste er den G durch seinen Faustschlag körperlich misshandelt (Var. 1) oder an der Gesundheit geschädigt (Var. 2) haben. Eine körperliche Misshandlung ist jede üble und unangemessene Behandlung, die das körperliche Wohlbefinden nicht nur unerheblich beeinträchtigt.[1] Jemanden mit der geballten Faust zu schlagen, ist eine üble und unangemessene Behandlung. Führt der Hieb zum Bruch der Nase, so wird dadurch das körperliche Wohlbefinden des Geschlagenen erheblich beeinträchtigt. Diesen Taterfolg hat A kausal durch seinen Fausthieb herbeigeführt.

Eine Gesundheitsschädigung liegt in jedem vom Normalzustand abweichenden pathologischen Zustand.[2] Die Fraktur eines äußeren Körperteiles stellt einen krankhaften Zustand dar. Indem A durch seinen Faustschlag den Nasenbeinbruch des G verursacht hat, hat er kausal seine Gesundheit geschädigt.

b) Subjektiver Tatbestand

A müsste bzgl. des objektiven Tatbestandes mit Vorsatz gehandelt haben (§ 15 StGB). Vorsatz ist der Wille zur Verwirklichung eines Straftatbestandes (voluntatives Element) in Kenntnis aller objektiven Tatumstände (kognitives Element).[3] Vorliegend glaubte A, seinen Fausthieb gegen den C und nicht gegen den tatsächlich hinter ihm stehenden G zu führen. Fraglich ist, ob dieser Irrtum über die Identität des Tatopfers (sog. error in persona) den Vorsatz des A gemäß § 16 Abs. 1 Satz 1 StGB entfallen lässt.

Aus dem Wortlaut der Vorschrift wird jedoch deutlich, dass sich der Vorsatz lediglich auf Umstände beziehen muss, die zum *gesetzlichen Tatbestand* gehören. Die mit der Tat verbundenen Beweggründe oder Fernziele bleiben dagegen außer Betracht. Der gesetzliche Tatbestand des § 223 Abs. 1 StGB verlangt nur die

---

[1] BGHSt 14, 269 (271); Schönke/Schröder/*Eser/Sternberg-Lieben* § 223 Rn. 3; *Rengier* BT II § 13 Rn. 7.

[2] BGHSt 36, 1 (6); Schönke/Schröder/*Eser/Sternberg-Lieben* § 223 Rn. 5; *Wessels/Hettinger* Rn. 257.

[3] BGHSt 19, 295 (298); 36, 1 (10 f.); *Heinrich* Rn. 264 f.; *Wessels/Beulke/Satzger* Rn. 306.

Körperverletzung einer (beliebigen) anderen Person, ohne an ihre Eigenschaften irgendwelche Anforderungen zu stellen. Dementsprechend muss sich der Vorsatz nicht auf Eigenschaften wie die Identität des Opfers beziehen. Der Vorsatz wäre daher nur ausgeschlossen, wenn der Täter das Tatobjekt zum Zeitpunkt der Tat überhaupt nicht als „andere Person" betrachtete. Bei *Gleichwertigkeit der Handlungsobjekte* dagegen stellt ein Irrtum über die Identität des Opfers einen für den Vorsatz *unbeachtlichen Motivirrtum* dar.[4] Vorliegend wusste A, dass hinter ihm eine andere Person stand, der er mit seinem Fausthieb wissentlich und willentlich eine Körperverletzung zufügte. Dass er den tatsächlich getroffenen G für den C hielt, ist ein bloßer Motivirrtum, der seinen Vorsatz unberührt lässt.

2. Rechtswidrigkeit und Schuld

A handelte rechtswidrig und schuldhaft.

3. Ergebnis

A ist strafbar wegen Körperverletzung nach § 223 StGB. Der erforderliche Strafantrag (§ 230 Abs. 1 Satz 1 StGB) ist gestellt.

II. § 223 Abs. 1 StGB zum Nachteil des J (Zweiter Faustschlag)

Zudem könnte A durch den anschließenden Schlag in die Magengrube des J eine (weitere) Körperverletzung begangen haben.

1. Tatbestand

a) Objektiver Tatbestand

A hat durch seinen Schlag den objektiven Tatbestand der Körperverletzung in beiden Varianten erfüllt. Ein Schlag in die Magengrube ist eine üble und unangemessene Behandlung, der durch die dadurch verursachten Schmerzen das körperliche Wohlbefinden nicht nur unerheblich beeinträchtigt. Die hervorgerufenen Schmerzen stellen zugleich einen krankhaften Zustand und somit eine Gesundheitsschädigung dar.

b) Subjektiver Tatbestand

A müsste den Tatbestand der Körperverletzung vorsätzlich, d. h. wissentlich und willentlich verwirklicht haben (§ 15 StGB). A hat mit dem Schlag jedoch den C anvisiert. Mit dem DJ J wurde dagegen eine Person zum Tatopfer, die A zum Zeitpunkt der Tat nicht treffen wollte. Fraglich ist, ob ein solches Fehlgehen der Tat

---

[4] *Kindhäuser* AT § 27 Rn. 41; *Kühl* § 13 Rn. 18 ff.; *Rengier* AT § 15 Rn. 21 ff.; *Wessels/Beulke/Satzger* Rn. 360 ff.

(sog. *aberratio ictus*) einen vorsatzausschließenden Tatumstandsirrtum gemäß § 16 Abs. 1 Satz 1 StGB begründet.
Im Hinblick auf den Wortlaut der Vorschrift könnte allein maßgebend sein, ob der Täter Vorsatz zur Verwirklichung des gesetzlichen Tatbestandes hatte. Dies hätte zur Folge, dass ein Fehlgehen der Tat unbeachtlich wäre, sofern anvisiertes und tatsächlich getroffenes Tatobjekt gleichwertig sind. Nach dieser sog. *Gleichwertigkeitstheorie* ist die aberratio ictus wie ein error in objecto vel persona zu behandeln. Als A zuschlug, wollte er mit dem C einer anderen Person im Sinne des § 223 Abs. 1 StGB eine Körperverletzung zufügen. Da es sich auch bei dem tatsächlich getroffenen J um eine andere Person in diesem Sinne handelt, würde der Fehlschlag des A seinen Vorsatz nicht entfallen lassen.

Dem wird von der *Konkretisierungstheorie* entgegengehalten, es sei ein Unterschied, ob (wie beim error in persona) Angriffs- und Verletzungsobjekt identisch oder (wie bei der aberratio ictus) verschieden seien. Zum Zeitpunkt der Tat wolle der Täter nur dasjenige Tatobjekt treffen, das er anvisiert. Das infolge des Fehlgehens tatsächlich getroffene Objekt dagegen wolle er zum Zeitpunkt der Tat gerade nicht verletzen. Eine aberratio ictus führe daher – unabhängig von Gleich- und Ungleichwertigkeit der Tatobjekte – stets zu einem vorsatzausschließenden Tatumstandsirrtum im Sinne des § 16 Abs. 1 Satz 1 StGB. In Betracht kommen allenfalls, soweit jeweils strafbar, ein Versuch zum Nachteil des anvisierten und eine Fahrlässigkeitstat zum Nachteil des tatsächlich getroffenen Tatobjekts.[5]

Da die Gleichwertigkeitstheorie den *individualisierten Vorsatz* des Täters missachtet, ist der letztgenannten Ansicht zu folgen. A hatte mit seinem Schlag den C anvisiert, den er ausschließlich treffen wollte. In Bezug auf den tatsächlich getroffenen J handelte er dagegen ohne Vorsatz.

2. Ergebnis

Eine Strafbarkeit des A wegen vorsätzlicher Körperverletzung zum Nachteil des J scheidet somit aus.

III. §§ 223 Abs. 1, 22, 223 Abs. 2 StGB zum Nachteil des C (Zweiter Faustschlag)

A könnte sich durch seinen fehlgegangenen Schlag jedoch wegen versuchter Körperverletzung zum Nachteil des C strafbar gemacht haben.

Da A den anvisierten C nicht getroffen hat, blieb die Körperverletzung zu seinem Nachteil unvollendet. Der Versuch des Vergehens (§ 12 Abs. 2 StGB) der Körperverletzung ist strafbar gemäß §§ 23 Abs. 1 Var. 2, 223 Abs. 2 StGB.

A müsste Tatentschluss zur Körperverletzung aufweisen. Dazu muss er sie vorsätzlich, d. h. wissentlich und willentlich verwirklicht haben (§ 15 StGB). A wollte den C mit seinem Faustschlag treffen, um ihm eine Lektion zu erteilen. Er hatte somit Tatentschluss bzgl. der Körperverletzung zum Nachteil des C.

---

[5] Zur aberratio ictus *Kindhäuser* AT § 27 Rn. 53 ff.; *Kühl* § 13 Rn. 29 ff.; *Rengier* AT § 15 Rn. 27 ff.

Darüber hinaus müsste A unmittelbar zur Körperverletzung angesetzt haben (§ 22 StGB). Dies setzt voraus, dass der Täter *subjektiv* die Schwelle zum „Jetzt geht es los!" überschreitet und *objektiv* derart zur tatbestandsgemäßen Angriffshandlung ansetzt, dass sein Verhalten ohne wesentliche Zwischenakte in die Tatbestandsverwirklichung einmündet (sog. gemischt subjektiv-objektive Theorie).[6] Nach der Vorstellung des A von der Tat sollte sein Schlag dem C unmittelbar eine körperliche Lektion erteilen. Durch die Ausführung des Schlags hat er somit unmittelbar zur Tatbestandsverwirklichung angesetzt.

Das Verhalten des A war rechtswidrig und schuldhaft.

Ein Rücktritt des A scheidet aus, da er den tatbestandlichen Erfolg nicht bzw. nicht mehr ohne zeitliche Zäsur hätte herbeiführen können, nachdem C die Diskothek verlassen hatte, und sein Versuch somit fehlgeschlagen war.

A hat sich somit wegen versuchter Körperverletzung gemäß §§ 223 Abs. 1, 22, 223 Abs. 2 StGB strafbar gemacht.

IV. § 229 StGB zum Nachteil des J (Zweiter Faustschlag)

Durch seinen zweiten Faustschlag könnte A eine fahrlässige Körperverletzung gemäß § 229 StGB zum Nachteil des tatsächlich getroffenen J begangen haben.

1. Tatbestand

Den tatbestandlichen Erfolg einer Körperverletzung zum Nachteil des J hat der A durch seinen Schlag kausal herbeigeführt.

Dadurch müsste er zudem seine objektive Sorgfaltspflicht verletzt haben. Dies setzt voraus, dass der Täter die *im Verkehr erforderliche Sorgfalt* außer Acht lässt, die „ex ante" einem besonnenen und gewissenhaften Menschen aus dem Verkehrskreis des Täters in seiner konkreten Situation auferlegt werden kann.[7] A hat versucht, den C mit einem Faustschlag zu treffen, obwohl sich mit dem J zumindest eine andere Person in unmittelbarer Umgebung befand und bei einem Fehlschlag in Mitleidenschaft gezogen werden konnte. A hat somit objektiv sorgfaltswidrig gehandelt.

Dass C sich ducken und daher sein Schlag eine andere Person treffen könnte, war objektiv vorhersehbar.

2. Rechtswidrigkeit und Schuld

A handelte rechtswidrig und schuldhaft. Sein Verhalten war mangels entgegenstehender Anhaltspunkte auch subjektiv sorgfaltspflichtwidrig. Dass sein Schlag fehlgehen und einen anderen Besucher der Diskothek treffen könnte, war für A subjektiv vorhersehbar.

---

[6] BGHSt 48, 34 (35 f.); *Rengier* AT § 34 Rn. 22 f.; *Wessels/Beulke/Satzger* Rn. 855.
[7] BGHSt 7, 307; *Hilgendorf/Valerius* AT § 12 Rn. 22; *Wessels/Beulke/Satzger* Rn. 943.

3. Ergebnis

A hat sich wegen fahrlässiger Körperverletzung zum Nachteil des J strafbar gemacht. Der gemäß § 230 Abs. 1 Satz 1 StGB erforderliche Strafantrag ist gestellt.

V. Konkurrenzen und Ergebnis

A ist strafbar gemäß § 223 Abs. 1 (zum Nachteil des G), §§ 223 Abs. 1, 22, 223 Abs. 2 (zum Nachteil des C), § 229 (zum Nachteil des J), § 52 StGB.

Tatkomplex 2: Ein Schuss im Park

Strafbarkeit des B

I. § 212 Abs. 1 StGB zum Nachteil des C

Durch seinen tödlichen Schuss könnte sich B eines Totschlags schuldig gemacht haben.

1. Tatbestand

a) Objektiver Tatbestand

B hat durch seinen Schuss die tödliche Verletzung des C kausal hervorgerufen und einen Menschen getötet. Der Taterfolg des § 212 StGB ist somit verwirklicht.

b) Subjektiver Tatbestand

B müsste vorsätzlich gehandelt, d. h. den C wissentlich und willentlich getötet haben (§ 15 StGB). Dies erscheint zweifelhaft, weil dem B zuerst ein Irrtum bei der Identifizierung des anvisierten Opfers N unterläuft und anschließend sein Schuss fehlgeht und ein anderes Opfer trifft.

Fraglich ist zunächst, ob es sich auf den Vorsatz des B auswirkt, den anvisierten N für den C gehalten zu haben. Gemäß § 16 Abs. 1 Satz 1 StGB muss sich der Umfang nur auf die *gesetzlichen Tatumstände* beziehen. Dazu zählt bei § 212 StGB die Tötung eines (beliebigen) Menschen, nicht dagegen die Kenntnis seiner Identität. Stellen das anvisierte und das tatsächlich getroffene Opfer gleichwertige Handlungsobjekte dar, erweist sich ein solcher Identitätsirrtum (*error in persona*) nach den aufgezeigten Grundsätzen als ein für den Vorsatz unbeachtlicher Motivirrtum. Dass B den N mit dem C verwechselt hat, lässt seinen Vorsatz somit unberührt.

Zu einem vorsatzausschließenden Tatumstandsirrtum gemäß § 16 Abs. 1 Satz 1 StGB könnte jedoch führen, dass der Schuss des B sein Ziel verfehlt und eine andere als die anvisierte Person getroffen hat. Bei einem solchen Fall einer *aberratio ictus* ist nach der vorzugswürdigen Konkretisierungstheorie entscheidend, ob sich der Vorsatz des Täters zum Zeitpunkt der Tat auf eine bestimmte Person individualisiert. Als B sein Gewehr auf den N richtete, hatte er allein ihn als Tatopfer konkretisiert. Eine andere Person außer den (als C identifizierten) N wollte er dagegen zu diesem Zeitpunkt nicht töten. Dass sein Schuss fehlging und einen vorbeilaufenden Passanten traf, geschah unvorsätzlich.

Zu einer anderen Gesamtwertung könnte vorliegend verleiten, dass das tatsächlich getroffene Opfer C kein beliebiger Dritter ist, sondern gerade diejenige Person, die das eigentliche Ziel der Tat des B war. B hat letztlich diejenige Person getötet, bei der er sich revanchieren wollte. In dieser besonderen Konstellation könnte im Wege einer Gesamtwertung der Vorsatz des B bzgl. der Tötung des C bejaht werden. Dann wäre aber vom Zufall abhängig, ob und inwiefern der Angriff des Täters fehlgeht und ob somit der Täter wegen einer Vorsatztat zu bestrafen wäre. Zudem würde verkannt, dass gemäß § 16 Abs. 1 Satz 1 StGB für den Vorsatz der Zeitpunkt „*bei Begehung der Tat*" maßgeblich ist.[8] In diesem Augenblick hatte B jedoch ausschließlich den N als Tatopfer *individualisiert*. Dass seine Tat das Ziel hatte, sich bei C für dessen Affäre mit seiner Ehefrau zu rächen, stellt insofern einen unerheblichen Beweggrund dar.

2. Ergebnis

Auch die Kombination eines error in personà mit einer aberratio ictus ist im Ergebnis wie eine *einfache aberratio ictus* zu behandeln. In Betracht kommen allenfalls ein Versuch zum Nachteil des anvisierten und eine Fahrlässigkeitstat zum Nachteil des tatsächlich getroffenen Tatobjekts. Eine Strafbarkeit des B wegen vorsätzlichen Tötungsdelikts zum Nachteil des C scheidet dagegen aus.

II. § 223 Abs. 1 StGB zum Nachteil des C

Mit seinem Schuss hat B den objektiven Tatbestand einer Körperverletzung zum Nachteil des C verwirklicht. C wurde mit dem Einschlag des Projektils in seinen Körper körperlich misshandelt und an seiner Gesundheit geschädigt. Jedoch scheitert der Vorsatz des B nach den Grundsätzen der aberratio ictus daran, dass er zum Zeitpunkt der Tat mit seinem Schuss den N und nicht den C treffen wollte. Eine Strafbarkeit des B gemäß § 223 Abs. 1 StGB scheidet daher aus.

III. §§ 212 Abs. 1, 22 StGB zum Nachteil des N

Durch seinen Fehlschuss könnte sich B wegen versuchten Totschlags zum Nachteil des nicht getroffenen N strafbar gemacht haben.

Da B den N verfehlte, ist die Tat nicht vollendet. Der Versuch des Totschlags als Verbrechen (vgl. § 12 Abs. 1 StGB) ist gemäß § 23 Abs. 1 Var. 1 StGB strafbar.

B müsste Tatentschluss zur Begehung eines Totschlags des N gefasst haben. Da er infolge der Verwechslung mit C zum Zeitpunkt der Tat seinen Tötungsvorsatz auf den N konkretisiert hatte, hatte B den nötigen Tatentschluss.

---

[8] Zur Kombination aus error in persona und aberratio ictus *Heinrich* Rn. 1111; *Rengier* AT § 15 Rn. 39 ff.; *Wessels/Beulke/Satzger* Rn. 373.

Durch die Abgabe des Schusses hat B im Sinne des § 22 StGB unmittelbar zur Tatbestandsverwirklichung angesetzt.

B handelte rechtswidrig und schuldhaft. Ein Rücktritt vom Versuch scheidet wegen Fehlschlags aus, da der anvisierte N bereits den Park verlassen hat.

B hat sich wegen versuchten Totschlags gemäß §§ 212 Abs. 1, 22 StGB strafbar gemacht.

IV. §§ 223 Abs. 1, 22, 223 Abs. 2 StGB zum Nachteil des N

Zudem könnte B durch seinen Fehlschuss eine versuchte Körperverletzung zum Nachteil des N begangen haben.

Da B den N verfehlte, ist die Tat nicht vollendet. Die Strafbarkeit der versuchten Körperverletzung als Vergehen (§ 12 Abs. 2 StGB) ergibt sich aus §§ 23 Abs. 1 Var. 2, 223 Abs. 2 StGB.

Zum Zeitpunkt der Tat wollte B wegen der ihm unterlaufenen Verwechslung den N treffen und eine Körperverletzung gemäß § 223 Abs. 1 StGB verwirklichen. Die Körperverletzung bildet nach der Einheitstheorie ein notwendiges Durchgangsstadium zur Tötung, so dass der Körperverletzungsvorsatz durch den Tötungsvorsatz des Täters nicht ausgeschlossen wird. B hatte somit Tatentschluss zur Begehung einer Körperverletzung.

Dazu hat er mit Abgabe seines Schusses im Sinne des § 22 StGB unmittelbar angesetzt.

Sein Handeln war rechtswidrig und schuldhaft. Ein Rücktritt scheidet wegen Fehlschlags aus.

B hat eine versuchte Körperverletzung gemäß §§ 223 Abs. 1, 22, 223 Abs. 2 StGB zum Nachteil des N begangen.

V. § 222 StGB zum Nachteil des C

Indem B versehentlich den C mit seinem Schuss getötet hat, könnte er den Straftatbestand der fahrlässigen Tötung verwirklicht haben.

Durch seinen Schuss hat B kausal den Tod des C herbeigeführt. Mit der Abgabe eines Gewehrschusses in einem von Menschen besuchten Park verletzt B die im Verkehr erforderliche Sorgfalt. Dabei war objektiv vorhersehbar, dass infolge äußerer Umstände sein Schuss einen anderen als den anvisierten Parkbesucher treffen könnte.

A handelte rechtswidrig und schuldhaft. Für ihn war subjektiv vorhersehbar, dass sein Schuss fehlgehen und einen anderen Menschen treffen könnte.

A hat sich wegen fahrlässiger Tötung zum Nachteil des C strafbar gemacht.

VI. § 229 StGB zum Nachteil des C

In der zum Zeitpunkt der Tat versehentlichen Tötung des C liegt zugleich eine fahrlässige Körperverletzung gemäß § 229 StGB. Der gemäß § 230 Abs. 1 Satz 1 StGB erforderliche Strafantrag ist gestellt.

VII. Konkurrenzen und Ergebnis

B ist strafbar gemäß §§ 212 Abs. 1, 22 (zum Nachteil des N), § 222 (zum Nachteil des C), § 52 StGB. Die zugleich verwirklichten §§ 223 Abs. 1, 22, 223 Abs. 2 StGB (zum Nachteil des N) und § 229 StGB (zum Nachteil des C) treten dahinter aus Gründen der Subsidiarität zurück.

Konkurrenzen und Gesamtergebnis

A ist strafbar gemäß § 223 Abs. 1 (zum Nachteil des G), §§ 223 Abs. 1, 22, 223 Abs. 2 (zum Nachteil des C), § 229 (zum Nachteil des J), § 52 StGB.
  B ist strafbar gemäß §§ 212 Abs. 1, 22 (zum Nachteil des N), § 222 (zum Nachteil des C), § 52 StGB.

Erwartungshorizont der Klausur

Schwerpunkte erster Ordnung
- aberratio ictus
- Kombination aus error in persona und aberratio ictus

Schwerpunkte zweiter Ordnung
- error in persona

Kleinere Probleme
- Verhältnis von Körperverletzungs- und Tötungsvorsatz

Klausur 8: Film ab! § 13

Sachverhalt

A nutzt einen lauen Frühlingsabend, um ihre Lungen bei einem Spaziergang in den Flussauen unweit ihres Domizils mit frischer Luft zu füllen und sich von der gerade absolvierten fernöstlichen Kampfsportstunde zu erholen. Auf einmal bemerkt sie Hilfeschreie von der nahegelegenen Brücke. Im Lichtkegel mehrerer großer Scheinwerfer erspäht sie einen schwarz gekleideten und maskierten Mann M, der eine junge Frau F mit einer Pistole bedroht. Kurz entschlossen möchte sie F zur Hilfe eilen und sprintet zur Brücke. Mittlerweile verärgert über die Menschenmenge, die das Geschehen auf der Brücke neugierig, aber untätig beobachtet, läuft sie von M unbemerkt auf ihn zu und versetzt ihm von hinten einen gezielten Kantenhieb auf die Nackenwirbel. Sie möchte ihm damit augenblicklich das Bewusstsein rauben, bevor M irgendeine Gelegenheit hat, einen Schuss aus seiner Waffe abzugeben. A weiß, dass ein solcher Schlag auf die Nackenwirbel unter Umständen tödlich verlaufen kann, vertraut aber darauf, dass nichts Größeres passieren werde. M klappt wie vom Blitz getroffen ohnmächtig zusammen. Als eine energische und aufgeregte Stimme aus dem Hintergrund „Cut" ruft, registriert A, dass sie in Aufnahmen eines Filmteams geraten ist und die Szene zwischen M und F lediglich gestellt war. M ist eine Prise Riechsalz und ein paar Eisbeutel später wieder komplett hergestellt und trägt außer einem sichtbaren blauen Fleck keine Verletzungen davon.

Bearbeitervermerk: Wie hat sich A nach dem StGB strafbar gemacht? §§ 211, 224 StGB sind nicht zu prüfen. Eventuell erforderliche Strafanträge sind gestellt.

Lösungsskizze

Strafbarkeit der A
I. §§ 212 Abs. 1, 22 StGB zum Nachteil des M
   1. Vorprüfung (+)
   2. Tatentschluss (−)
      *Abgrenzung bedingter Vorsatz/bewusste Fahrlässigkeit
      sog. Hemmschwellentheorie*
II. § 223 Abs. 1 StGB zum Nachteil des M
   1. Tatbestand
      a) Objektiver Tatbestand (+)
      b) Subjektiver Tatbestand
         aa) Vorsatz (+)
             *Erlaubnistatumstandsirrtum
             Nothilfe (+)*
         bb) Vorsatztheorie (−)
         cc) Lehre von den negativen Tatbestandsmerkmalen (−)
   2. Rechtswidrigkeit
      a) Rechtfertigungsgründe (−)
      b) Eingeschränkte Schuldtheorie im engen Sinne (−)
   3. Schuld
      a) Strenge Schuldtheorie (−)
      b) Rechtsfolgenverweisende eingeschränkte Schuldtheorie (+)
III. § 229 StGB zum Nachteil des M
   1. Tatbestand (+)
   2. Rechtswidrigkeit und Schuld (+)
IV. Ergebnis

Lösung

Strafbarkeit der A

I. §§ 212 Abs. 1, 22 StGB zum Nachteil des M

Durch den gezielten Hieb mit der Handkante auf die Nackenwirbel des M könnte sich A wegen versuchten Totschlags strafbar gemacht haben.

1. Vorprüfung

Der Totschlag zum Nachteil des M ist nicht vollendet, weil dieser den Nackenschlag überlebt hat. Der Versuch des Totschlags als Verbrechen (vgl. § 12 Abs. 1 StGB) ist gemäß § 23 Abs. 1 Var. 1 StGB strafbar.

2. Tatentschluss

A muss Tatentschluss bzgl. des Totschlags aufweisen. Der Tatentschluss im Rahmen einer versuchten Straftat umfasst den Vorsatz bzgl. des objektiven Tatbestandes sowie das Vorliegen sonstiger subjektiver Tatbestandsmerkmale. Vorsatz im Sinne des § 15 StGB wiederum erfordert das Wissen und Wollen der Tatbestandsverwirklichung.[1] A hatte nicht die Absicht (dolus directus 1. Grades), den M zu töten, sondern wollte ihm lediglich das Bewusstsein rauben. Ebenso wenig hatte der Handkantenhieb ihrer Vorstellung nach den Tod des M zur notwendigen Folge (dolus directus 2. Grades). Vielmehr war sie sich bewusst, dass der Nackenschlag nur unter Umständen tödlich verläuft.

Fraglich ist, ob dies für einen *bedingten Vorsatz* (dolus eventualis) der A ausreicht. Die Voraussetzungen des bedingten Vorsatzes sind umstritten. Nach einer Meinungsgruppe[2] (vor allem *Möglichkeits- und Wahrscheinlichkeitstheorie*) kann auf das Willenselement verzichtet werden. Demnach reicht das Wissen des Täters um die Möglichkeit bzw. Wahrscheinlichkeit des Erfolgseintritts für den bedingten Vorsatz aus. Dagegen spricht jedoch, dass der Täter aus unterschiedlichsten Erwägungen handeln kann und nicht in jedem Fall der Vorwurf vorsätzlichen Handelns gerechtfertigt erscheint. Der Wille des Täters als Vorsatzelement darf daher nicht vernachlässigt werden, weshalb die vorzugswürdige Auffassung ein *voluntatives Element* für den bedingten Vorsatz verlangt. Die Willenskomponente ist zudem ein geeignetes Abgrenzungskriterium zur bewussten Fahrlässigkeit.[3]

Unter den Theorien mit Willenselement hat sich die sog. *Einwilligungs- oder Billigungstheorie* etabliert. Danach handelt ein Täter dann bedingt vorsätzlich, wenn er den Erfolgseintritt als möglich und nicht völlig fernliegend erkennt und ihn billigend in Kauf nimmt. Lediglich bewusste Fahrlässigkeit kann dem Täter vorgeworfen werden, wenn er ernsthaft und nicht nur vage darauf vertraut, dass die Verwirklichung des gesetzlichen Tatbestandes ausbleibe.[4] A war sich zwar des ggf. tödlichen Ausgangs ihres Handkantenhiebes bewusst. Dabei hat sie aber darauf vertraut, dass nichts Größeres passieren werde. Ohnehin hat der Täter nach der Rechtsprechung bei Tötungsdelikten durch aktives Tun eine sog. *Hemmschwelle* zu überwinden. Die Gerichte stehen somit vor erhöhten Anforderungen bei ihrer Beweiswürdigung und müssen stets eine Gesamtschau sämtlicher objektiven und subjektiven Tatumstände vornehmen.[5] Zu diesen Umständen zählen die konkrete Tatsituation und Angriffsweise, Lage und Abwehrmöglichkeit des Opfers, die psychische Verfassung des Täters und seine Motivation. Wesentliches Indiz für einen bedingten Vorsatz ist die

---

[1] BGHSt 19, 295 (298); 36, 1 (10 f.); *Heinrich* Rn. 264 f.; *Wessels/Beulke/Satzger* Rn. 306.
[2] Siehe hierzu *Heinrich* Rn. 299; *Hilgendorf/Valerius* AT § 4 Rn. 86.
[3] Siehe *Heinrich* Rn. 299 ff.; *Hilgendorf/Valerius* AT § 4 Rn. 87 f.; *Wessels/Beulke/Satzger* Rn. 325 ff.
[4] BGH NStZ 1999, 507 (508); zur Abgrenzung *Rengier* AT § 14 Rn. 26 f.; *Wessels/Beulke/Satzger* Rn. 325.
[5] BGHSt 57, 183 (191); siehe hierzu *Heinrich* Rn. 303 f.; *Hilgendorf/Valerius* AT § 4 Rn. 90.

offensichtliche Lebensgefährlichkeit einer Handlung. Gleichwohl kann bei einer spontanen, unüberlegten und in affektiver Erregung durchgeführten Handlung nur von bewusster Fahrlässigkeit auszugehen sein.[6] Bei A ergeben sich keine äußeren Anzeichen, wonach sie die Hemmschwelle bereits überschritten und den Tod des M billigend in Kauf genommen hätte. Mangels voluntativen Elements ist daher ein bedingter Tötungsvorsatz der A abzulehnen.

3. Ergebnis

Ein versuchter Totschlag zum Nachteil des M scheidet aus.

II. § 223 Abs. 1 StGB zum Nachteil des M

A könnte sich durch den Handkantenhieb wegen Körperverletzung strafbar gemacht haben.

1. Tatbestand

a) Objektiver Tatbestand

A müsste durch ihren Nackenschlag den M körperlich misshandelt (Var. 1) haben. Eine körperliche Misshandlung ist jede üble und unangemessene Behandlung, die das körperliche Wohlbefinden nicht nur unerheblich beeinträchtigt.[7] Ein gezielter Hieb mit der Handkante von hinten auf die Nackenwirbel stellt eine üble und unangemessene Behandlung dar.

Darüber hinaus könnte eine Gesundheitsschädigung im Sinne des § 223 Abs. 1 Var. 2 StGB vorliegen. Eine Gesundheitsschädigung ist jeder vom Normalzustand abweichender pathologischer, d. h. krankhafter Zustand.[8] Der vorübergehende Bewusstseinsverlust des M und der durch den Schlag verursachte blaue Fleck stellen einen solchen krankhaften Zustand des M dar.

Durch ihren Handkantenhieb hat A den M kausal sowohl körperlich misshandelt als auch an seiner Gesundheit geschädigt.

b) Subjektiver Tatbestand

aa) Vorsatz

A müsste bzgl. des objektiven Tatbestandes vorsätzlich, d. h. wissentlich und willentlich gehandelt haben (§ 15 StGB). A wollte mit ihrem Schlag dem M das

---

[6] BGH NStZ 2007, 150 (151); NStZ 2011, 210 (211); NJW 2012, 1524 (1526); NStZ 2014, 35.
[7] BGHSt 14, 269 (271); Schönke/Schröder/*Eser/Sternberg-Lieben* § 223 Rn. 3; *Rengier* BT II § 13 Rn. 7.
[8] BGHSt 36, 1 (6); Schönke/Schröder/*Eser/Sternberg-Lieben* § 223 Rn. 5; *Wessels/Hettinger* Rn. 257.

Bewusstsein rauben und verwirklichte somit vorsätzlich den objektiven Tatbestand des § 223 StGB.

Jedoch könnte sich der Irrtum der A, die den lediglich gestellten Angriff von M auf F für real hielt, auf ihren Vorsatz auswirken. Bei ihrer Fehlvorstellung könnte es sich um einen *Erlaubnistatumstandsirrtum* handeln. Ein solcher setzt voraus, dass der Täter irrigerweise Umstände für gegeben hält, bei deren Vorliegen sein Handeln gerechtfertigt wäre.[9]

Die von A *vorgestellte Situation* könnte eine Notwehr- bzw. *Nothilfelage* begründen. Erforderlich ist dazu gemäß § 32 Abs. 2 StGB ein gegenwärtiger rechtswidriger Angriff auf sich oder einen anderen. Ein Angriff liegt in jedem menschlichen Verhalten, durch das eine Verletzung rechtlich geschützter Güter oder Interessen droht.[10] Nach der Vorstellung der A hat M auf die F ernsthaft eine Pistole gerichtet und somit ihr Leben bzw. ihre körperliche Unversehrtheit, zumindest aber ihre Willensfreiheit bedroht. Der vermeintliche Angriff fand gerade statt und war daher gegenwärtig. Schließlich steht das Bedrohen mit einer Pistole nicht im Einklang mit der Rechtsordnung und war somit rechtswidrig. Demnach wäre eine Nothilfelage gemäß § 32 Abs. 2 Var. 2 StGB zugunsten der F gegeben gewesen.

In einer solchen Situation wäre A zu einer Handlung berechtigt, die sich gegen den Angreifer richtet und objektiv erforderlich ist. Der Hieb mit der Handkante zielte auf den Angreifer M. Diese Verteidigungshandlung war objektiv erforderlich, wenn sie geeignet und zugleich das *relativ mildeste Mittel* war.[11] Da der Schlag in den Nacken dem M augenblicklich das Bewusstsein raubte, war er geeignet, den (vermeintlichen) Angriff auf F zu unterbinden. Ein ebenso effektives, aber zugleich weniger einschneidendes Mittel war nicht ersichtlich. Der Handkantenhieb war somit objektiv erforderlich. Der unter Umständen für den M tödliche Verlauf des Schlags schließt dessen Gebotenheit nicht aus. Vielmehr beruht das Notwehrrecht auf dem Rechtsbewährungsprinzip, so dass Recht dem Unrecht grds. nicht zu weichen braucht.[12] Insbesondere findet keine Güterabwägung statt.

A handelte schließlich mit *Verteidigungswillen*, da sie der F zu Hilfe eilen wollte. Zwar agierte sie auch aus Verärgerung über die untätige Menschenmenge. Solange die Verärgerung aber lediglich ein *Begleitmotiv* bildet und nicht völlig im Vordergrund steht, schließt sie das subjektive Rechtfertigungselement nicht aus.

Hätte M die F ernsthaft bedroht, wäre eine Nothilfelage gegeben gewesen, die den Handkantenhieb der A gemäß § 32 StGB gerechtfertigt hätte. A befand sich in einem Erlaubnistatumstandsirrtum.

---

[9] *Kindhäuser* AT § 29 Rn. 11 f.; *Kühl* § 13 Rn. 67 ff.; *Wessels/Beulke/Satzger* Rn. 697.

[10] *Hilgendorf/Valerius* AT § 5 Rn. 23; *Kindhäuser* AT § 16 Rn. 6; *Kühl* § 7 Rn. 23.

[11] *Hilgendorf/Valerius* AT § 5 Rn. 37; *Kindhäuser* AT § 16 Rn. 27; BeckOK-StGB/*Momsen* § 32 Rn. 25.

[12] *Heinrich* Rn. 356 ff.; *Rengier* AT § 18 Rn. 38.

bb) Vorsatztheorie

Fraglich sind die Folgen des Erlaubnistatumstandsirrtums.[13] Nach der früher verbreiteten Vorsatztheorie gehörte zum Vorsatz nicht nur das Wissen und Wollen der Tatbestandsverwirklichung, sondern auch das Unrechtsbewusstsein. Da dem Täter, der sein Handeln wegen irrig angenommener tatsächlicher Umstände für gerechtfertigt halte, das Bewusstsein des Unrechts seiner Tat fehle, würde ein Erlaubnistatumstandsirrtum gemäß § 16 Abs. 1 Satz 1 StGB in direkter Anwendung zum Ausschluss des Vorsatzes führen.

Gegen die Vorsatztheorie ist allerdings einzuwenden, dass sie mit dem geltenden Recht nicht mehr übereinstimmt. § 17 StGB erklärt das *Unrechtsbewusstsein* ausdrücklich zu einem *Teil der Schuld* und hat somit die konkurrierende Schuldtheorie zum Gesetz erhoben.[14]

cc) Lehre von den negativen Tatbestandsmerkmalen

Nach der Lehre von den negativen Tatbestandsmerkmalen gehört zum sog. Gesamtunrechtstatbestand neben den positiven Tatbestandsmerkmalen der jeweiligen Verbotsnorm auch das Fehlen von Rechtfertigungsgründen als negativen Tatbestandsmerkmalen. Nehme der Täter irrigerweise an, sein Handeln sei gerechtfertigt, habe er keinen Vorsatz bzgl. des Fehlens negativer Tatbestandsmerkmale, so dass ebenso in direkter Anwendung des § 16 Abs. 1 Satz 1 StGB der (Unrechts-)Vorsatz entfiele.

Gegen die Verschmelzung von Tatbestand und Rechtswidrigkeit zu einem Gesamtunrechtstatbestand lässt sich indessen anführen, dass das Gesetz in den § 32 Abs. 1, § 34 Satz 1 StGB ausdrücklich von „nicht rechtswidrig" spricht und somit zwischen den beiden Wertungsstufen differenziert. Zudem stellt es einen nicht unerheblichen Unterschied dar, ob ein Handeln von vornherein keinen strafrechtlichen Tatbestand verwirklicht oder lediglich ausnahmsweise durch das Eingreifen eines Rechtfertigungsgrundes mit der Rechtsordnung vereinbar ist.[15] Auch diese Auffassung bleibt somit abzulehnen.

A hat vorsätzlich den Tatbestand der Körperverletzung verwirklicht.

2. Rechtswidrigkeit

a) Rechtfertigungsgründe

Rechtfertigungsgründe sind nicht ersichtlich. Insbesondere ist mangels Angriffs des M objektiv keine Nothilfelage gegeben.

---

[13] Siehe hierzu *Hilgendorf/Valerius* AT § 8 Rn. 42 ff. Vielfach wird der Meinungsstreit komplett in der Schuld geprüft (so etwa *Heinrich* Rn. 1125) oder aber als eigenständiger Punkt zwischen Rechtswidrigkeit und Schuld erörtert (eingehend dazu *Rengier* AT § 30 Rn. 9).
[14] *Hilgendorf/Valerius* AT § 8 Rn. 45; *Kindhäuser* AT § 29 Rn. 14.
[15] *Wessels/Beulke/Satzger* Rn. 183 f.; *Zieschang* Rn. 353.

b) Eingeschränkte Schuldtheorie im engen Sinne

Die Rechtswidrigkeit könnte aber infolge des Erlaubnistatumstandsirrtums der A entfallen. Schließlich besteht im Hinblick auf das verwirklichte Unrecht kein qualitativer Unterschied zwischen einem Tatumstandsirrtum im Sinne des § 16 Abs. 1 Satz 1 StGB und einem Erlaubnistatumstandsirrtum. Nach der eingeschränkten Schuldtheorie im engen Sinne muss § 16 StGB daher analog angewendet werden, so dass das zur Ebene der Rechtswidrigkeit zählende *Vorsatzunrecht* entfällt.[16]

Dem lässt sich entgegenhalten, dass nur der Täter, der sich in einem Erlaubnistatumstandsirrtum befindet, von der *Warnfunktion des gesetzlichen Straftatbestandes* erreicht wird und um das grundsätzliche Verbot seines Handelns weiß. Erweist sich der Irrtum des Täters in diesem Fall als vermeidbar, ist ihm ein größerer Vorwurf zu machen als demjenigen Täter, der von vornherein verkannt hat, die Voraussetzungen eines Unrechtstatbestandes zu verwirklichen. Somit besteht ein nicht unerheblicher Unterschied zwischen Tatumstands- und Erlaubnistatumstandsirrtum. Zudem hätte der Ausschluss der Rechtswidrigkeit des Täters zur Folge, dass etwaige (auch ohne Irrtum handelnde) Teilnehmer mangels rechtswidriger Haupttat im Sinne der §§ 26, 27 StGB straffrei wären und somit *Strafbarkeitslücken* begründet würden.[17]

Das Verhalten der A war somit rechtswidrig.

3. Schuld

a) Strenge Schuldtheorie

Zudem müsste A schuldhaft gehandelt haben. Auch insoweit bestehen Bedenken infolge des Erlaubnistatumstandsirrtums der A. Nach der in § 17 StGB zum Gesetz erhobenen Schuldtheorie bildet das Unrechtsbewusstsein ein selbstständiges Element der Schuld. Irrt sich der Täter über die Rechtswidrigkeit seines Handelns, befindet er sich grds. in einem *Verbotsirrtum*,[18] der nur im seltenen Fall seiner Unvermeidbarkeit zu einem Ausschluss der Schuld führt (§ 17 Satz 1 StGB).

Das Ergebnis der strengen Schuldtheorie erscheint jedoch unbillig. Wer einem Verbotsirrtum unterliegt, ist sich infolge der Verkennung der *rechtlichen* Lage keines Unrechts bewusst. Ein Täter, der sich in einem Erlaubnistatumstandsirrtum befindet, will sich dagegen rechtstreu verhalten und irrt lediglich über die konkrete *Sachlage*. Ihm gegenüber kann daher nicht der Vorwurf rechtsfeindlicher Gesinnung erhoben werden, sondern nur der Vorwurf der Nachlässigkeit. Dieser entspricht aber qualitativ nicht dem Vorsatz-, sondern nur einem Fahrlässigkeitsschuldvorwurf.[19]

---

[16] BeckOK-StGB/*Kudlich* § 16 Rn. 24; Schönke/Schröder/*Schuster/Sternberg-Lieben* § 16 Rn. 18.

[17] *Heinrich* Rn. 1131; *Wessels/Beulke/Satzger* Rn. 707.

[18] So etwa *Zieschang* Rn. 359.

[19] *Kindhäuser* AT § 29 Rn. 17 f.; *Kühl* § 13 Rn. 72; *Wessels/Beulke/Satzger* Rn. 699.

b) Rechtsfolgenverweisende eingeschränkte Schuldtheorie

Die strenge Schuldtheorie bedarf daher einer Einschränkung. Zwar handelt ein Täter, der sich in einem Erlaubnistatumstandsirrtum befindet, mit Wissen und Wollen der Tatbestandsverwirklichung und somit mit Tatbestandsvorsatz. Seine Fehlvorstellung führt jedoch zu einem Wegfall der sog. Vorsatzschuld, so dass eine Strafbarkeit aus vorsätzlicher Tat auf der Ebene der Schuld ausscheidet. Nur im Ergebnis, d. h. in der Rechtsfolge wird der Erlaubnistatumstandsirrtum somit wie der Tatumstandsirrtum gemäß § 16 Abs. 1 Satz 1 StGB behandelt (daher rechtsfolgenverweisende eingeschränkte Schuldtheorie).[20] Da die Bestrafung eines bösgläubigen Teilnehmers nach wie vor möglich bleibt, ist dieser Auffassung zu folgen. A handelte somit ohne (Vorsatz-)Schuld.

4. Ergebnis

A ist nicht der (vorsätzlichen) Körperverletzung schuldig.

III. § 229 StGB zum Nachteil des M

Durch ihren Handkantenhieb könnte A aber eine fahrlässige Körperverletzung begangen haben.

1. Tatbestand

Durch ihren Schlag hat A die Körperverletzung zum Nachteil des M kausal herbeigeführt. Dies müsste gemäß § 229 StGB durch Fahrlässigkeit geschehen sein.

Dazu ist erforderlich, die *im Verkehr erforderliche Sorgfalt* außer Acht zu lassen, die „ex ante" einem besonnenen und gewissenhaften Menschen aus dem Verkehrskreis des Täters in dessen konkreter Situation auferlegt werden kann.[21] A hat vor ihrem Schlag gegen M die Lichtkegel mehrerer großer Scheinwerfer und eine neugierige Menschenmenge bemerkt. Damit waren genügend Anhaltspunkte vorhanden, um auf dem Weg zur Brücke nach einem Filmteam oder weiteren Anzeichen für ein gestelltes Bedrohungsszenario Ausschau zu halten, um einen (Erlaubnistatumstands-)Irrtum auszuschließen, bevor sie willentlich und wissentlich objektiv den Straftatbestand der Körperverletzung verwirklicht. Indem A dies unterlassen hat, handelte sie objektiv sorgfaltswidrig.

Dass es ohne die notwendige Erkundigung zu einem objektiv nicht gerechtfertigten Eingreifen kommen könnte, war objektiv vorhersehbar.

---

[20] BGH NStZ 2012, 272 (274); *Fischer* § 16 Rn. 22d; *Heinrich* Rn. 1132; *Hilgendorf/Valerius* AT § 8 Rn. 49; *Wessels/Beulke/Satzger* Rn. 708 f.
[21] BGHSt 7, 307; *Hilgendorf/Valerius* AT § 12 Rn. 22; *Wessels/Beulke/Satzger* Rn. 943.

2. Rechtswidrigkeit und Schuld

A handelte rechtswidrig und schuldhaft. Für sie war insbesondere möglich, die objektiv gebotene Sorgfaltspflicht zu erfüllen und ihren Erlaubnistatumstandsirrtum zu vermeiden.

3. Ergebnis

A hat sich wegen fahrlässiger Körperverletzung zum Nachteil des M strafbar gemacht. Der gemäß § 230 Abs. 1 Satz 1 StGB erforderliche Strafantrag ist gestellt.

IV. Ergebnis

A ist strafbar wegen fahrlässiger Körperverletzung gemäß § 229 StGB zum Nachteil des M.

Erwartungshorizont der Klausur

Schwerpunkte erster Ordnung
- Erlaubnistatumstandsirrtum

Schwerpunkte zweiter Ordnung
- Abgrenzung bedingter Vorsatz/bewusste Fahrlässigkeit
- Hemmschwelle bei Tötungsdelikten
- Voraussetzungen der Nothilfe

Kleinere Probleme
- kein Einfluss der Verärgerung auf den Verteidigungswillen
- objektive Sorgfaltspflichtverletzung

Klausur 9: Der selbsternannte Hilfssheriff

§ 14

Sachverhalt

Frührentner A ist Ordnungshüter und Weltverbesserer aus Leidenschaft, der in seiner Freizeit für Recht und Ordnung sorgen will. Eines späten Morgens bemerkt er bei seiner Patrouille den Studenten S auf dem reichlich gefüllten Fahrradstellplatz der örtlichen Universität. Da S sich mehrmals auf dem Stellplatz umschaut, bevor er zu einem bestimmten Fahrrad geht, und dort einige Minuten benötigt, um das Schloss zu öffnen, keimt in A der Verdacht auf, dass es sich bei S um einen Fahrraddieb handelt. Seinen Verdacht sieht er in dem äußeren Erscheinungsbild des S bestätigt, der als bekennender Woodstock-Revival-Anhänger lange zottelige Haare und einen wild wuchernden Bartwuchs aufweist sowie zerrissene Bekleidung trägt. In Wahrheit ließ S sein Fahrrad am Vorabend an der Universität stehen, bevor er sich ins Nachtleben stürzte, fuhr mit dem Taxi nach Hause und will nun sein Rad abholen. Dabei dauert es infolge seines Restalkohols etwas länger, bis er sein Fahrrad identifizieren und sein Fahrradschloss aufschließen kann. A nutzt die Zeit, um sich von hinten an den vermeintlichen Übeltäter anzuschleichen und ihm mit einer schnellen und geübten Bewegung den Arm auf den Rücken zu drehen. Durch den resoluten Griff des A erleidet S einen blauen Fleck am Handgelenk. A betätigt eine Kurzwahltaste seines Mobiltelefons und benachrichtigt die örtliche Polizeidienststelle. Die Zeit bis zum Eintreffen der Polizei nutzt er, um S eine Lektion zu erteilen und ihm ein paar schmerzhafte Schläge in die Magengrube zu verpassen. A glaubt, dazu im Rahmen seines Festnahmerechts berechtigt zu sein, um jegliche Gegenwehr von vornherein auszuschließen.

Noch erregt von den Ereignissen erholt sich A in der Abenddämmerung desselben Tages auf einer Bank im städtischen Park, als langsam der Spaziergänger R direkt auf ihn zugeht. Als R noch zehn Meter von A entfernt ist, holt er hinter seinem Rücken einen länglichen, oben breiter zulaufenden Gegenstand hervor, den A im Halbdunkel für einen überdimensionalen Baseballschläger hält. A befürchtet ausgeraubt zu werden und gibt ohne Vorwarnung mit seinem Taschenrevolver mit Tötungsvorsatz mehrere Schüsse auf den Oberkörper des R ab. Er ist dabei der Ansicht, bei der Abwehr eines Angriffs auf sein Eigentum keine Kompromisse eingehen zu müssen. R stolpert noch ein paar Schritte vor, fragt den A röchelnd „Wollen Sie eine Rose kaufen?", lässt seine zusammengebundenen Blumen fallen, bricht tödlich getroffen zusammen und stirbt.

Bearbeitervermerk: Wie hat sich A nach dem StGB strafbar gemacht? Zu prüfen sind lediglich §§ 212, 223 StGB. Eventuell erforderliche Strafanträge sind gestellt.

§ 127 Abs. 1 Satz 1 StPO: „Wird jemand auf frischer Tat betroffen oder verfolgt, so ist, wenn er der Flucht verdächtig ist oder seine Identität nicht sofort festgestellt werden kann, jedermann befugt, ihn auch ohne richterliche Anordnung vorläufig festzunehmen."

Lösungsskizze

Strafbarkeit des A

Tatkomplex 1: Rausch mit Folgen
I. § 223 Abs. 1 StGB zum Nachteil des S (Zugreifen am Arm)
   1. Tatbestand (+)
   2. Rechtswidrigkeit
      a) Notwehr (§ 32 StGB) und Notstand (§ 34 StGB) (–)
      b) Festnahmerecht aus § 127 Abs. 1 Satz 1 StPO
         str: dringender Tatverdacht oder tatsächlich begangene Tat?
II. § 223 Abs. 1 StGB zum Nachteil des S (Schläge in den Magen)
   1. Tatbestand (+)
   2. Rechtswidrigkeit (+)
      nur zur Festnahme erforderliche Beeinträchtigungen
   3. Schuld (+)
      Erlaubnisirrtum als Verbotsirrtum
      Vermeidbarkeit des Irrtums

Tatkomplex 2: Der Rosenverkäufer

I. § 212 Abs. 1 StGB zum Nachteil des R
   1. Tatbestand (+)
   2. Rechtswidrigkeit (+)
   3. Schuld
      a) Erlaubnistatumstandsirrtum des A (–)
         Einsatz von Schusswaffen bei Notwehrrecht
      b) Erlaubnisirrtum des A (+)
         Doppelirrtum
         Vermeidbarkeit des Irrtums
II. § 223 Abs. 1 StGB zum Nachteil des R
   1. Tatbestand
   2. Rechtswidrigkeit und Schuld (+)

Konkurrenzen und Gesamtergebnis

Lösung

Strafbarkeit des A

Tatkomplex 1: Rausch mit Folgen

I. § 223 Abs. 1 StGB zum Nachteil des S (Zugreifen am Arm)

A könnte sich durch das Ergreifen und Umdrehen des Armes des S einer Körperverletzung schuldig gemacht haben.

1. Tatbestand

Dazu müsste A den S körperlich misshandelt haben (§ 223 Abs. 1 Var. 1 StGB). Eine körperliche Misshandlung ist jede üble und unangemessene Behandlung, die das körperliche Wohlbefinden nicht nur unerheblich beeinträchtigt.[1] Das Ergreifen und Drehen des Armes auf den Rücken stellt eine Misshandlung dar. Der dadurch verursachte blaue Fleck am Handgelenk beeinträchtigt das körperliche Wohlbefinden des S nicht unerheblich.

Zudem könnte A den S an seiner Gesundheit geschädigt haben (Var. 2). Dazu muss er einen vom Normalzustand abweichenden pathologischen Zustand herbeigeführt haben.[2] Das Hämatom stellt einen krankhaften Zustand dar.

Durch das Ergreifen und Umdrehen des Armes hat A den S somit kausal körperlich misshandelt und an der Gesundheit geschädigt.

Diesbezüglich müsste A vorsätzlich gehandelt haben. Vorsatz ist der Wille zur Verwirklichung eines Straftatbestandes in Kenntnis aller seiner objektiven Tatumstände (§ 15 StGB).[3] A war sich bei seinem Eingreifen bewusst, die körperliche Unversehrtheit des S zu beeinträchtigen. Er handelte somit vorsätzlich.

2. Rechtswidrigkeit

Fraglich ist, ob das Verhalten des A gerechtfertigt war, da er eine Straftat verhindern und den Täter bis zum Eintreffen der Polizei festhalten wollte.

a) Notwehr (§ 32 StGB) und Notstand (§ 34 StGB)

Denkbar ist zunächst eine Rechtfertigung aus Notwehr gemäß § 32 StGB, hier in Form der *Nothilfe* (Abs. 2 Var. 2) zugunsten des Eigentümers des Fahrrads. S hat

---

[1] BGHSt 14, 269 (271); Schönke/Schröder/*Eser/Sternberg-Lieben* § 223 Rn. 3; *Rengier* BT II § 13 Rn. 7.
[2] BGHSt 36, 1 (6); Schönke/Schröder/*Eser/Sternberg-Lieben* § 223 Rn. 5; *Wessels/Hettinger* Rn. 257.
[3] BGHSt 19, 295 (298); 36, 1 (10 f.); *Heinrich* Rn. 264 f.; *Wessels/Beulke/Satzger* Rn. 306.

tatsächlich aber sein eigenes Fahrrad aufgeschlossen, so dass objektiv kein Angriff auf das Eigentum oder ein sonstiges Rechtsgut eines Dritten vorliegt. Eine Nothilfe scheidet daher mangels Nothilfelage aus.

Gleiches gilt für den rechtfertigenden Notstand aus § 34 StGB, der mangels tatsächlicher Gefahr für das Eigentum oder ein sonstiges notstandsfähiges Rechtsgut eines anderen nicht zur Anwendung gelangt.

b) Festnahmerecht aus § 127 Abs. 1 Satz 1 StPO

Das Handeln des A könnte gemäß § 127 Abs. 1 Satz 1 StPO gerechtfertigt sein. Nach dieser Vorschrift ist jedermann (daher sog. *Jedermannsrecht*) zur vorläufigen Festnahme einer Person berechtigt, wenn sie auf frischer Tat betroffen oder verfolgt wird. Als Straftat des S kommt hier der (gemäß § 242 Abs. 2 StGB strafbare) versuchte Diebstahl in Betracht, zu dem er mit dem Hantieren am Schloss unmittelbar angesetzt hätte. Jedoch wollte S in Wahrheit sein eigenes Fahrrad aufschließen und hat somit keine Straftat begangen.

Fraglich ist, ob das Merkmal „auf frischer Tat" im Sinne des § 127 Abs. 1 Satz 1 StPO voraussetzt, dass der Festgenommene *tatsächlich eine Straftat begangen* hat. Dafür spricht der Vergleich mit anderen Rechtfertigungsgründen, die ihre Wirkung nur entfalten können, wenn objektiv eine rechtfertigende Lage gegeben ist. Nach einer Auffassung kann daher auch das Jedermannsrecht nur als Rechtfertigungsgrund herangezogen werden, wenn tatsächlich eine Straftat vorliegt. Ansonsten könnte sich eine tatsächlich unschuldige Person nicht ohne Strafbarkeitsrisiko gegen die unberechtigte Festnahme wehren, da das Verhalten des Festnehmenden gerechtfertigt und Notwehr dagegen ausgeschlossen wäre. Etwaige Irrtümer des Festnehmenden könnten sachgerecht über die Regeln des Erlaubnistatumstandsirrtums berücksichtigt werden.[4]

Dagegen spricht, dass dem couragierten Bürger, der mit der Festnahme eines vermeintlichen Straftäters eine öffentliche Aufgabe wahrnehmen will, nicht das Risiko eines schuldlosen Irrtums aufgebürdet werden darf. Nach anderer Ansicht ist daher für § 127 Abs. 1 Satz 1 StPO ausreichend, dass die äußeren Umstände einen *dringenden Tatverdacht* für eine Straftat begründen. Dies ergebe sich vor allem aus einem Vergleich mit Absatz 2 derselben Vorschrift und sonstigen Eingriffsbefugnissen der StPO, für die ebenso ein solcher Verdacht ausreiche, unabhängig davon, ob tatsächlich eine Straftat vorliege oder nicht.[5]

Wird daher dieser Ansicht gefolgt, müsste sich aufgrund aller im Tatzeitpunkt erkennbaren äußeren Umstände ein dringender Tatverdacht ergeben. Verdächtig ist zunächst, dass sich S mehrmals auf dem Fahrradstellplatz umsieht. Wer zu seinem eigenen Fahrrad will, weiß in der Regel, wo er es abgestellt hat. Zu einem dringenden Tatverdacht erhärtet sich das Geschehen, als S einige Minuten benötigt, um das

---

[4] *Kindhäuser* AT § 20 Rn. 5 f.; *Kühl* § 9 Rn. 85 f.; *Wessels/Beulke/Satzger* Rn. 601; vgl. auch *Hilgendorf/Valerius* AT § 5 Rn. 103; *Zieschang* Rn. 320 f.

[5] BGH NJW 1981, 745 (745); OLG Hamm NStZ 1998, 370 (370); *Heinrich* Rn. 505 ff.; *Rengier* AT § 22 Rn. 10.

Schloss zu öffnen. Dies spricht kaum dafür, ein Fahrrad lediglich von der eigenen Diebstahlssicherung befreien zu wollen.

Der dringende Verdacht einer Straftat liegt somit vor. Da S dem Anschein nach zum Diebstahl unmittelbar ansetzte und in flagranti erwischt wurde, ist er auf frischer Tat betroffen. Fluchtverdacht ist gegeben, da ohne ein sofortiges Eingreifen naheliegt, dass S als vermeintlicher Dieb den Tatort umgehend verlässt, zumal er das Fahrradschloss bereits geöffnet hat und mit dem Fahrrad hätte fliehen können.

§ 127 Abs. 1 Satz 1 StPO berechtigt zur vorläufigen Festnahme. Darunter sind nur solche Maßnahmen zu verstehen, die zur Festnahme des (verdächtigen) Straftäters unbedingt erforderlich sind. Dazu zählen auch geringfügige Körperverletzungen, sofern sie *durch die Festnahmehandlung selbst* hervorgerufen werden.[6] A hat dem S zwar einen blauen Fleck am Handgelenk zugefügt. Das Hämatom steht aber in unmittelbarem Zusammenhang mit dem Festhalten des S und überschreitet somit nicht die Grenzen des Festnahmerechts.

A handelte schließlich, um einen vermeintlichen Dieb festzuhalten, und somit mit Festnahmewillen.

3. Ergebnis

Das Verhalten des A war gemäß § 127 Abs. 1 Satz 1 StPO gerechtfertigt. Diesbezüglich scheidet eine Strafbarkeit wegen Körperverletzung aus.

II. § 223 Abs. 1 StGB zum Nachteil des S (Schläge in den Magen)

A könnte durch die Magenschläge eine Körperverletzung des S begangen haben.

1. Tatbestand

Dazu müsste A den S körperlich misshandelt oder an seiner Gesundheit geschädigt haben. Schläge in den Magen sind eine üble und unangemessene Behandlung, die infolge der damit verbundenen Schmerzen das körperliche Wohlbefinden erheblich beeinträchtigen. Ebenso führt die Zufügung von Schmerzen zu einem für das Opfer nachteilig von seinem normalen Befinden abweichenden Gesundheitszustand. A hat durch die Schläge in die Magengegend den S somit kausal sowohl körperlich misshandelt (§ 223 Abs. 1 Var. 1 StGB) als auch an seiner Gesundheit geschädigt (Var. 2). Diesbezüglich handelte er mit Vorsatz (§ 15 StGB).

2. Rechtswidrigkeit

Das Verhalten des A könnte wiederum gerechtfertigt sein. Denkbar ist zunächst eine Rechtfertigung aus Notwehr gemäß § 32 StGB. So stellte es einen rechtswidrigen Angriff dar, wenn sich der Festgenommene seiner Festnahme widersetzt, die er nach oben aufgezeigten Grundsätzen gemäß § 127 Abs. 1 Satz 1 StPO zu dulden

---
[6] BGHSt 45, 378 (381 f.); *Heinrich* Rn. 502; *Kühl* § 9 Rn. 83.

hat.[7] Vorliegend ist aber kein Widerstand des S ersichtlich. Vielmehr handelt A, um dem S eine Lektion zu verpassen. Notwehr scheidet daher aus.

In Betracht kommt erneut das Festnahmerecht gemäß § 127 Abs. 1 Satz 1 StPO, sofern der dringende Tatverdacht einer Straftat als ausreichend erachtet wird. Fraglich ist, ob die Schläge in die Magengegend des S von dem Jedermannsrecht gedeckt sind. Gerechtfertigt sind Eingriffe in die Rechtsgüter des Betroffenen nur, wenn sie *zur Festnahme selbst unerlässlich* sind. Die Schläge in die Magengrube des S richten sich jedoch gegen einen bereits Festgenommenen und sind somit zu seiner Festnahme nicht erforderlich. Überdies scheitert eine Rechtfertigung der Schläge daran, dass A insoweit nicht mit Festnahmewillen handelt, sondern um dem S eine Lektion zu erteilen. Auch eine Rechtfertigung der Schläge gemäß § 127 Abs. 1 Satz 1 StPO kommt daher nicht in Betracht. Die Tat des A war somit rechtswidrig.

3. Schuld

A müsste schuldhaft gehandelt haben. Daran bestehen Zweifel infolge seiner Fehlvorstellung, zu seinen Schlägen gegen S berechtigt zu sein.

Bei seinem Irrtum könnte es sich um einen sog. *Erlaubnisirrtum* handeln. Er liegt vor, wenn der Täter an die Existenz eines nicht anerkannten Rechtfertigungsgrundes glaubt oder über die rechtlichen Grenzen eines bestehenden Rechtfertigungsgrundes irrt.[8] A war der Ansicht, die körperliche Unversehrtheit des Opfers beeinträchtigen zu dürfen, um jegliche Gegenwehr von vornherein auszuschließen. Damit irrte er sich über die Reichweite seines Festnahmerechts aus § 127 Abs. 1 Satz 1 StPO. Er befand sich somit in einem Erlaubnisirrtum.

Da in dem darauf beruhenden Fehlen des Unrechtsbewusstseins eine der Rechtsordnung widersprechende Einstellung des Täters zum Ausdruck kommt, stellt der Erlaubnisirrtum einen *Verbotsirrtum* gemäß § 17 StGB dar. Er führt nach dessen Satz 1 zum Wegfall der Schuld, wenn er *unvermeidbar* ist, d. h. wenn der Täter unter Berücksichtigung seiner sozialen Stellung und seiner Fähigkeiten bei dem ihm zumutbaren Einsatz seiner Erkenntniskräfte und seiner rechtlich-sittlichen Wertvorstellungen das Unrecht der Tat nicht hätte einsehen können.[9] Vorliegend hätte A einsehen können, dass sein Festnahmerecht nur zur Festnahme des Opfers berechtigen kann, nicht dagegen zu weiteren Beeinträchtigungen seiner Rechtsgüter. Ansonsten müsste jeder Festgenommene solche vorsorglichen Maßnahmen zum Ausschluss etwaiger Gegenwehr über sich ergehen lassen, unabhängig davon, ob er dergleichen überhaupt im Sinn hat. Dies ist insbesondere dann fragwürdig, wenn die Festnahme wie hier wegen einer (vermeintlichen) Straftat zum Nachteil fremder Vermögensrechte erfolgt, dann aber zum Eingriff in das höchstpersönliche Rechtsgut der körperlichen Unversehrtheit des Festgenommenen berechtigen soll. Der Erlaubnisirrtum des A war für ihn vermeidbar. Sein Verhalten war somit schuldhaft.

---

[7] BGHSt 45, 378 (383).
[8] *Hilgendorf/Valerius* AT § 8 Rn. 53 f.; *Wessels/Beulke/Satzger* Rn. 712.
[9] BGHSt 2, 194 (201 f.); 4, 1 (5); *Hilgendorf/Valerius* AT § 8 Rn. 56.

4. Ergebnis

A ist strafbar wegen Körperverletzung zum Nachteil des S. Der nach § 230 Abs. 1 Satz 1 StGB erforderliche Strafantrag ist gestellt. Wegen des vermeidbaren Verbotsirrtums kann die Strafe des A nach §§ 17 Satz 2, 49 Abs. 1 StGB gemildert werden.

III. Ergebnis

A hat sich durch die Schläge in die Magengrube wegen Körperverletzung gemäß § 223 Abs. 1 StGB zum Nachteil des S strafbar gemacht.

Tatkomplex 2: Der Rosenverkäufer

I. § 212 Abs. 1 StGB zum Nachteil des R

Durch seine tödlichen Schüsse könnte A wegen Totschlags strafbar sein.

1. Tatbestand

Taterfolg ist der Tod des R. Diesen Erfolg hat A kausal durch seine Schüsse aus seinem Taschenrevolver herbeigeführt. Hierbei hatte A Tötungsvorsatz.

2. Rechtswidrigkeit

A handelte rechtswidrig. Vor allem Notwehr (§ 32 StGB) und rechtfertigender Notstand (§ 34 StGB) scheitern bereits daran, dass objektiv kein Angriff auf das Eigentum oder auf andere Rechtsgüter des A gegeben war, sondern sich der vermeintliche Räuber R als Rosenverkäufer entlarvte.

3. Schuld

Schließlich müsste A schuldhaft gehandelt haben.

a) Erlaubnistatumstandsirrtum des A

Fraglich ist, ob und ggf. wie sich der Irrtum des A über die Absicht des R auf seine Strafbarkeit auswirkt.

Sein Irrtum könnte einen Erlaubnistatumstandsirrtum darstellen. Dazu muss der Täter irrigerweise Umstände für gegeben halten, bei deren Vorliegen sein Handeln gerechtfertigt wäre.[10] A glaubte, dass R ihn mit einem Baseballschläger ausrauben wollte. Wäre seine Ansicht zutreffend, käme Notwehr gemäß § 32 StGB in Betracht.

Erforderlich ist dazu ein gegenwärtiger rechtswidriger Angriff (§ 32 Abs. 2 StGB). Ein Angriff liegt in jedem menschlichen Verhalten, durch das eine Verletzung

---

[10] *Kindhäuser* AT § 29 Rn. 11 f.; *Kühl* § 13 Rn. 67 ff.; *Wessels/Beulke/Satzger* Rn. 697.

rechtlich geschützter Güter oder Interessen droht.[11] Der vermeintlich bewaffnete R bedrohte nach Vorstellung des A sein Eigentum und seine körperliche Unversehrtheit. Der Angriff des nur wenige Meter entfernten R stand unmittelbar bevor und war gegenwärtig. Zudem wäre ein solches räuberisches Verhalten strafbar und rechtswidrig. A hätte sich in einer Notwehrlage befunden.

A wäre in diesem Fall zu einer Notwehrhandlung gegen den Angreifer berechtigt gewesen, die objektiv erforderlich ist. Dazu muss die Verteidigungshandlung geeignet und zugleich das relativ mildeste Mittel sein.[12] Geeignet ist jede Verteidigung, die den Angriff sofort zu beenden oder zumindest abzuschwächen vermag.[13] Dass mehrere Schüsse auf den Oberkörper eines (vermeintlichen) Angreifers geeignet sind, die Bedrohung seiner Rechtsgüter sofort zu beenden, wird bereits daran deutlich, dass R unmittelbar darauf verstirbt.

Eine Verteidigungsmaßnahme stellt das *relativ mildeste Mittel* dar, wenn sie unter mehreren gleichsam geeigneten Notwehrhandlungen den Angreifer am wenigsten beeinträchtigt. Für den *Einsatz von Schusswaffen* wurde wegen ihrer Gefährlichkeit eine Stufenfolge entwickelt, welche die objektive Erforderlichkeit wahren soll. Danach muss ein Verteidiger den Gebrauch der Waffe zunächst androhen. Ist dies nicht möglich, darf er einen gezielten (nicht tödlichen) Schuss auf den Angreifer abgeben, um den Angriff zu unterbinden. Die Tötung des Angreifers wird dagegen erst auf dritter und letzter Stufe als ultima ratio als zulässig erachtet.[14] Vorliegend hat A ohne Vorwarnung und mehrmals auf den R geschossen. Er hat sich sogleich einer Verteidigung der dritten Stufe bedient, obwohl R noch zehn Meter von ihm entfernt war und nur langsam auf ihn zukam. Da dem A eine akute Gefahr durch den vermeintlichen Baseballschläger des R erst im Nahkampf drohte, wäre ihm ausreichend Zeit für die Androhung des Einsatzes seiner Schusswaffe bzw. für einen Warnschuss verblieben, um den vermeintlichen Angriff zu unterbinden. Seine Verteidigung war somit nicht das relativ mildeste Mittel und wäre selbst bei Vorliegen der von ihm vorgestellten Umstände nicht gerechtfertigt gewesen. Ein Erlaubnistatumstandsirrtum scheidet aus.[15]

b) Erlaubnisirrtum des A

Fraglich ist, ob und ggf. wie sich der weitere Irrtum des A über den Umfang seiner zulässigen Verteidigung bei einem Angriff auf sein Eigentum auswirkt.

Seine Fehlvorstellung könnte einen Erlaubnisirrtum darstellen. In Abgrenzung zum Erlaubnistatumstandsirrtum beurteilt der Täter die Sachlage zwar zutreffend, irrt sich aber über die Existenz eines nicht anerkannten oder die rechtlichen *Grenzen*

---

[11] *Hilgendorf/Valerius* AT § 5 Rn. 23; *Kindhäuser* AT § 16 Rn. 6; *Kühl* § 7 Rn. 23.

[12] *Hilgendorf/Valerius* AT § 5 Rn. 37; *Kindhäuser* AT § 16 Rn. 27; BeckOK-StGB/*Momsen* § 32 Rn. 25.

[13] *Fischer* § 32 Rn. 28; *Heinrich* Rn. 354.

[14] *Rengier* AT § 18 Rn. 41; *Wessels/Beulke/Satzger* Rn. 501.

[15] Vgl. *Kühl* § 13 Rn. 69; *Wessels/Beulke/Satzger* Rn. 697.

eines bestehenden Rechtfertigungsgrundes. A glaubte, bei der Abwehr eines Angriffs auf sein Eigentum keine Kompromisse eingehen zu müssen. Dagegen ist die Reichweite der einschlägigen Notwehr (§ 32 StGB) nach den aufgezeigten Grundsätzen beim Einsatz von Schusswaffen beschränkt. A hätte zunächst zumindest einen Warnschuss abgeben müssen und durfte nicht sogleich mehrmals auf den Oberkörper des R schießen. A befand sich in einem Erlaubnisirrtum gemäß § 17 StGB.

Jedoch könnte die Besonderheit der vorliegenden Konstellation von Bedeutung sein, in der sich die Fehlvorstellung des A sowohl auf *tatsächliche* Umstände (vermeintlicher Angriff durch R) als auch auf *rechtliche* Aspekte (Umfang des Notwehrrechts) bezieht. Denkbar wäre, einen solchen Irrtum als Erlaubnistatumstandsirrtum zu behandeln, so dass nach herrschender rechtsfolgenverweisender eingeschränkter Schuldtheorie die Vorsatzschuld des Täters entfiele und dieser allenfalls wegen fahrlässiger Tat strafbar wäre. Im Vergleich zum Erlaubnisirrtum, bei dem wegen der in der Regel gegebenen Vermeidbarkeit des Verbotsirrtums eine Strafbarkeit wegen vollendeter vorsätzlicher Tat nicht ausscheidet, wäre dies für den Täter allerdings eine *ungerechtfertigte Privilegierung*, nur weil ihm neben dem Irrtum über die Reichweite eines Rechtfertigungsgrundes ein zusätzlicher Irrtum über die wahre Sachlage unterläuft. Bei einem solchen sog. *Doppelirrtum* handelt es sich daher vielmehr lediglich um einen einzigen (Erlaubnis-)Irrtum gemäß § 17 StGB.[16]

Auch der Doppelirrtum führt nur im Falle seiner *Unvermeidbarkeit* zum Wegfall der Schuld gemäß § 17 Satz 1 StGB. Dazu dürfte der Täter unter Berücksichtigung seiner sozialen Stellung und seiner Fähigkeiten selbst bei zumutbarem Einsatz seiner Erkenntniskräfte und seiner rechtlich-sittlichen Wertvorstellungen das Unrecht der Tat nicht eingesehen haben. Hätte A sein Gewissen angespannt, hätte er jedoch erkennen können, dass bei der Verteidigung mit Schusswaffen wegen der tödlichen Gefahr Vorsicht geboten ist und er nicht sogleich mehrere Schüsse auf den Angreifer abgeben darf. Dass zunächst eine Warnung, ggf. auch ein Warn- oder gezielter Schuss angebracht gewesen wäre, ergibt sich nicht zuletzt aus dem Risiko, die wahren Umstände zu verkennen. A befand sich in einem vermeidbaren Verbotsirrtum, der seine Schuld nicht entfallen lässt.

4. Ergebnis

A hat einen Totschlag zum Nachteil des R verwirklicht. Wegen des vermeidbaren Verbotsirrtums kann seine Strafe gemäß §§ 17 Satz 2, 49 Abs. 1 StGB gemildert werden.

II. § 223 Abs. 1 StGB zum Nachteil des R

A könnte durch die Schüsse auf R eine Körperverletzung begangen haben.

---

[16] *Hilgendorf/Valerius* AT § 8 Rn. 57 ff.; BeckOK-StGB/*Kudlich* § 16 Rn. 26; *Wessels/Beulke/Satzger* Rn. 715 f.; *Zieschang* Rn. 361; vgl. auch BGHSt 3, 105 (108).

1. Tatbestand

Durch seine Schüsse auf R hat A dessen körperliches Wohlbefinden erheblich beeinträchtigt und ihn körperlich misshandelt im Sinne der Var. 1. Darüber hinaus führt das Eindringen der Projektile in den Oberkörper des R zu einem vom Normalzustand abweichenden pathologischen Zustand und somit zu einer Gesundheitsschädigung im Sinne der Var. 2

A müsste diesbezüglich vorsätzlich, d. h. wissentlich und willentlich gehandelt haben (§ 15 StGB). Zwar wollte A den R nicht (nur) verletzen, sondern darüber hinaus mit bedingtem Vorsatz töten. Jedoch beinhaltet jede Tötung zwingend eine Körperverletzung des Opfers, die somit als *notwendiges Durchgangsstadium* einer Tötung erscheint. Nach der *Einheitstheorie* schließt daher ein Tötungsvorsatz den Vorsatz zur Körperverletzung nicht aus.[17] A handelte vorsätzlich.

2. Rechtswidrigkeit und Schuld

A verwirklichte den Tatbestand rechtswidrig und schuldhaft. Auch in Bezug auf die Körperverletzung unterlag A einem vermeidbaren Erlaubnisirrtum gemäß § 17 Satz 2 StGB.

3. Ergebnis

A ist wegen Körperverletzung gemäß § 223 Abs. 1 StGB zum Nachteil des R strafbar. Der erforderliche Strafantrag (§ 230 Abs. 1 Satz 1 StGB) ist gestellt.

III. Konkurrenzen und Ergebnis

Die vollendete Körperverletzung ist gegenüber dem vollendeten Totschlag subsidiär.[18] A ist strafbar wegen Totschlags gemäß § 212 Abs. 1 StGB zum Nachteil des R.

Konkurrenzen und Gesamtergebnis

A ist strafbar gemäß § 223 Abs. 1; § 212 Abs. 1; § 53 StGB.

Erwartungshorizont der Klausur

Schwerpunkte erster Ordnung
- dringender Tatverdacht beim Festnahmerecht
- Doppelirrtum

---

[17] BGHSt 16, 122 (123); Schönke/Schröder/*Eser/Sternberg-Lieben* § 212 Rn. 17a; *Rengier* BT II § 13 Rn. 14.
[18] BGHSt 16, 122 (123); Schönke/Schröder/*Eisele* § 212 Rn. 17; *Wessels/Hettinger* Rn. 320.

Lösung

Schwerpunkte zweiter Ordnung
- Reichweite des Jedermannsrechts
- Erlaubnisirrtum als Verbotsirrtum
- Reichweite des Notwehrrechts beim Einsatz von Schusswaffen

Kleinere Probleme
- Notwehr und rechtfertigender Notstand
- Notwehrrecht des Festnehmenden bei Widerstand gegen Festnahme

Klausur 10: Ein gebrochenes Herz § 15

Sachverhalt

Frauenschwarm F hat sich nach leidenschaftlicher, wenngleich nur wenige Tage währender Beziehung von der Fleischereifachverkäuferin A getrennt. Während A glaubt, mit F die Liebe ihres Lebens verloren zu haben, unternimmt F bereits neue Eroberungsfeldzüge. Als A eines Abends aus Liebeskummer nicht schlafen kann, geht sie die romantischen Plätze ihrer Beziehung zu F ab. Als sie dabei an „ihrem" Tisch bei „ihrem" Italiener den F mit dessen neuer Flamme erblickt, öffnen sich ihr die Augen. Sie beschließt, die „Affäre F" auf angemessene Weise zu beenden. Um sich bei F zu rächen und ihm eine Lektion zu erteilen, möchte A nun auch sein Herz brechen, und zwar mittels eines einzigen, aber gezielten Stichs mit einem Fleischermesser mit 20 cm langer Klinge.

Zu diesem Zweck wartet A tags darauf vor dem Schönheitssalon, den F allwöchentlich besucht. Als F den Salon verlässt, geht A zielstrebig auf ihn zu und rammt ihm das Fleischermesser mit Tötungsvorsatz in die linke Brustgegend. F sinkt mit schmerzverzerrtem Gesicht auf seine Knie und fleht um Gnade. A erkennt, dass F nicht lebensgefährlich verletzt ist, verzichtet aber auf weitere Stiche, weil sie angesichts des winselnden F ihre persönliche Revanche bereits erreicht hat.

Nachdem sich F von seiner schmerzhaften Stichverletzung erholt hat, möchte er sich seinerseits bei A rächen. Er wartet daher nach Ladenschluss vor der Metzgerei der A, um ihr sogleich nach ihrem Erscheinen mit einem mitgebrachten Schlagring eine körperliche Abreibung zu verpassen. Die körperlich unterlegene A ahnt von der Intention des F nichts. Da sie über seinen unerwarteten Auftritt aber nur wenig erfreut ist, ergreift sie sofort den Pfefferspray aus ihrer Handtasche und macht F, immer noch in Unkenntnis seiner Absichten, mit einer kurzen Sprühladung in die Augen kampfunfähig.

Bearbeitervermerk: Strafbarkeit der A? §§ 211, 224 ff. StGB sind nicht zu prüfen. Eventuell erforderliche Strafanträge sind gestellt.

Lösungsskizze

Strafbarkeit der A

Tatkomplex 1: Ein Stich ins Herz

I. §§ 212 Abs. 1, 22 StGB zum Nachteil des F
 1. Vorprüfung (+)
 2. Tatentschluss (+)
 3. Unmittelbares Ansetzen (+)
 4. Rechtswidrigkeit und Schuld (+)
 5. Rücktritt vom Versuch
  a) Kein fehlgeschlagener Versuch (+)
   Einzelaktstheorie und Gesamtbetrachtungslehre
  b) Beendeter oder unbeendeter Versuch
   Tatplantheorie und Rücktrittshorizont: unbeendeter Versuch
  c) Rücktrittsvoraussetzungen
   Rücktritt bei Erreichen eines außertatbestandlichen Ziels
II. § 223 Abs. 1 StGB zum Nachteil des F
 1. Tatbestand (+)
 2. Rechtswidrigkeit und Schuld (+)

Tatkomplex 2: Die missglückte Revanche

I. § 223 Abs. 1 StGB zum Nachteil des F
 1. Tatbestand (+)
 2. Rechtswidrigkeit
  Erforderlichkeit des subjektiven Rechtfertigungselements
  Rechtsfolge des fehlenden subjektiven Rechtfertigungselements
II. §§ 223 Abs. 1, 22, 223 Abs. 2 StGB zum Nachteil des F

Konkurrenzen und Gesamtergebnis

Lösung

Strafbarkeit der A

Tatkomplex 1: Ein Stich ins Herz

I. §§ 212 Abs. 1, 22 StGB zum Nachteil des F

Durch den Stich mit dem Fleischermesser könnte sich A des versuchten Totschlags schuldig gemacht haben.

1. Vorprüfung

Da F den Stich überlebt, ist der Totschlag nicht vollendet. Der Versuch des Verbrechens im Sinne des § 12 Abs. 1 StGB ist gemäß § 23 Abs. 1 Var. 1 StGB strafbar.

2. Tatentschluss

A müsste Tatentschluss zum Totschlag aufweisen, d. h. diesbezüglich vorsätzlich gehandelt haben. Vorsatz im Sinne des § 15 StGB erfordert Wissen und Wollen der Tatbestandsverwirklichung.[1] A handelte bei ihrem Stich mit Tötungsvorsatz und hatte somit den notwendigen Tatentschluss.

3. Unmittelbares Ansetzen

Zudem müsste A unmittelbar zum Totschlag angesetzt haben (§ 22 StGB). Dies setzt voraus, dass der Täter *subjektiv* die Schwelle zum „Jetzt geht es los!" überschreitet und *objektiv* derart zur tatbestandsgemäßen Angriffshandlung ansetzt, dass sein Verhalten ohne wesentliche Zwischenakte in die Tatbestandsverwirklichung einmündet (sog. gemischt subjektiv-objektive Theorie).[2] Spätestens mit dem lebensgefährlichen Messerstich in die linke Brustgegend des F hat A nach ihrer Vorstellung von der Tat unmittelbar zur Verwirklichung eines Totschlags angesetzt.

4. Rechtswidrigkeit und Schuld

A handelte rechtswidrig und schuldhaft.

5. Rücktritt vom Versuch

Allerdings könnte A vom versuchten Totschlag strafbefreiend zurückgetreten sein, indem sie nach dem ersten Stich von F abließ.

a) Kein fehlgeschlagener Versuch

Dies setzt voraus, dass der Versuch nach der Vorstellung des Täters noch nicht fehlgeschlagen war.

Ein Fehlschlag könnte bereits deswegen vorliegen, weil A den F ursprünglich mit einem einzigen Stich töten wollte. Nach der *Einzelaktstheorie* ist jede einzelne Ausführungshandlung, die der Täter zu Tatbeginn zur Erfolgsherbeiführung geeignet hielt, für sich zu bewerten. Vermag der Täter durch einen solchen Akt den Tatbestand nicht zu verwirklichen, liegt ein selbstständiger fehlgeschlagener Versuch vor. A unterlag zu Tatbeginn der Vorstellung, mit einem einzigen, aber gezielten Stich das Herz des F brechen zu können. Da der Versuch misslang und F nicht lebensgefährlich verletzt wurde, wäre der Versuch demnach fehlgeschlagen.

Der Einzelaktstheorie ist aber entgegenzuhalten, einheitliche Lebensvorgänge in unnatürlicher Weise auseinanderzureißen. Zudem werden dadurch die Rücktrittsmöglichkeiten unverhältnismäßig eingeschränkt.[3] Nach der *Gesamtbetrachtungslehre*

---

[1] BGHSt 19, 295 (298); 36, 1 (10 f.); *Heinrich* Rn. 264 f.; *Wessels/Beulke/Satzger* Rn. 306.
[2] BGHSt 48, 34 (35 f.); *Rengier* AT § 34 Rn. 22 f.; *Wessels/Beulke/Satzger* Rn. 855.
[3] BGHSt 34, 53 (57); *Fischer* § 24 Rn. 13; *Heinrich* Rn. 820; *Kühl* § 16 Rn. 19 ff.

muss daher die Frage des Fehlschlags für einen einheitlichen Lebensvorgang insgesamt beurteilt werden. Fehlgeschlagen ist danach ein Versuch, wenn der Täter den tatbestandlichen Erfolg mit den ihm zur Verfügung stehenden Mitteln entweder überhaupt nicht mehr oder zumindest nicht ohne zeitlich relevante Zäsur herbeiführen kann. Missglückt der Einsatz des ursprünglichen Tatmittels, führt dies noch nicht zu einem Fehlschlag, wenn der Täter, wie er weiß, sogleich seinen bisherigen Angriff erneut ausüben oder auf ein neues verfügbares Mittel zurückgreifen kann.[4] Zwar verursachte der erste Messerstich noch nicht den Tod des F. A könnte jedoch dem knienden und wehrlosen F weitere Stiche zufügen, um den tatbestandlichen Erfolg herbeizuführen. Ihr Tötungsversuch ist somit nicht fehlgeschlagen und ihr Rücktritt nicht ausgeschlossen.

b) Beendeter oder unbeendeter Versuch

Im Hinblick auf die in § 24 Abs. 1 StGB für den Alleintäter normierten Rücktrittsvoraussetzungen ist von Bedeutung, ob der Versuch der A bereits beendet (Satz 1 Var. 2) oder noch unbeendet war (Satz 1 Var. 1).

Für die Beendigung des Versuchs könnte sprechen, dass A sich bei F ursprünglich mit einem einzigen Stich revanchieren wollte. Auf die Vorstellung des Täters zu Tatbeginn stellte die früher insbesondere von der Rechtsprechung vertretene sog. *Tatplantheorie* ab. Sah der Täter in seinem Tatplan nur einen einzigen Ausführungsakt vor, um den Tatbestand zu verwirklichen, war der Versuch bereits nach Abschluss dieser Handlung beendet. Dies galt selbst dann, wenn der Täter nachträglich die mangelnde Eignung seines Tuns erkannte.[5] A dachte ursprünglich, den F mit einem einzigen Stich töten zu können. Somit wäre nach der Tatplantheorie ihr Versuch beendet, so dass A für einen Rücktritt die strengeren Anforderungen des § 24 Abs. 1 Satz 1 Var. 2 StGB erfüllen müsste.

Damit würde aber derjenige Täter *privilegiert*, der sich von vornherein *mehrere Handlungsalternativen* offenhält. Diese Privilegierung erscheint unbillig, weil ein Täter mit einem derart ausgeklügelten Plan eine höhere kriminelle Energie aufweist. Die Rechtsprechung hat daher die Tatplantheorie ausdrücklich verworfen. Ob ein Versuch beendet ist, muss sich vielmehr unabhängig von einem Tatplan aus der nahe gerückten Möglichkeit des Erfolgseintritts und einem entsprechenden Gefahrbewusstsein nach Abschluss der letzten Ausführungshandlung ergeben.[6] Maßgeblich ist somit der sog. *Rücktrittshorizont*. Danach ist ein Versuch beendet, wenn der Täter glaubt, alles getan zu haben, was nach seiner Vorstellung von der Tat zur Herbeiführung des tatbestandlichen Erfolges notwendig oder möglicherweise ausreichend ist.[7] A hat unmittelbar nach ihrem Messerstich erkannt, dass F nicht lebensgefährlich verletzt wurde. Nach dieser aktualisierten Vorstellung von der Tat

---

[4] BGHSt 34, 53 (56); 39, 221 (228); *Heinrich* Rn. 778; *Rengier* AT § 37 Rn. 15.
[5] BGHSt 22, 330 (331); siehe hierzu auch *Heinrich* Rn. 823.
[6] BGHSt 31, 170 (176); *Kindhäuser* AT § 32 Rn. 12 f.; *Kühl* § 16 Rn. 27.
[7] *Fischer* § 24 Rn. 15 ff.; *Hilgendorf/Valerius* AT § 10 Rn. 83.

hat A nicht alles Erforderliche zur Tatbestandsverwirklichung getan. Ihr Versuch war daher unbeendet.

c) Rücktrittsvoraussetzungen

Um von ihrem Versuch zurückzutreten, müsste A die weitere Ausführung der Tat freiwillig aufgegeben haben (§ 24 Abs. 1 Satz 1 Var. 1 StGB). Aufgeben bedeutet, die weitere Tatbestandsverwirklichung zu unterlassen.[8] A hat von weiteren Messerstichen abgesehen. Ein solches Nichtweiterhandeln reicht grds. aus, um vom unbeendeten Versuch zurückzutreten.

Dabei bliebe aber unberücksichtigt, dass A nur auf die Tötung des F verzichtet hat, weil sie sich angesichts des winselnden F bereits erfolgreich revanchieren konnte. Fraglich ist, ob in einer solchen Konstellation, bei welcher der Täter zwar nicht den Tatbestand (hier den Totschlag des F) verwirklicht, sein *außertatbestandliches Ziel* (hier die persönliche Revanche) aber bereits erreicht hat, ein Rücktritt noch möglich ist. Schließlich soll die Straffreiheit des Rücktritts lediglich demjenigen zugutekommen, der auf den Boden der Legalität zurückkehrt. Sieht der Täter aber nur von der weiteren Tatbestandsverwirklichung ab, weil er sein außertatbestandliches Ziel bereits erreicht hat, könne dies keine mit Straffreiheit honorierte Aufgabe im Sinne des § 24 Abs. 1 Satz 1 Var. 1 StGB sein.[9]

Dieser Auffassung lässt sich jedoch der Wortlaut der Vorschrift entgegenhalten, der von der Aufgabe der weiteren Ausführung der „Tat" spricht. Tat in diesem Sinne umfasst lediglich die in einem gesetzlichen Straftatbestand umschriebenen Merkmale. Dementsprechend muss sich die Aufgabe eines Täters beim Rücktritt vom unbeendeten Versuch nur auf den *Verzicht der Herbeiführung eines tatbestandlichen Erfolges* beziehen. Dagegen ist nicht erforderlich, dass der Täter von der Erreichung außertatbestandlicher, nicht gesetzlich kodifizierter Ziele absieht oder noch absehen kann. Solche über den gesetzlichen Tatbestand hinausgehenden Motive sind für die Frage des Rücktritts ohne Bedeutung. Zudem steht der Rücktritt auch im *Interesse des* nach wie vor *gefährdeten Opfers.*[10] Dieser Meinung ist daher zu folgen, weswegen ein Rücktritt auch bei Erreichen eines außertatbestandlichen Zieles möglich bleiben muss. A hat durch das Ablassen von F die weitere Ausführung des Totschlags strafbefreiend aufgegeben.

Die Aufgabe müsste freiwillig erfolgt sein. Entscheidend ist die freie Selbstbestimmung des Täters. Ein Täter tritt danach freiwillig zurück, wenn er aufgrund selbstgefasster *(autonomer) Motive* von der weiteren Tatbegehung absieht, d. h. sich ohne irgendeine Zwangslage von innen oder außen, ohne fremdbestimmte

---

[8] Schönke/Schröder/*Eser/Bosch* § 24 Rn. 14; *Hilgendorf/Valerius* AT § 10 Rn. 83; *Rengier* AT § 37 Rn. 32.
[9] BGH NStZ 1990, 77; vgl. *Wessels/Beulke/Satzger* Rn. 897.
[10] BGHSt 39, 221 (230 ff.); BGH NStZ 2011, 90; *Kindhäuser* AT § 32 Rn. 18; *Rengier* AT § 37 Rn. 62; kritisch *Kühl* § 16 Rn. 41; *Heinrich* Rn. 835 ff.

(heteronome) Motive zum Rücktritt entschließt.[11] Zwar hat A auf die Tatbestandsverwirklichung verzichtet, weil F um Gnade gefleht hat. Dieser Anstoß von außen wirkte sich aber nicht darauf aus, dass sie die Entscheidung, von weiteren Stichen abzusehen, selbstständig und unabhängig traf.

Mit dem Merkmal der Freiwilligkeit ist auch keine sittliche Bewertung der Rücktrittsmotive verbunden. Dass A nur zurücktritt, weil sie ihre persönliche Revanche bereits erreicht hat, vermag den Rücktritt daher nicht auszuschließen.

6. Ergebnis

A ist aufgrund ihres strafbefreienden Rücktritts nicht wegen versuchten Totschlags gemäß §§ 212 Abs. 1, 22 StGB strafbar.

II. § 223 Abs. 1 StGB zum Nachteil des F

A könnte sich durch den Messerstich in die Brust des F einer Körperverletzung schuldig gemacht haben.

1. Tatbestand

Dazu müsste A den F körperlich misshandelt (Var. 1) oder an seiner Gesundheit geschädigt haben (Var. 2). Eine körperliche Misshandlung ist jede üble und unangemessene Behandlung, die das körperliche Wohlbefinden nicht nur unerheblich beeinträchtigt.[12] Der Messerstich in die Brust des F stellt eine üble und unangemessene Behandlung dar, die wegen der damit verbundenen Schmerzen das körperliche Wohlbefinden des F erheblich beeinträchtigt.

Eine Gesundheitsschädigung liegt in jedem vom Normalzustand abweichenden pathologischen Zustand.[13] Das Eindringen des Messers in die linke Brustgegend des F verursacht einen krankhaften Zustand. A hat somit durch den Messerstich kausal den Tatbestand der Körperverletzung in beiden Varianten verwirklicht.

A müsste diesbezüglich vorsätzlich, d. h. wissentlich und willentlich gehandelt haben (§ 15 StGB). Zwar wollte der A den F nicht (nur) verletzen, sondern darüber hinaus töten. Allerdings setzt jede Tötung eines Menschen zwingend seine Körperverletzung als *notwendiges Durchgangsstadium* voraus. Nach der sog. *Einheitstheorie* schließt daher ein Tötungsvorsatz den Vorsatz zur Körperverletzung mit ein.[14] A handelte vorsätzlich im Hinblick auf die Körperverletzung des F.

---

[11] *Fischer* § 24 Rn. 19; *Hilgendorf/Valerius* AT § 10 Rn. 108 f.; *Kühl* § 16 Rn. 55.

[12] BGHSt 14, 269 (271); Schönke/Schröder/*Eser/Sternberg-Lieben* § 223 Rn. 3; *Rengier* BT II § 13 Rn. 7.

[13] BGHSt 36, 1 (6); Schönke/Schröder/*Eser/Sternberg-Lieben* § 223 Rn. 5; *Wessels/Hettinger* Rn. 257.

[14] BGHSt 16, 122 (123); Schönke/Schröder/*Eser/Sternberg-Lieben* § 212 Rn. 17a; *Rengier* BT II § 13 Rn. 14.

2. Rechtswidrigkeit und Schuld

Die Tat der A wurde rechtswidrig und schuldhaft begangen.

3. Ergebnis

Durch den Messerstich hat A eine Körperverletzung begangen. Der nach § 230 Abs. 1 Satz 1 StGB erforderliche Strafantrag ist gestellt.

III. Ergebnis

A hat sich wegen Körperverletzung gemäß § 223 Abs. 1 StGB zum Nachteil des F strafbar gemacht.

Tatkomplex 2: Die missglückte Revanche

I. § 223 Abs. 1 StGB zum Nachteil des F

Indem A dem F Pfefferspray in seine Augen gesprüht hat, könnte sie sich erneut wegen Körperverletzung strafbar gemacht haben.

1. Tatbestand

Dazu müsste A den F körperlich misshandelt (Var. 1) oder an seiner Gesundheit geschädigt (Var. 2) haben. Durch den Einsatz des Pfeffersprays ist F kampfunfähig und sein körperliches Wohlbefinden somit erheblich beeinträchtigt. Zudem stellt die ausgelöste Reizreaktion der Augen einen pathologischen Zustand dar. A hat somit den F sowohl körperlich misshandelt als auch an seiner Gesundheit geschädigt.

Diesbezüglich handelte A wissentlich und willentlich und somit vorsätzlich (§ 15 StGB).

2. Rechtswidrigkeit

A könnte aus Notwehr (§ 32 StGB) gerechtfertigt sein, da F ihr eine körperliche Abreibung mithilfe eines Schlagrings verabreichen wollte.

Dies setzt gemäß § 32 Abs. 2 StGB einen gegenwärtigen rechtswidrigen Angriff voraus. Ein Angriff ist jedes menschliche Verhalten, durch das eine Verletzung rechtlich geschützter Güter oder Interessen droht.[15] Dass F der A eine körperliche Abreibung verpassen wollte, stellt eine Bedrohung ihrer körperlichen Unversehrtheit dar. Der Angriff steht unmittelbar bevor und ist daher gegenwärtig.

---

[15] *Hilgendorf/Valerius* AT § 5 Rn. 23; *Kindhäuser* AT § 16 Rn. 6; *Kühl* § 7 Rn. 23.

Zudem müsste der Angriff rechtswidrig sein, d. h. im Widerspruch zur Rechtsordnung stehen.[16] F könnte seinerseits wegen des Messerstichs der A gerechtfertigt sein. Jedoch ist die Attacke seit langem abgeschlossen und vermag *mangels gegenwärtiger Bedrohung* das Verhalten des F nicht mehr zu rechtfertigen.

In einer Notwehrlage ist der Angegriffene zu einer objektiv erforderlichen Maßnahme gegen den Angreifer berechtigt. Dazu muss die Verteidigungshandlung geeignet und das *relativ mildeste Mittel* sein.[17] Das Versprühen des Pfeffersprays ist wegen der dadurch herbeigeführten Kampfunfähigkeit des F geeignet, den Angriff auf die körperliche Unversehrtheit der A wirksam zu unterbinden.

Fraglich bleibt allenfalls, ob die Handlung das relativ mildeste Mittel zur Abwehr des Angriffs darstellt oder A nicht auf weniger einschneidende Maßnahmen hätte zurückgreifen können. Im Hinblick auf die körperliche Unterlegenheit der A und die zusätzliche Bewaffnung des Angreifers F mit einem Schlagring ist aber kein sonstiges Mittel ersichtlich, das für die Beseitigung des Angriffs ebenso Erfolg verspricht. Auf eine ggf. denkbare Flucht vor dem Angriff des F musste A bereits deswegen nicht zurückgreifen, weil gemäß dem Rechtsbewährungsprinzip das Recht dem Unrecht nicht zu weichen braucht.[18] Die objektiven Voraussetzungen der Notwehr liegen somit vor.

A müsste schließlich mit Verteidigungswillen gehandelt haben. Dies setzt voraus, um die Notwehrlage zu wissen und in dem Bewusstsein zu handeln, den Angriff abzuwehren.[19] Als A zum Pfefferspray gegriffen hat, ahnte sie von dem bevorstehenden Angriff des F jedoch nichts. Somit hat sie bei ihrer (objektiv gegebenen) Notwehrhandlung sowohl ohne Verteidigungswillen als auch in Unkenntnis der Notwehrlage gehandelt.

Fraglich ist, wie sich das Fehlen des subjektiven Rechtfertigungselements auf die Strafbarkeit auswirkt. Vereinzelt wird vertreten, dass Rechtfertigungsgründe generell keines subjektiven Rechtfertigungselements bedürfen und ihre rechtfertigende Wirkung bereits bei Vorliegen ihrer objektiven Merkmale entfalten.[20] A wäre demnach unabhängig von ihrer subjektiven Fehlvorstellung gerechtfertigt. Dagegen lässt sich anführen, dass sich der Unrechtsgehalt einer Tat nicht rein objektiv bestimmen lässt. Vielmehr setzt er sich aus dem *Unwert ihres Erfolges* (Nichtvereinbarkeit des tatbestandlichen Erfolges mit der Rechtsordnung) und der *Art und Weise ihres Handlungsvollzuges* (Auflehnung des Täters gegen die Rechtsordnung) zusammen. Demzufolge können ebenso Rechtfertigungsgründe ein tatbestandlich verwirklichtes Unrecht nur dann kompensieren, wenn sowohl ihre objektiven, den Erfolgsunwert aufhebenden, als auch ihre subjektiven, dem Handlungsunwert entsprechenden Voraussetzungen gegeben sind.[21]

---

[16] *Fischer* § 32 Rn. 21; *Rengier* AT § 18 Rn. 28.

[17] *Hilgendorf/Valerius* AT § 5 Rn. 37; *Kindhäuser* AT § 16 Rn. 27; BeckOK-StGB/*Momsen* § 32 Rn. 25.

[18] *Heinrich* Rn. 356 ff.; *Rengier* AT § 18 Rn. 3.

[19] *Kindhäuser* § 16 Rn. 37; *Wessels/Beulke/Satzger* Rn. 532.

[20] Siehe hierzu *Kühl* § 7 Rn. 124.

[21] *Kühl* § 7 Rn. 124 f.; *Wessels/Beulke/Satzger* Rn. 401.

Wird das subjektive Rechtfertigungselement für erforderlich erachtet, stellt sich die Frage, wie ein Täter zu bestrafen ist, der zwar objektiv, mangels Kenntnis der Rechtfertigungslage jedoch nicht subjektiv gerechtfertigt gehandelt hat. Nach einer Ansicht können Rechtfertigungsgründe den Ausschluss des tatbestandlich verwirklichten Unrechts nur dann bewirken, wenn sie vollständig, d. h. sowohl in ihren objektiven als auch subjektiven Voraussetzungen gegeben sind.[22] Danach wäre das Verhalten des A mangels subjektiven Rechtfertigungselements rechtswidrig. Ihre Schuld unterstellt, wäre sie somit der (vollendeten) Körperverletzung zum Nachteil des F schuldig.

Dabei bliebe aber unberücksichtigt, dass sich der Täter *objektiv im Einklang mit der Rechtsordnung* befindet. Durch die tatsächlich vorliegende Rechtfertigungslage wird der Erfolgsunwert der Tat kompensiert. Ihr Unrechtsgehalt ergibt sich nur noch aus dem subjektiven Handlungsunwert, der im Willen des Täters zur Verletzung der Rechtsordnung zum Ausdruck kommt. Diese Situation entspricht der des untauglichen Versuchs, bei dem ebenso objektiv keine Straftat gegeben ist und der Täter lediglich nach seiner Vorstellung eine Straftat begeht. Daher hält es eine andere Ansicht für sachgerechter, auf die Konstellation des fehlenden subjektiven Rechtfertigungselements die Versuchsregeln entsprechend oder sinngemäß anzuwenden.[23] Diese Ansicht erscheint vorzugswürdig, weil ansonsten der objektiv Angegriffene, der um seine Rechtfertigungslage lediglich nicht weiß, genauso behandelt würde wie der Normalfall eines Täters, der sich in überhaupt keiner Rechtfertigungslage befindet.

3. Ergebnis

Eine Strafbarkeit der A wegen vollendeter Körperverletzung scheidet demnach infolge der objektiven Rechtfertigung ihres Verhaltens aus.

II. §§ 223 Abs. 1, 22, 223 Abs. 2 StGB zum Nachteil des F

A könnte sich wegen versuchter Körperverletzung strafbar gemacht haben.

Eine Vollendung der Körperverletzung blieb aus rechtlichen Gründen aus, da die Handlung der A objektiv gerechtfertigt war. Die Strafbarkeit des Versuchs der Körperverletzung als Vergehen (§ 12 Abs. 2 StGB) folgt aus §§ 23 Abs. 1 Var. 2, 223 Abs. 2 StGB.

A hatte Vorsatz bzgl. der Körperverletzung des F.

Zudem müsste A unmittelbar zur Körperverletzung angesetzt haben (§ 22 StGB). Spätestens mit der Betätigung des Pfeffersprays hat sie subjektiv die Schwelle zum „Jetzt geht es los!" überschritten und objektiv zur Verwirklichung der Körperverletzung angesetzt.

---

[22] BGHSt 2, 111 (114); *Heinrich* Rn. 392; *Zieschang* Rn. 232.
[23] OLG Naumburg NStZ 2013, 718; *Kühl* § 6 Rn. 14 ff.; Schönke/Schröder/*Perron* § 32 Rn. 63; *Wessels/Beulke/Satzger* Rn. 406.

Fraglich ist die Rechtswidrigkeit der Tat. Zwar befand sich A objektiv in einer Notwehrlage gemäß § 32 StGB. Jedoch handelte sie ohne subjektives Rechtfertigungselement, so dass eine Rechtfertigung auch der versuchten Körperverletzung wegen des *verwirklichten Handlungsunrechts* ausscheidet. Die Tat war daher rechtswidrig. Zudem war die Tat schuldhaft.

A ist schuldig der versuchten Körperverletzung zum Nachteil des F. Der gemäß § 230 Abs. 1 Satz 1 StGB erforderliche Strafantrag ist gestellt.

Konkurrenzen und Gesamtergebnis

A ist strafbar gemäß § 223 Abs. 1; §§ 223 Abs. 1, 22, 223 Abs. 2 StGB; § 53 StGB.

Erwartungshorizont der Klausur

Schwerpunkte erster Ordnung
- Rücktritt bei Erreichen des außertatbestandlichen Ziels
- Fehlen des subjektiven Rechtfertigungselements

Schwerpunkte zweiter Ordnung
- Fehlschlag des Versuchs
- Abgrenzung beendeter/unbeendeter Versuch
- Freiwilligkeit des Rücktritts bei Anstoß von außen

Kleinere Probleme
- Freiwilligkeit des Rücktritts bei sittlich fragwürdigen Motiven
- Verhältnis von Tötungs- und Körperverletzungsvorsatz

IV Fünf Klausuren zum Öffentlichen Recht

Einführende Hinweise § 16

I. Zu den Klausuren

Gegenstand der fünf abschließenden Klausuren zum Öffentlichen Recht ist das Staatsrecht, das üblicherweise in den Veranstaltungen der ersten beiden Semester gelehrt wird. Die Klausuren 11 bis 13 beschäftigen sich mit dem *Staatsorganisationsrecht*, die Klausuren 14 und 15 mit den *Grundrechten*. Bei der Auswahl der Rechtsprobleme wurde darauf Wert gelegt, möglichst viele der verfassungsgerichtlichen Verfahren zu berücksichtigen, so dass für deren Zulässigkeit jeweils eine ausformulierte Lösung vorliegt.

II. Erste Hinweise zum Aufbau

Der Standardbearbeitervermerk in einer öffentlich-rechtlichen Klausur fragt nach den Erfolgsaussichten eines Rechtsbehelfs. Im Staatsrecht sind somit zumeist verfassungsgerichtliche Verfahren zu erörtern, für deren Prüfung es einige grundlegende Aufbauhinweise gibt.

- Auf der ersten Gliederungsebene ist zunächst zwischen Zulässigkeit und Begründetheit zu trennen.
  - Im Rahmen der *Zulässigkeit* sind die Voraussetzungen zu behandeln, unter denen sich das angerufene Gericht mit dem Vortrag des Antragstellers inhaltlich überhaupt auseinandersetzt.
  - Die *Begründetheit* beschäftigt sich dagegen mit der rechtlichen Beurteilung des jeweiligen Sachverhalts. Da somit in der Begründetheit die eigentliche juristische Arbeit zu leisten ist, liegt hier in der Regel der Schwerpunkt einer Klausur.
- In der Begründetheit wird sich häufig die Frage nach der *Verfassungsmäßigkeit* eines Gesetzes, einer Maßnahme etc. stellen, d. h. nach ihrer Vereinbarkeit mit dem Grundgesetz. Ähnlich betrifft der Begriff der Rechtmäßigkeit die

Übereinstimmung mit der Rechtsordnung insgesamt. In der Regel ist dann zwischen der formellen und der materiellen Verfassungsmäßigkeit zu differenzieren.
- In der *formellen* Verfassungsmäßigkeit ist zu prüfen, ob eine Maßnahme äußerlich als verfassungsgemäß bezeichnet werden kann, d. h. ob – anzusprechen auf der nächsten Unterebene – das dafür *zuständige* Organ in dem dafür vorgesehenen *Verfahren* und in der vorgesehenen *Form* gehandelt hat.
- *Materiell* verfassungsgemäß ist hingegen eine Handlung, wenn sie inhaltlich mit den Vorgaben des Grundgesetzes übereinstimmt.

Diese Unterscheidung weist eine gewisse Verwandtschaft mit der Differenzierung zwischen (formeller) Zulässigkeit und (materieller) Begründetheit auf – ein Gegensatzpaar, das im Öffentlichen Recht häufig zu bemerken ist.

- Auch bei der Erörterung von Grundrechten existieren feste Prüfungsabfolgen. Bei den Freiheitsgrundrechten muss beispielsweise zunächst der *Schutzbereich* angesprochen werden. Anschließend wird untersucht, ob ein *Eingriff* in den Schutzbereich vorliegt, und schließlich, ob der Eingriff *verfassungsrechtlich gerechtfertigt* ist.
- Auf der Ebene der Rechtfertigung ist oft von einer Schrankenprüfung die Rede. So darf der Staat der Ausübung von Grundrechten unter bestimmten Voraussetzungen eine *Schranke* aufzeigen. Allerdings ist diese Schranke selbst ebenso wenig schrankenlos, sondern erfährt ihrerseits Einschränkungen, die sog. Schranken der Schranken oder kurz: *Schranken-Schranken*.
- Ein solches Hin und Her bzw. *Für und Wider* wie bei der Schrankenprüfung ist für das Öffentliche Recht typisch. Im Zivil- und Strafrecht ist weitgehend „nur" unter bestimmte Normen und ihre einzelnen Merkmale zu subsumieren. Ein Für und Wider entsteht dort lediglich bei Ausnahmevorschriften, welche die grds. vorgesehene Rechtsfolge nicht eintreten lassen.

Normen des Öffentlichen Rechts eröffnen dagegen häufig einen Ermessensspielraum, so dass in einer Abwägung Pro- und Contra-Argumente ausgetauscht und bewertet werden müssen. Zudem wird die zu überprüfende Maßnahme oftmals mehrere Grundsätze betreffen, die gegenläufiger Natur sind und zwischen denen ein sinnvoller Ausgleich gefunden werden muss. Formulierungen wie „Einerseits gebietet der Grundsatz X, dass [...]. Dem könnte andererseits das Prinzip Y entgegenstehen, wonach [...]." sind im Staatsrecht keine Seltenheit.

III. Tipps zum Öffentlichen Recht

▶ Tipp Nr. Ö1: Wert auf eine sorgfältige Prüfung der Zulässigkeit legen! ☆☆

Wie auch häufig im Leben ist bei der Klausurenkorrektur der erste Blick nicht völlig unbedeutend. Ein gelungener Einstieg hilft dabei, sich beim Korrektor Pluspunkte zu verschaffen. Sind die ersten Seiten des Gutachtens dagegen eher zäh und/oder nicht frei von Fehlern, wird sich der Geduldsfaden des Korrektors mehr oder minder schnell verkürzen.

III. Tipps zum Öffentlichen Recht

Die Chancen auf einen erfolgreichen Start in einer Klausur sind aber nirgends so groß wie im Öffentlichen Recht. Dies liegt an dem bereits erwähnten Umstand, dass häufig nach den Erfolgsaussichten eines Rechtsbehelfs gefragt wird und somit ein Großteil der Klausuren mit der Prüfung der Zulässigkeit beginnt. Sowohl die Prüfungsschemata der verschiedenen Verfahrensarten als auch die typischen Probleme der Zulässigkeit sind indessen überschaubar.

Daher erscheint es empfehlenswert, sich die Zulässigkeit und ihre wesentlichen Fragestellungen gut einzuprägen. Die *Gleichförmigkeit* der einzelnen Zulässigkeitsprüfungen ermöglicht es sogar, Formulierungen und Textbausteine auswendig zu lernen und in einer Klausur nur noch niederzuschreiben. Jedenfalls sollte die Gelegenheit, durch eine solide bis hervorragende Prüfung der Zulässigkeit einen ersten guten Eindruck zu hinterlassen, nicht ungenutzt bleiben.

> Die Prüfungsschemata der Zulässigkeit der einzelnen Verfahrensarten weisen viele Gemeinsamkeiten auf. Vor allem wiederholen sich die Prüfungspunkte Partei- bzw. Beteiligtenfähigkeit (wer ggf. gegen wen?), Streit- oder Prüfungsgegenstand (worüber?), Antragsbefugnis (unter welchen persönlichen Voraussetzungen?) sowie Form und Frist (wie und bis wann?).

▶ **Tipp Nr. Ö2: Nicht die Begründetheit vernachlässigen!** ☆☆☆

Ein intensives Studium der Zulässigkeit darf nicht dazu verleiten, ihr auch im Ernstfall einer Klausur zu viel Zeit und Platz zu widmen. Es mag zwar verlockend sein, sich möglichst lange in bekannten Gewässern aufzuhalten. Die Inseln mit höheren Punktzahlen erreicht aber nur, wer weiter hinausschwimmt. Mit anderen Worten: Der Schwerpunkt einer Klausur im Öffentlichen Recht liegt in aller Regel auf der Begründetheit.

Feste Zahlen für das Verhältnis von Begründetheit und Zulässigkeit gibt es freilich nicht. Allerdings dürften Klausuren, bei denen sich *mindestens drei Viertel der Gesamtbewertung* in der Begründetheit entscheiden, keine Seltenheit sein. Dies sollte bei der Ausformulierung der Klausur und bei der Zeiteinteilung beachtet werden. Die Klausur sollte folglich nicht zu kopflastig werden.

> Um nicht der Versuchung einer zu detaillierten Zulässigkeitsprüfung zu erliegen, kann ggf. bei der Reinschrift mit der Begründetheit begonnen und deren Prüfung etwa fünfzehn bis zwanzig Minuten vor Ende der Bearbeitungszeit abgeschlossen werden. In der restlichen Zeit gilt es dann konzentriert, aber eben nur in der gebotenen Kürze die Zulässigkeit auszuformulieren. Natürlich darf nicht vergessen werden, vor Abgabe der Klausur die zuletzt zur Zulässigkeit geschriebenen Seiten nach vorne zu sortieren.

Wie lässt sich dieser Hinweis nun mit Tipp Nr. Ö1 vereinbaren? Das Wissen zur Zulässigkeit dient dazu, sich mit einer sorgfältigen, nicht dagegen weitschweifigen Prüfung einen gelungenen Einstieg in die Klausur zu verschaffen. Wenn dies glückt und in der Begründetheit keine schwerwiegenden Fehler begangen werden, ist die Klausur häufig schon bestanden und die Vier-Punkte-Hürde genommen. Mit dem Fundament einer gelungenen Zulässigkeitsprüfung wird folglich der Weg zu einer höheren Punktzahl geebnet. Wie weit aber letztlich in höhere Punkteregionen vorgestoßen wird, entscheidet sich durch die Ausführungen in der Begründetheit.

▶ Tipp Nr. Ö3: Sachverhalt auswerten! ☆☆☆

Das notwendige Material für die Erläuterungen in der Begründetheit ist zu einem erheblichen Anteil bereits im Sachverhalt enthalten, der dementsprechend gründlich gelesen und erschöpfend verwendet werden sollte. Der Ratschlag, möglichst alle Angaben des Sachverhalts in der Klausur zu verwerten, ist zwar im Grunde nur eine Wiederholung von Tipp Nr. 3 (An und mit dem Sachverhalt arbeiten!) auf S. 40, erfährt aber im Öffentlichen Recht eine besondere Bedeutung.

Im Vergleich zu den Aufgaben im Bürgerlichen Recht oder im Strafrecht zeichnen sich Klausuren im Öffentlichen Recht nämlich in der Regel durch einen besonders umfangreichen Sachverhalt aus. Wie bereits geschildert, besteht die Aufgabe im Öffentlichen Recht zumeist darin, nicht einfach nur unter eine einzige bestimmte Norm mit ihren jeweiligen Merkmalen zu subsumieren, sondern auch widerstreitende Aspekte (z. B. Grundrechte oder Staatszielbestimmungen) in Einklang bzw. Konkordanz zu bringen. Ein ausführlicher Sachverhalt gewährt hierzu erste *Argumentations- und Diskussionshilfen*, die beherzt aufgegriffen werden sollten.

▶ Tipp Nr. Ö4: Das „System" nutzen! ☆☆☆

Das Öffentliche Recht stellt nicht nur ein Rechtsgebiet dar, das eine weitgehende Orientierung an Prüfungsschemata gestattet. Es weist darüber hinaus viele systematische Strukturen auf, deren Verständnis den Umgang mit der Materie erheblich erleichtert. Daher ist es zu empfehlen, sich die grundlegenden Systemkenntnisse anzueignen und dadurch eine solide Basis für höhere Punktzahlen zu erarbeiten, zumal dies im Vergleich zu anderen Rechtsgebieten nur einen relativ geringen Aufwand erfordert.

> Es gilt daher, die Aufbauregeln des Öffentlichen Rechts nicht nur zu lernen, sondern auch zu verstehen. Dies wird dabei behilflich sein, unbekannte Probleme an der richtigen Stelle einzuordnen und durch ein derart praktiziertes Systemverständnis Punkte zu erzielen. Was das Lernen im Öffentlichen Recht zudem erleichtern kann, ist die Vielzahl an grundlegenden Unterscheidungen und Abgrenzungen, die verinnerlicht werden sollten. Vor allem Gegensatzpaare (z. B. sachlicher und persönlicher Schutzbereich, Freiheits- und Gleichheitsrechte, Verbands- und Organkompetenz) sind recht häufig und können das Verständnis fördern.

Das Lernaufwand-Punkte-Verhältnis ist im Öffentlichen Recht somit äußerst günstig. Daraus darf aber nicht geschlossen werden, das Öffentliche Recht vernachlässigen zu können. Dies erscheint bereits deswegen nicht ratsam, da die Lern- und Verständnisfreundlichkeit des Öffentlichen Rechts einen Haken hat: Systemfehler werden umso schwerer bestraft. Das Verständnis der grundlegenden Systematik des Öffentlichen Rechts erweist sich daher nicht nur als äußerst hilfreich, sondern stellt auch eine elementare Notwendigkeit dar.

Klausur 11: Versteuert? § 17

Sachverhalt

Um die marode Wirtschaft anzukurbeln, plant die Bundesregierung einige Änderungen im Einkommensteuerrecht. Zur Beschleunigung des Gesetzgebungsverfahrens verzichtet sie jedoch im Hinblick auf Art. 76 Abs. 2 GG auf ihr Initiativrecht. Stattdessen veranlasst sie die Regierungsfraktionen, einen textidentischen Entwurf für ein Gesetz zur Vereinfachung des Einkommensteuerrechts (EStVG) in den Bundestag einzubringen. Die Opposition ist weder vom Inhalt des (materiell verfassungsgemäßen) Gesetzes noch von der Art der Einleitung des Verfahrens angetan. Trotz des brisanten Themas ist bei der Abstimmung im Bundestag infolge einer Grippewelle lediglich ein gutes Drittel der Abgeordneten anwesend. Von den abgegebenen Stimmen votieren 114 für das EStVG und 112 dagegen, vier Abgeordnete enthalten sich.

Auch im Bundesrat verläuft die Abstimmung nicht problemlos. Aufgrund der knappen Mehrheitsverhältnisse ist im Vorfeld absehbar, dass es auf die Stimmen des Bundeslandes A ankommen wird. Dem Land A steht zurzeit eine Regierung aus zwei Parteien vor, die sich über die Zustimmung zum EStVG nicht einigen können. An sich sieht der Koalitionsvertrag der beiden Parteien für einen solchen Fall vor, sich im Bundesrat zu enthalten. Gleichwohl weist der Finanzminister von A, zugleich bestelltes Bundesratsmitglied für die betreffende Sitzung, in der Aussprache vor der Abstimmung ausdrücklich auf die bestehenden Differenzen hin und stellt eine unterschiedliche Stimmabgabe des Landes A in Aussicht. Während der Abstimmung erklärt auf den Aufruf des Landes A durch den Bundesratspräsidenten der als Vertreter seines Landes anwesende Ministerpräsident „Ja!", der Finanzminister von A dagegen „Nein!". Der Bundesratspräsident beanstandet, dass das Land A seine Stimmen nicht wie im Grundgesetz vorgesehen einheitlich abgegeben habe, und fragt den Ministerpräsidenten von A, wie sein Land abstimme. Dieser antwortet: „Als Ministerpräsident des Landes A erkläre ich hiermit ‚Ja!'." Der Bundesratspräsident stellt daraufhin fest, das Land A habe mit „Ja!" abgestimmt. Insgesamt votieren 35 von 69 Stimmen für das EStVG, alle vier Stimmen des Landes A eingeschlossen.

Trotz Bedenken gegenüber der formellen Verfassungsmäßigkeit fertigt der Bundespräsident das Gesetz aus. Weil die Regierung des Landes A das EStVG wegen der Vorkommnisse bei der Abstimmung im Bundesrat für nichtig hält und zudem den Koalitionsfrieden wiederherstellen möchte, will sie das Gesetz vom Bundesverfassungsgericht umgehend überprüfen lassen. Das EStVG ist zu diesem Zeitpunkt zwar im Bundesgesetzblatt verkündet, aber noch nicht in Kraft getreten.

Bearbeitervermerk: Wie sind die Erfolgsaussichten des einschlägigen verfassungsrechtlichen Verfahrens?

Lösungsskizze

Erfolgsaussichten der abstrakten Normenkontrolle

A. Zulässigkeit
   I. Antragsberechtigung (+)
   II. Prüfungsgegenstand (+)
      fehlendes Inkrafttreten des EStVG unerheblich
   III. Antragsbefugnis (+)
      str: Zweifel oder Überzeugung von der Nichtigkeit
   IV. Klarstellungsinteresse (+)
      objektives Klarstellungsinteresse genügt
   V. Form und Frist (+)

B. Begründetheit
Formelle Verfassungsmäßigkeit des Gesetzes
1. Zuständigkeit (+)
   Art. 105 Abs. 2 GG
2. Verfassungsgemäßes Gesetzgebungsverfahren
   a) Initiativphase
      Umgehung der Rechte des Bundesrates (−)
   b) Hauptverfahren
      aa) Abstimmung im Bundestag (+)
         fehlende Beschlussfähigkeit gemäß § 45 GOBT nicht festgestellt
         Stimmenthaltungen bleiben unberücksichtigt
      bb) Abstimmung im Bundesrat
         (1) Notwendigkeit der Zustimmung des Bundesrates (+)
            Art. 105 Abs. 3 GG
         (2) Wirksamkeit der Zustimmung
            Koalitionsvertrag rein politische (Innen-)Vereinbarung
            uneinheitliche Abgabe des Landes A; Stimmführerprinzip (−)
            Zulässigkeit der Nachfrage des Bundesratspräsidenten
            str: Rechtsfolge der uneinheitlichen Stimmabgabe

Lösung

Erfolgsaussichten der abstrakten Normenkontrolle

Um die Verfassungsmäßigkeit des EStVG überprüfen zu lassen, könnte die Landesregierung von A eine abstrakte Normenkontrolle gemäß Art. 93 Abs. 1 Nr. 2 GG einlegen. Sie hat Aussicht auf Erfolg, wenn sie zulässig und begründet ist.

A. Zulässigkeit

Die Zulässigkeit einer abstrakten Normenkontrolle richtet sich nach den Art. 93 Abs. 1 Nr. 2 GG, §§ 13 Nr. 6, 76 ff. BVerfGG.

I. Antragsberechtigung

Die Landesregierung von A ist gemäß Art. 93 Abs. 1 Nr. 2 GG, § 76 Abs. 1 BVerfGG antragsberechtigt.

II. Prüfungsgegenstand

Gemäß Art. 93 Abs. 1 Nr. 2 GG, § 76 Abs. 1 BVerfGG ist das EStVG als Bundesgesetz und somit Bundesrecht grds. tauglicher Prüfungsgegenstand der abstrakten Normenkontrolle.

Dem könnte entgegenstehen, dass das EStVG noch nicht in Kraft getreten ist. Die abstrakte Normenkontrolle stellt aber ein *objektives Verfahren* zum Schutz der Verfassung dar, mit der verfassungsrechtlich fragwürdiges Recht jederzeit und unabhängig von einem konkreten Rechtsstreit überprüft werden soll. Dem Anliegen widerspräche es, wenn der Antragsteller bis zum Inkrafttreten der fraglichen Vorschrift warten müsste. Dies wäre vielmehr eine überflüssige Förmlichkeit.[1] Vorliegend reicht es daher aus, dass das EStVG ausgefertigt und verkündet wurde.

III. Antragsbefugnis

Die Regierung des Landes A müsste antragsbefugt sein. Gemäß § 76 Abs. 1 Nr. 1 BVerfGG setzt dies voraus, dass der Antragsteller den Prüfungsgegenstand wegen Verstoßes gegen das Grundgesetz oder sonstiges Bundesrecht für nichtig hält. Dies scheint im Widerspruch zum Wortlaut des Art. 93 Abs. 1 Nr. 2 GG zu stehen, wonach bereits „Meinungsverschiedenheiten oder Zweifel(n)" ausreichen. Ob die Vorschrift des § 76 Abs. 1 Nr. 1 BVerfGG insoweit verfassungswidrig ist oder lediglich eine *rechtmäßige Konkretisierung* des Art. 93 Abs. 1 Nr. 2 GG darstellt,[2] bleibt umstritten. Der Meinungsstreit kann aber dahinstehen, da die Landesregierung

---

[1] BVerfGE 1, 396 (410); *Ipsen* Staatsrecht I Rn. 916.
[2] So BVerfGE 96, 133 (137 f.); zum Streitstand *Maurer* § 20 Rn. 81.

A das EStVG für nichtig hält und damit selbst dem strengeren Maßstab des § 76 Abs. 1 Nr. 1 BVerfGG genügt.

IV. Klarstellungsinteresse

Fraglich ist, ob die Landesregierung A ein Klarstellungsinteresse an der Entscheidung über die Verfassungsmäßigkeit des EStVG hat. Dagegen könnte sprechen, dass sie durch ihre Stimmabgabe im Bundesrat erst die Verabschiedung des EStVG ermöglicht hat. Zudem erscheint das Interesse an der Wiederherstellung des Koalitionsfriedens rein politischer Natur und für ein Rechtsschutzbedürfnis nicht ausreichend. Jedoch stellt die abstrakte Normenkontrolle ein objektives Verfahren zum Schutz der Verfassung dar, weswegen ein rein *objektives Klarstellungsinteresse* genügt.[3] Es besteht darin, dass das EStVG Auswirkungen auf die Einkommensteuer und somit auf die Steuereinnahmen des Landes A haben wird.

V. Form und Frist

Der Antrag muss die Schriftform des § 23 Abs. 1 BVerfGG wahren. Eine Frist ist nicht zu beachten.

VI. Ergebnis

Bei Beachtung der erforderlichen Schriftform ist der Antrag der Landesregierung A auf abstrakte Normenkontrolle des EStVG zulässig.

B. Begründetheit

Der Antrag auf abstrakte Normenkontrolle ist begründet, wenn das EStVG mit dem Grundgesetz nicht vereinbar ist.

I. Formelle Verfassungsmäßigkeit des Gesetzes

I. Zuständigkeit

Damit das EStVG formell verfassungsgemäß zustande gekommen ist, müsste der Bund für seinen Erlass zuständig sein. Mangels ausschließlicher Gesetzgebungskompetenz kommt eine *konkurriende Gesetzgebungszuständigkeit*, vorliegend aus Art. 105 Abs. 2 GG, in Betracht. Dazu müsste es sich bei der Einkommensteuer um eine Steuer handeln, deren Aufkommen dem Bund zumindest zum Teil zusteht. Gemäß Art. 106 Abs. 3 Satz 1 GG ist die Einkommensteuer eine Gemeinschaftssteuer, deren Aufkommen Bund und Länder gemeinsam zufließt. Der Bund war für den Erlass des EStVG zuständig.

---

[3] *Maurer* § 20 Rn. 82; vgl. BVerfGE 52, 63 (80); 108, 169 (178).

2. Verfassungsgemäßes Gesetzgebungsverfahren

a) Initiativphase

Darüber hinaus müsste das Gesetzgebungsverfahren verfassungsgemäß verlaufen sein. Dem könnte in der Initiativphase entgegenstehen, dass der Entwurf zum EStVG von den Regierungsfraktionen und nicht von der Bundesregierung als eigentlicher Urheberin des Gesetzentwurfs eingebracht wurde. Gemäß Art. 76 Abs. 2 GG sind Gesetzesvorlagen der Bundesregierung zunächst dem Bundesrat zuzuleiten. Die dadurch eröffnete Gelegenheit zur frühzeitigen Stellungnahme und zur Berücksichtigung seines Standpunkts im weiteren Gesetzgebungsverfahren wird dem Bundesrat genommen, wenn das Gesetz von einer Fraktion eingebracht wird. Allerdings sieht Art. 76 Abs. 1 GG ausdrücklich Gesetzentwürfe aus der *Mitte des Bundestages* vor. Das Initiativrecht des Bundestages ist nicht begrenzt, so dass er sich auch Gesetzentwürfe, die nicht aus seiner Feder stammen, frühzeitig zu eigen machen und selbst einbringen darf. Die Rechte des Bundesrates werden dadurch ausreichend gewahrt, dass ihm das vom Bundestag beschlossene Gesetz im zweiten Durchgang nach Art. 77 GG zugeleitet wird.[4] Die Initiativphase war somit verfassungsgemäß.

b) Hauptverfahren

Allerdings könnten Fehler im Hauptverfahren ein verfassungsgemäßes Zustandekommen des EStVG verhindert haben.

aa) Abstimmung im Bundestag

Bedenklich erscheint zunächst, dass bei dem Gesetzesbeschluss nur ein gutes Drittel der Abgeordneten mitgewirkt hat. Dies könnte der Beschlussfähigkeit des Bundestages und somit der Wirksamkeit des Gesetzesbeschlusses entgegenstehen. Gemäß § 45 Abs. 1 GOBT ist der Bundestag nur beschlussfähig, wenn mehr als die Hälfte seiner Mitglieder anwesend ist. Allerdings führt eine geringere Anwesenheitsquote nicht automatisch zur Beschlussunfähigkeit, die vielmehr gemäß § 45 Abs. 2 GOBT der *ausdrücklichen Feststellung* vor Beginn der Abstimmung bedarf. Ansonsten gilt der Bundestag ohne Rücksicht auf die Zahl seiner anwesenden Mitglieder als beschlussfähig.[5] Dass bei der Abstimmung zum EStVG nur ein gutes Drittel der Abgeordneten anwesend war, steht der Wirksamkeit des Gesetzesbeschlusses somit nicht entgegen.

Fraglich ist, ob bei der Verabschiedung des EStVG im Bundestag die erforderliche Mehrheit erreicht wurde. Für einen Beschluss ist gemäß Art. 42 Abs. 2 Satz 1 GG grds. die Mehrheit der abgegebenen Stimmen erforderlich (sog. *Abstimmungsmehrheit*). Allerdings kann Enthaltungen kein anderer Erklärungsgehalt als der

---

[4] *Degenhart* Rn. 219; *Gröpl* Rn. 1222; differenzierend *Maurer* § 17 Rn. 63.
[5] Vgl. BVerfGE 44, 308 (317 ff.); *Ipsen* Staatsrecht I Rn. 238.

Nichtabgabe der Stimme entnommen werden, so dass sie nicht als abgegebene Stimmen zählen können. Damit ein Beschluss zustande kommt, reicht es daher aus, dass die Anzahl der abgegebenen Ja-Stimmen die der Nein-Stimmen um zumindest eine übersteigt.[6] Vorliegend haben 114 Abgeordnete für und 112 gegen das EStVG gestimmt. Die vier Enthaltungen bleiben außer Betracht. Somit hat die erforderliche Abstimmungsmehrheit für das Gesetz votiert.

Die Abstimmung im Bundestag ist insgesamt ordnungsgemäß verlaufen und führt nicht zur Verfassungswidrigkeit des EStVG.

bb) Abstimmung im Bundesrat

Einer verfassungsmäßigen Verabschiedung des EStVG könnten jedoch die Geschehnisse während der Abstimmung im Bundesrat entgegenstehen.

(1) Notwendigkeit der Zustimmung des Bundesrates

Zunächst ist fraglich, ob das EStVG der Zustimmung des Bundesrates bedarf. Dazu müsste das EStVG ein Zustimmungsgesetz sein, für welches das Grundgesetz ausdrücklich die Zustimmung des Bundesrates vorsieht. Für ein Bundesgesetz über die Einkommen- als Gemeinschaftssteuer, deren Aufkommen zum Teil den Ländern zufließt, enthält Art. 105 Abs. 3 GG eine solche Anordnung. Ohne Zustimmung des Bundesrates kann das EStVG nicht zustande kommen.

(2) Wirksamkeit der Zustimmung

Die Zustimmung könnte gescheitert sein, da die notwendige Mehrheit von 35 Stimmen nur unter Einschluss aller vier Stimmen des Landes A erreicht wurde, bei dessen Stimmabgabe Differenzen zu Tage traten.

So könnte eine wirksame Stimmabgabe des Landes A bereits an einer Verletzung des Koalitionsvertrags der Regierungsparteien scheitern. Allerdings entfaltet der Koalitionsvertrag seine ohnehin *lediglich politische Wirkung* nur im Innenverhältnis der Vertragspartner. Im Außenverhältnis gegenüber Dritten ist er ohne Bedeutung.[7] Zwar hätte sich das Land A infolge des Koalitionsvertrags bei der Abstimmung wegen der bestehenden Differenzen enthalten müssen. Der Bruch des Koalitionsvertrags hat im Außenverhältnis jedoch keine Bedeutung und lässt die Wirksamkeit der Stimmabgabe des Landes unberührt.

Gegen die Wertung der vier Stimmen des Landes A bestehen weitere Bedenken, da seine Vertreter zunächst unterschiedlich abgestimmt haben. Allerdings könnte nach dem *Stimmführerprinzip* das zuerst abgegebene Votum für das gesamte Land maßgeblich sein. Nach diesem Grundsatz müssen sich nicht alle Bundesratsmitglieder eines Landes bei einer Abstimmung äußern. Da das Grundgesetz in Art. 51

---

[6] *Gröpl* Rn. 1231, 321 f.; Hömig/Wolff/*Risse/Witt* Art. 42 Rn. 3.
[7] Hömig/Wolff/*Risse/Witt* Art. 51 Rn. 3; vgl. *Maurer* § 16 Rn. 22.

Abs. 3 Satz 2 GG eine einheitliche Stimmabgabe erwartet, genügt vielmehr, dass ein einzelnes Bundesratsmitglied stellvertretend für alle Vertreter des Landes abstimmt. Indes ist das Stimmführerprinzip nicht zwingend. Zwar sieht Art. 51 Abs. 3 Satz 2 GG nur die einheitliche Stimmabgabe vor. Jedoch werden nach derselben Vorschrift die Stimmen durch die anwesenden (einzelnen) Mitglieder abgegeben. Die dadurch eröffnete Möglichkeit einer gegensätzlichen und uneinheitlichen Stimmabgabe legt somit das Grundgesetz selbst an. Tritt ein solcher Widerspruch zu Tage, entfallen daher die Voraussetzungen des Prinzips der Stimmführerschaft.[8] Auf den Aufruf des Landes A durch den Bundesratspräsidenten stimmte der Ministerpräsident mit „Ja!", der Finanzminister dagegen mit „Nein!". Da sich zwei Bundesratsmitglieder des Landes A widersprachen, entfaltet das Stimmführerprinzip keine Wirkung mehr. Zumindest zu diesem Zeitpunkt lag daher keine einheitliche Stimmabgabe des Landes A vor.

Die Uneinheitlichkeit der Stimmabgabe könnte durch die Nachfrage des Bundesratspräsidenten und die daraufhin abgegebene, unwidersprochen gebliebene Zustimmung des Ministerpräsidenten von A beseitigt worden sein. Dies setzt voraus, dass der Bundesratspräsident überhaupt zur Nachfrage berechtigt ist. Grds. darf er im Rahmen seiner *Sitzungsleitung* bei Unklarheiten im Abstimmungsverlauf nachfragen und auf eine wirksame Stimmabgabe des Landes hinwirken. Gemäß Art. 78 GG i.V. m. dem Rechtsstaatsprinzip trifft ihn sogar die Pflicht, den Willen des Bundesrates im Gesetzgebungsverfahren klar festzustellen. Allerdings muss tatsächlich eine Unklarheit und somit ein Anlass für eine Rückfrage vorliegen. Dies ist nicht der Fall, wenn ein *einheitlicher Landeswille* erkennbar nicht besteht und nach den gesamten Umständen ebenso wenig erwartet werden kann, dass ein solcher während der Abstimmung noch zustande kommt.[9] Der Finanzminister von A hat in der Aussprache vor der Abstimmung ausdrücklich auf den Dissens innerhalb der Landesregierung und eine uneinheitliche Stimmabgabe hingewiesen. Die Abstimmung verlief entsprechend und legte den Widerspruch klar zu Tage. Auch unter Berücksichtigung der Einschätzungsprärogative des Bundesratspräsidenten konnten die evidenten Differenzen nicht mehr als bloße Unklarheit gedeutet werden. Vielmehr lag ein uneinheitlicher Wille des Landes A vor.

In diesem atypischen Fall ist der Bundesratspräsident als Sitzungsleiter lediglich dazu verpflichtet, die uneinheitliche Stimmabgabe zu protokollieren. Er hat dagegen kein Recht, das Abstimmungsverhalten des Landes in irgendeiner Weise, etwa durch Nachfrage an den Ministerpräsidenten, zu lenken. Darin läge vielmehr ein *Übergriff in den Verantwortungsbereich des Landes*. Ohnehin hätte das Nachfragerecht nur in einer neutralen Form ausgeübt werden dürfen.[10] Dazu wäre erforderlich gewesen, nochmals das gesamte Land aufzurufen oder zumindest auch den

---

[8] BVerfGE 106, 310 (330 f.); zustimmend BeckOK-GG/*Dörr* Art. 51 Rn. 17; *Ipsen* Staatsrecht I Rn. 346.

[9] BVerfGE 106, 310 (332); BeckOK-GG/*Dörr* Art. 51 Rn. 22; Hömig/Wolff/*Risse/Witt* Art. 51 Rn. 3.

[10] BVerfGE 106, 310 (333 ff.); vgl. *Degenhart* Rn. 707.

mit „Nein!" stimmenden Finanzminister erneut zu befragen. Es bleibt somit bei der uneinheitlichen Stimmabgabe des Landes A.

Fraglich sind die Konsequenzen einer uneinheitlichen Stimmabgabe, die im Grundgesetz nicht geregelt sind. Nach einer Auffassung soll die Stimme des jeweiligen Regierungschefs des Landes den Ausschlag geben. Dadurch könne eine einheitliche und verfassungsgemäße Stimmabgabe erreicht werden, zu welcher der Regierungschef kraft seiner *Richtlinienkompetenz* befugt sei.

Dagegen spricht, dass sich eine Wertung oder Reihenfolge der einzelnen Stimmen eines Landes dem Grundgesetz nicht entnehmen lässt. Auch etwaige Rangordnungen im jeweiligen Landesverfassungsrecht sind auf Bundesebene nicht von Bedeutung. Der Regierungschef eines Landes hat somit keine Befugnis, einen Abstimmungsdissens durch sein Votum zu überwinden. Da die Stimmen eines Landes wegen Art. 51 Abs. 3 Satz 2 GG nicht aufgeteilt werden können, führt eine uneinheitliche Stimmabgabe zur Ungültigkeit aller Stimmen des Landes.[11] Die vier Stimmen des Landes A dürfen daher nicht gewertet werden. Somit entfallen nur 31 von 69 möglichen Ja-Stimmen im Bundesrat auf das EStVG. Mangels Mehrheit hat der Bundesrat seine Zustimmung zu dem Gesetzentwurf nicht erteilt, so dass das EStVG nicht (verfassungsgemäß) zustande gekommen ist.

II. Ergebnis

An der materiellen Verfassungsmäßigkeit des EStVG gibt es zwar keine Zweifel. Allerdings ist das EStVG bereits wegen seiner formellen Verfassungswidrigkeit mit dem Grundgesetz nicht vereinbar. Der Antrag der Landesregierung A im Verfahren der abstrakten Normenkontrolle ist somit begründet und hat Aussicht auf Erfolg. Gemäß § 78 Satz 1 BVerfGG wird das Bundesverfassungsgericht das EStVG für nichtig erklären.

Erwartungshorizont der Klausur

Schwerpunkte erster Ordnung
- uneinheitliche Stimmabgabe im Bundesrat

Schwerpunkte zweiter Ordnung
- abstrakte Normenkontrolle bei nicht in Kraft getretenen Gesetzen
- Einbringen eines Gesetzentwurfs der Bundesregierung über den Bundestag
- fehlende Beschlussfähigkeit des Bundesrates
- Berücksichtigung der Stimmenthaltungen bei Berechnung der Abstimmungsmehrheit
- Auswirkungen der Koalitionsvereinbarung auf die Stimmabgabe des Landes A

---

[11] BVerfGE 106, 310 (334 f.); *Degenhart* Rn. 706; BeckOK-GG/*Dörr* Art. 51 Rn. 21.

Kleinere Probleme
- Antragsbefugnis bei der abstrakten Normenkontrolle
- Wiederherstellung des Koalitionsfriedens und Klarstellungsinteresse
- Gesetzgebungskompetenz des Bundes für das EStVG
- Zustimmungsbedürfnis des Bundesrates zum EStVG

Klausur 12: Eine Folter für den Bundespräsidenten

§ 18

Sachverhalt

Grundfall: Nachdem Berichte über eine deutliche Zunahme von Sexualstraftaten die Medien beherrschen, wird in der Öffentlichkeit der Ruf nach härteren Sanktionen laut. Die Bundesregierung vernimmt die Anregungen aufmerksam und bringt umgehend einen Entwurf für ein Gesetz zum Schutze der Bevölkerung vor Sexualstraftätern (GSBS) ein. Das GSBS sieht unter anderem eine abgestufte Verlängerung der Freiheitsstrafen bereits verurteilter und noch in Haft befindlicher Sexualstraftäter vor. Dies soll die Bevölkerung länger vor potentiell rückfälligen Kriminellen schützen und zugleich die verhängten Strafen maßvoll an die demographische Entwicklung anpassen. Zur Entlastung der Gerichte soll ferner den ermittelnden Staatsanwälten die Befugnis verliehen werden, eines geringfügigen Sexualdelikts Beschuldigte ohne Mitwirkung eines Richters zu einer Geld- oder Freiheitsstrafe bis zu zwei Jahren auf Bewährung zu verurteilen, sofern die Beweislage eindeutig ist und an Täterschaft und Schuld des Verdächtigen keine Zweifel bestehen. Zur Beschleunigung des Ermittlungsverfahrens sollen schließlich die Strafverfolgungsbehörden Beschuldigte, die einer Sexualstraftat dringend verdächtig sind, näher bezeichneten Maßnahmen zur Wahrheitsfindung (z. B. Elektroschocks) unterziehen können, um eine Aussage zu erzwingen.

Der Entwurf zum GSBS wird im Bundestag nach verfassungsgemäßem Gesetzgebungsverfahren mit großer Mehrheit verabschiedet. Der Bundespräsident hegt jedoch Bedenken im Hinblick auf die materielle Verfassungsmäßigkeit des Gesetzes. Unter anderem sieht er durch die Einzelregelungen des GSBS den Grundsatz der Gewaltenteilung und das Rechtsstaatsprinzip offensichtlich verletzt. Er verweigert daher die Ausfertigung des GSBS. Die Regierungsfraktion A erachtet dies als eine unbefugte Einmischung in die Rechte des Bundestages und will den Bundespräsidenten „vor das Bundesverfassungsgericht ziehen".

Bearbeitervermerk: Welche verfassungsgerichtlichen Verfahren kommen in Betracht und haben sie jeweils Aussicht auf Erfolg?

Abwandlung: Trotz seiner Bedenken fertigt der Bundespräsident das GSBS aus, das nach seiner Verkündung in Kraft tritt. Vor dem Amtsgericht B (Schöffengericht) ist in erster Instanz ein Strafprozess wegen versuchter Vergewaltigung anhängig, in dem das wesentliche und letztlich zur Verurteilung führende Beweismittel das glaubhafte Geständnis des Angeklagten darstellt, das er unter Folter abgelegt hat. Die Foltermaßnahmen stehen im Einklang mit dem durch das GSBS neu eingeführten § 136b der Strafprozessordnung (StPO). Das Amtsgericht B ist von der Verfassungswidrigkeit der Norm und somit von der fehlenden Verwertbarkeit des Geständnisses überzeugt und will daher den § 136b StPO vom Bundesverfassungsgericht überprüfen lassen.

Bearbeitervermerk: Prüfen Sie in einem Gutachten die Zulässigkeit des dafür einschlägigen Verfahrens!

Lösungsskizze

Grundfall: Möglichkeiten der Regierungsfraktion A
A. Organstreitverfahren
  I. Zulässigkeit
    1. Parteifähigkeit (+)
       Bundespräsident
       Fraktionen als Teil des Bundestages
    2. Antragsbefugnis (+)
       Prozessstandschaft
    3. Form und Frist (+)
  II. Begründetheit
    1. Formelle Prüfungsbefugnis des Bundespräsidenten
       (+), aber GSBS formell verfassungsgemäß
    2. Materielle Prüfungsbefugnis des Bundespräsidenten
       a) Voraussetzungen
          eA (−): Überprüfung dem Bundesverfassungsgericht vorbehalten
          aA (+): Amtseid des Bundespräsidenten
          aA (+): Bindung des Bundespräsidenten an Art. 20 Abs. 3 GG
       b) Evidente materielle Verfassungswidrigkeit des GSBS
          aa) Nachträgliche Verlängerung der Freiheitsstrafen
              (+): keine Rückwirkung von Strafgesetzen (Art. 103 Abs. 2 GG)
          bb) Verurteilung durch den ermittelnden Staatsanwalt
              (+): Grundsatz der Gewaltenteilung
          cc) Folter zur Erzwingung einer Aussage
              (+): Rechtsstaatsprinzip
B. Präsidentenanklage (−)

Abwandlung: Möglichkeiten des Strafgerichts
Zulässigkeit der konkreten Normenkontrolle
I. Vorlageberechtigung (+)
II. Vorlagegegenstand (+)
III. Vorlagebefugnis (+)
IV. Form und Frist (+)

Lösung

Grundfall: Möglichkeiten der Regierungsfraktion A

A. Organstreitverfahren

Für das Anliegen der Regierungsfraktion A, den Bundespräsidenten „vor das Bundesverfassungsgericht zu ziehen", käme zunächst ein Organstreitverfahren gemäß Art. 93 Abs. 1 Nr. 1 GG, §§ 13 Nr. 5, 63 ff. BVerfGG in Betracht. Es hat Aussicht auf Erfolg, wenn ein entsprechender Antrag zulässig und begründet ist.

I. Zulässigkeit

1. Parteifähigkeit

Die Zulässigkeit des Antrags setzt die Parteifähigkeit von Antragsteller und Antragsgegner gemäß § 63 BVerfGG voraus. Der Bundespräsident als Antragsgegner ist einer der explizit in der Vorschrift aufgezählten Organe und somit parteifähig.

Fraglich erscheint, ob die Regierungsfraktion A ein zulässiger Antragsteller ist. In der Aufzählung des § 63 BVerfGG werden Fraktionen nicht ausdrücklich genannt. A könnte aber ein *mit eigenen Rechten ausgestatteter Organteil* im Sinne der Vorschrift sein. Fraktionen des Bundestages sind notwendige Einrichtungen des Verfassungslebens und haben z. B. gemäß § 12 GOBT ein Recht auf Vertretung in den Ausschüssen des Deutschen Bundestages. Sie sind daher durch die GOBT mit eigenen Rechten ausgestattet und im Organstreitverfahren parteifähig.[1]

2. Antragsbefugnis

Des Weiteren müsste die Regierungsfraktion A antragsbefugt sein. Dazu muss sie als Antragsteller geltend machen, durch eine rechtserhebliche Maßnahme oder Unterlassung des Antragsgegners in ihren durch das Grundgesetz übertragenen

---

[1] BVerfGE 67, 100 (124); *Degenhart* Rn. 817; *Ipsen* Staatsrecht I Rn. 881.

Rechten oder Pflichten verletzt oder unmittelbar gefährdet zu sein. A rügt vorliegend das Unterlassen des Bundespräsidenten, das GSBS auszufertigen. Dadurch habe er sich in das Legislativrecht des Bundestages eingemischt (vgl. etwa Art. 77 Abs. 1 Satz 1 GG). Zwar handelt es sich dabei um kein der Fraktion eigenes Recht. Jedoch genügt gemäß § 64 Abs. 1 BVerfGG für das Organstreitverfahren, dass der Antragsteller Rechte des Organs, dem er angehört, geltend macht. A darf daher im eigenen Namen das Gesetzgebungsrecht des Bundestages im Wege der *Prozessstandschaft* verteidigen.[2] Somit liegt eine Streitigkeit um ein vom Grundgesetz vorgesehenes Recht und daher ein tauglicher Streitgegenstand vor.

Für die Geltendmachung genügt, dass eine Verletzung der Rechte des Antragstellers möglich erscheint.[3] Es kann nicht von vornherein ausgeschlossen werden, dass der Bundespräsident zur Ausfertigung des GSBS gemäß Art. 82 Abs. 1 Satz 1 GG verpflichtet gewesen war. Folglich ist die Regierungsfraktion A antragsbefugt.

3. Form und Frist

Schließlich muss der Antrag die Schriftform gemäß § 23 Abs. 1 BVerfGG wahren. Darüber hinaus ist im Antrag die konkrete Verfassungsnorm zu nennen, gegen die der Antragsgegner durch sein Verhalten verstoßen hat (§ 64 Abs. 2 BVerfGG).

Gemäß § 64 Abs. 3 BVerfGG ist der Antrag binnen sechs Monaten nach Bekanntwerden des Verhaltens, hier der Verweigerung der Ausfertigung durch den Bundespräsidenten, zu stellen.

4. Ergebnis

Die Beachtung der soeben genannten formellen Voraussetzungen unterstellt, ist der Antrag der Regierungsfraktion A zulässig.

II. Begründetheit

Der Antrag der Fraktion A ist begründet, wenn das Verhalten des Bundespräsidenten verfassungswidrig ist und dadurch die A in ihren Rechten verletzt wird.

1. Formelle Prüfungsbefugnis des Bundespräsidenten

Die Weigerung des Bundespräsidenten, das GSBS auszufertigen, wäre verfassungswidrig, wenn er nach dem Grundgesetz dazu verpflichtet wäre. Dafür spricht der Wortlaut des Art. 82 Abs. 1 Satz 1 GG, wonach Gesetze vom Bundespräsidenten ausgefertigt „werden". Ausnahmen, in denen der Bundespräsident von der Ausfertigung eines Gesetzes absehen könnte, sind nicht vorgesehen. Andererseits gilt die Vorschrift nur für Gesetze, die „*nach den Vorschriften dieses Grundgesetzes*

---

[2] *Degenhart* Rn. 819; *Ipsen* Staatsrecht I Rn. 891.
[3] *Gröpl* Rn. 1678; *Ipsen* Staatsrecht I Rn. 887.

zustande gekommen(en)" sind. Aus dieser Einschränkung wird ein formelles Prüfungsrecht des Bundespräsidenten abgeleitet. Danach darf er die Verfassungsmäßigkeit des Gesetzgebungsverfahrens untersuchen, zumal zum Zeitpunkt der Ausfertigung erstmals die Gelegenheit besteht, das bisherige Gesetzgebungsverfahren umfassend zu überprüfen. Somit ist er berechtigt, die Ausfertigung eines Bundesgesetzes zu verweigern, wenn das Gesetzgebungsverfahren nicht verfassungsgemäß war.[4]

Die Gesetzgebungskompetenz des Bundes für das GSBS als Gesetz auf dem Gebiet des Strafrechts folgt aus Art. 72 Abs. 2, 74 Abs. 1 Nr. 1 GG. Das Gesetzgebungsverfahren verlief verfassungsgemäß. Ein Grund zur Verweigerung der Ausfertigung des GSBS aus formellen Gründen ist somit nicht gegeben. Ohnehin trägt der Bundespräsident lediglich vor, Bedenken an der materiellen Verfassungsmäßigkeit des GSBS zu haben.

2. Materielle Prüfungsbefugnis des Bundespräsidenten

a) Voraussetzungen

Neben der formellen könnte der Bundespräsident eine materielle Prüfungsbefugnis haben. Sie könnte wiederum aus Art. 82 Abs. 1 Satz 1 GG abgeleitet werden, der nur von Gesetzen spricht, die nach den Vorschriften des Grundgesetzes zustande gekommen sind. Dass diese Formulierung jedoch auch die materielle Verfassungsmäßigkeit von Bundesgesetzen umfasst, erscheint wegen Art. 78 GG fraglich, der für das Zustandekommen eines Gesetzes lediglich formelle Voraussetzungen aufstellt. Der Wortlaut des Art. 82 Abs. 1 Satz 1 GG erweist sich somit als nicht eindeutig.[5]

Bei der systematischen Auslegung der Norm wird gegen die Annahme einer materiellen Prüfungsbefugnis des Bundespräsidenten zum Teil der *Grundsatz der Gewaltenteilung* (Art. 20 Abs. 2 GG) bemüht. Danach falle die inhaltliche Kontrolle der Verfassungsmäßigkeit eines Bundesgesetzes allein in den Zuständigkeitsbereich des Bundesverfassungsgerichts. Dem lässt sich allerdings entgegenhalten, dass die Möglichkeit einer nachträglichen Kontrolle, die zudem nur auf Antrag geschieht, die Verfassungsorgane nicht von ihrer Verpflichtung befreit, bei ihrem Handeln die grundgesetzlichen Anforderungen zu beachten.

Zu den verfassungsrechtlichen Aufgaben des Bundespräsidenten soll daher auch ein materielles Prüfungsrecht für Bundesgesetze zählen. Teilweise wird dies mit dem *Amtseid des Bundespräsidenten* aus Art. 56 GG begründet. Danach hat er das Grundgesetz zu wahren und seine Pflichten gewissenhaft zu erfüllen. Indes enthält die Vorschrift nur eine Aussage darüber, *wie* der Bundespräsident seine Pflichten zu erfüllen hat, aber nicht darüber, *welche Pflichten* ihm überhaupt obliegen.

---

[4] *Degenhart* Rn. 784; *Gröpl* Rn. 1455; *Maurer* § 17 Rn. 87.
[5] *Degenhart* Rn. 786; eingehend *Gröpl* Rn. 1276 ff.; *Maurer* § 17 Rn. 88 ff.

Somit kann aus dem Amtseid des Bundespräsidenten nicht abgeleitet werden, ob er ein materielles Prüfungsrecht für Bundesgesetze hat oder nicht. Für eine solche Prüfungsbefugnis spricht allerdings die *Bindung* des Bundespräsidenten als Verfassungsorgan *an Recht und Gesetz* gemäß Art. 20 Abs. 3 GG. Demzufolge kann ein Verfassungsorgan nicht zur Vornahme von Handlungen verpflichtet werden, die nach seiner Auffassung verfassungswidrig sind.[6]

Dies könnte dazu verleiten, den Bundespräsidenten generell als nicht zur Ausfertigung eines Bundesgesetzes verpflichtet anzusehen, das seiner Meinung nach gegen das Grundgesetz verstößt. Allerdings ist auch der Bundestag als Teil der Legislative an die verfassungsmäßige Ordnung gebunden (Art. 20 Abs. 3 GG). Wenn er ein Bundesgesetz beschließt, bringt er damit zum Ausdruck, von der Verfassungsmäßigkeit des Gesetzes auszugehen. Es stellt sich daher die Frage, wie dieser Widerstreit aufzulösen ist. Dabei ist zu berücksichtigen, dass in erster Linie der Bundestag als gesetzgebendes Organ für den Inhalt der von ihm verabschiedeten Gesetze verantwortlich ist. Somit muss ihm in Zweifelsfällen, in denen Bedenken an der Verfassungsmäßigkeit eines Gesetzes bestehen, eine *Einschätzungsprärogative* eingeräumt werden, welche der Bundespräsident zu beachten hat. Dessen Verpflichtung zur Wahrung der Verfassungsordnung kann demgegenüber nur Bedeutung erlangen, wenn ein Gesetz *offensichtlich materiell verfassungswidrig* erscheint.[7]

b) Evidente materielle Verfassungswidrigkeit des GSBS

aa) Nachträgliche Verlängerung der Freiheitsstrafen

Fraglich ist daher, ob das GSBS offensichtlich materiell verfassungswidrig ist. Dies könnte auf die abgestufte Verlängerung der Freiheitsstrafen bereits verurteilter und noch in Haft befindlicher Sexualstraftäter zutreffen. Eine nachträgliche Straferhöhung könnte gegen den aus dem Rechtsstaatsprinzip abgeleiteten Aspekt der Rechtssicherheit verstoßen. Danach ist das Vertrauen des Bürgers, der sein Verhalten an den bestehenden Gesetzen ausrichtet, vor nachträglichen Umgestaltungen zu schützen. Dies gilt vor allem bei Gesetzesänderungen für bereits vergangene und abgeschlossene Tatbestände, auf welche der Bürger überhaupt nicht mehr reagieren kann. Solche Fälle sog. echter Rückwirkung sind daher nur in Ausnahmefällen zulässig.[8]

Im Strafrecht gilt darüber hinaus zu bedenken, dass der bei Straftaten angedrohte Freiheitsentzug in einem besonderen Maße in die Freiheitssphäre des Bürgers eingreift. Der Bürger hat daher ein umso größeres Interesse, die Grenzen seiner Handlungsfreiheit zu erfahren, um sein Verhalten dementsprechend ausrichten zu können. Deswegen enthält *Art. 103 Abs. 2 GG* eine grundgesetzliche Konkretisierung des

---

[6] Zusammenfassend *Degenhart* Rn. 788 f.; *Ipsen* Staatsrecht I Rn. 496 f.; *Maurer* § 17 Rn. 87 ff.
[7] *Degenhart* Rn. 789; *Gröpl* Rn. 1283; *Ipsen* Staatsrecht I Rn. 499.
[8] *Degenhart* Rn. 394; *Gröpl* Rn. 516, 521; *Maurer* § 17 Rn. 117.

Rechtsstaatsprinzips, wonach die Strafbarkeit vor Begehung der Tat gesetzlich festgelegt sein muss, d. h. nicht erst im Nachhinein eingefügt oder verschärft werden darf. Rückwirkende Strafgesetze sind daher schlechthin unzulässig.[9] Vorliegend betrifft die Verlängerung der Freiheitsstrafen verurteilte Straftäter. Ihre Strafe für bereits begangene Straftaten soll nachträglich erhöht werden. Diese rückwirkende Strafschärfung lässt sich mit Art. 103 Abs. 2 GG offensichtlich nicht vereinbaren.

bb) Verurteilung durch den ermittelnden Staatsanwalt

Bedenken könnten auch gegen die Regelung bestehen, dass Staatsanwälte Geld- und Freiheitsstrafen bis zu zwei Jahren selbst verhängen dürfen. Gemäß Art. 92 GG ist die rechtsprechende Gewalt den Richtern als Teil der Judikative anvertraut. Dass die staatliche Machtausübung auf verschiedene Gewalten verteilt wird, hat nach dem Grundsatz der Gewaltenteilung (Art. 20 Abs. 2 Satz 2 GG) den Sinn, die Staatsgewalten zu begrenzen und ihre gegenseitige Kontrolle zu ermöglichen.[10] Nach dem GSBS sollen Staatsanwälte Strafverfahren zum Teil selbst durch eine Verurteilung beenden können. Die Kontrollfunktion der Judikative ginge aber verloren, wenn Staatsanwälte in ihrer exekutiven Funktion der Strafverfolgung ohne richterliche Mitwirkung Geld- und Freiheitsstrafen verhängen dürften.

Allerdings darf die Gewaltenteilung nicht völlig strikt verstanden werden, so dass Überschneidungen im Aufgabenbereich der Staatsgewalten durchaus möglich sind. So wäre, nicht zuletzt zur Entlastung der Gerichte, etwa denkbar, Bagatelldelikte zu entkriminalisieren und sich insoweit mit der Ahndung durch die Exekutive (z. B. durch Bußgelder) zu begnügen. Unantastbar ist jedoch der *Kernbereich* jeder Teilgewalt. Die Ahndung kriminellen Unrechts durch Verhängung von Geld- und Freiheitsstrafen zählt aber zum Kernbereich der Rechtsprechung und bleibt daher ihr vorbehalten.[11] Indem das GSBS diese Aufgabe zum Teil den Staatsanwälten und somit der Exekutive übertragen will, liegt ein Eingriff in die Gewaltenteilung vor. Da die Strafgerichtsbarkeit zum traditionellen Kernbereich der Judikative zählt, erscheint der darin liegende Verstoß gegen das Grundgesetz offensichtlich.

cc) Folter zur Erzwingung einer Aussage

Letztlich könnten die vom GSBS vorgesehenen Wahrheitsfindungsmaßnahmen zur Erzwingung der Aussage eines Beschuldigten evident gegen das Grundgesetz verstoßen. Zwar unterfällt es dem Aufgabenbereich der Strafverfolgungsbehörden, staatliche Strafansprüche festzustellen und Straftäter zur Verwirklichung materieller Gerechtigkeit zu überführen. Jedoch darf bei dem berechtigten Interesse an einer funktionstüchtigen Strafrechtspflege nicht außer Acht gelassen

---

[9] BVerfGE 81, 132 (135); *Degenhart* Rn. 388; *Gröpl* Rn. 518; Hömig/Wolff/*Hömig* Art. 103 Rn. 17.

[10] *Degenhart* Rn. 295; *Ipsen* Staatsrecht I Rn. 753 ff.; *Maurer* § 12 Rn. 2.

[11] Vgl. BVerfGE 22, 49 (77 f.); *Degenhart* Rn. 299.

werden, dass das Strafverfahren den Anforderungen des Rechtsstaatsprinzips genügen muss. Dies bedeutet unter anderem die Durchführung eines ordnungsgemäßen justizförmigen Verfahrens, in dem die Grundrechte des Beschuldigten gewahrt werden und keine Wahrheitsermittlung um jeden Preis betrieben werden darf. Nach dem GSBS sollen dringend Verdächtige näher bezeichneten Maßnahmen der Wahrheitsfindung wie z. B. Elektroschocks unterzogen werden können, um eine Aussage zu erhalten. Darin liegt zum einen ein Verstoß gegen die ausdrückliche Anordnung des Art. 104 Abs. 1 Satz 2 GG, wonach festgehaltene Personen nicht misshandelt werden dürfen.[12] Zudem verletzen solche Maßnahmen der Wahrheitsfindung das aus dem Allgemeinen Persönlichkeitsrecht gemäß Art. 2 Abs. 1 i.V. m. Art. 1 Abs. 1 GG abgeleitete Recht des Beschuldigten, sich schweigend zu verteidigen und nicht durch die eigene Aussage belasten zu müssen (nemo-tenetur-Grundsatz). Nicht zuletzt wäre die gemäß Art. 1 Abs. 1 Satz 1 GG unantastbare Menschenwürde verletzt, wenn ein Beschuldigter solchen Maßnahmen unterzogen und somit zum bloßen Verfahrensobjekt degradiert würde.[13] Die Möglichkeit ihrer Anordnung im GSBS verstößt daher in eklatanter Weise gegen das Rechtsstaatsprinzip.

3. Ergebnis

Das GSBS ist aus mehreren Gründen evident materiell verfassungswidrig, so dass der Bundespräsident nicht zur Ausfertigung verpflichtet ist. Seine Verweigerung steht somit im Einklang mit dem Grundgesetz.

Die Antragstellerin A wird daher nicht in ihren verfassungsgemäßen Rechten verletzt. Ihr Antrag ist zulässig, aber unbegründet.

B. Präsidentenanklage

Um den Bundespräsidenten „vor das Bundesverfassungsgericht zu ziehen", wäre zudem eine Präsidentenanklage gemäß Art. 61 GG denkbar.

Antragsberechtigt sind lediglich Bundestag und Bundesrat. Die Regierungsfraktion A könnte allenfalls dann einen *Antrag auf Erhebung der Anklage* stellen, wenn sie über mindestens ein Viertel der Mitglieder des Bundestages verfügt (Art. 61 Abs. 1 Satz 2 GG). Der Antrag müsste dann mit Zwei-Drittel-Mehrheit des Bundestages beschlossen werden.

Zudem müsste dem Bundespräsidenten im Rahmen der Präsidentenanklage die *vorsätzliche Verletzung des Grundgesetzes* (Art. 61 Abs. 1 Satz 1 GG) vorgeworfen werden. Dafür bestehen im Hinblick auf sein materielles Prüfungsrecht keine Anhaltspunkte. Eine Präsidentenanklage hat somit keine Aussicht auf Erfolg.

---

[12] Vgl. Hömig/Wolff/*Hömig* Art. 104 Rn. 6; BeckOK-GG/*Radtke* Art. 104 Rn. 28 f.
[13] Vgl. BVerfGE 56, 37 (43).

Abwandlung: Möglichkeiten des Strafgerichts

Zulässigkeit der konkreten Normenkontrolle

Um die Vorschrift des § 136b StPO vom Bundesverfassungsgericht überprüfen zu lassen, könnte das Amtsgericht B einen Antrag auf konkrete Normenkontrolle stellen (Art. 100 Abs. 1 GG, §§ 13 Nr. 11, 80 ff. BVerfGG). Fraglich ist ihre Zulässigkeit.

I. Vorlageberechtigung

Das Amtsgericht B müsste zur Vorlage berechtigt sein. Vorlageberechtigt sind gemäß Art. 100 Abs. 1 Satz 1 GG alle staatlichen Gerichte.[14] Dass sich das Verfahren noch in der ersten Instanz befindet, ist unerheblich. Vielmehr kann jedes Gericht unmittelbar das Bundesverfassungsgericht anrufen. Somit ist das Amtsgericht B als Gericht im Sinne des Art. 92 GG vorlageberechtigt.

II. Vorlagegegenstand

§ 136b StPO ist eine formelle und nachkonstitutionelle Norm und somit als Gesetz im Sinne des Art. 100 Abs. 1 GG ein zulässiger Vorlagegegenstand der konkreten Normenkontrolle.

III. Vorlagebefugnis

Das Amtsgericht B ist von der Verfassungswidrigkeit des § 136b StPO *überzeugt*. Außerdem muss die Vorschrift für das konkrete Ausgangsverfahren *entscheidungserheblich* sein. Wenn § 136b StPO verfassungswidrig und das Geständnis des Angeklagten daher nicht verwertbar wäre, reichten die verbleibenden Beweismittel nicht zu einer Verurteilung aus. Die Verfassungsmäßigkeit der Norm ist somit entscheidungserheblich.

IV. Form und Frist

Der Antrag muss die Schriftform des § 23 Abs. 1 BVerfGG wahren. In seiner Begründung ist gemäß § 80 Abs. 2 BVerfGG vor allem auf die Entscheidungserheblichkeit der Verfassungswidrigkeit der vorgelegten Norm einzugehen.
  Fristen sind nicht zu beachten.

V. Ergebnis

Von der Beachtung der Schriftform ist auszugehen. Die Vorlage des Amtsgerichts B ist somit zulässig.

---

[14] *Gröpl* Rn. 1742; *Maurer* § 20 Rn. 110.

Erwartungshorizont der Klausur

Schwerpunkte erster Ordnung
- materielles Prüfungsrecht des Bundespräsidenten

Schwerpunkte zweiter Ordnung
- Parteifähigkeit einer Fraktion im Organstreitverfahren
- Rückwirkungsverbot (bei Strafgesetzen)
- Grundsatz der Gewaltenteilung
- Rechtsstaatsprinzip im Strafverfahren

Kleinere Probleme
- Prozessstandschaft einer Fraktion im Organstreitverfahren
- formelles Prüfungsrecht des Bundespräsidenten
- Präsidentenanklage
- Vorlageberechtigung in der ersten Instanz
- Entscheidungserheblichkeit des § 136b StPO

Klausur 13: Schon gezahlt? § 19

Sachverhalt

Dem Beauftragten der Bundesregierung für Kultur und Medien A ist der Rundfunkbeitrag in seiner gegenwärtigen Form ein Dorn im Auge. Die aktuelle Ausgestaltung als haushaltsbezogene Abgabe, wonach für jede Wohnung von deren Inhaber ein Rundfunkbeitrag zu entrichten ist, und zwar unabhängig von Anzahl oder Art der zum Empfang von Rundfunksendungen geeigneten Geräte, ist seiner Auffassung nach nicht geeignet, um die öffentlich-rechtlichen Rundfunkanstalten nachhaltig zu finanzieren. Stattdessen plädiert A für eine Rückkehr zur früheren, modifizierten gerätebezogenen Gebühr, die an das Bereithalten von Rundfunkempfangs- und Fernsehgeräten sowie nunmehr auch internettauglichen Geräten anknüpft. Auch einige Ministerpräsidenten der Länder erwägen eine solche Regelung, können sich aber nicht auf die notwendige Änderung des Rundfunkbeitragsstaatsvertrags (RBStV) einigen. Als ein Bundesland den RBStV sogar zum nächstmöglichen Zeitpunkt kündigt, sieht A seine Chance gekommen, um im Alleingang die Reform des Rundfunkbeitragssystems voranzutreiben.

Den Bedenken seiner Rechtsberater, der Bund sei für eine Regelung des Rundfunks nicht zuständig, hält er entgegen, dass in den Art. 70 ff. GG die Begriffe „Rundfunk" und „Fernsehen" überhaupt nicht aufgeführt seien. Mangels Berücksichtigung im Grundgesetz müsste daher dem Bund ohnehin die Gesetzgebungszuständigkeit für diese Bereiche zustehen. Außerdem berücksichtige die angedachte Wiedereinführung der gerätebezogenen Abgabe auch die modernen Übertragungswege des Rundfunks einschließlich des Internetfernsehens, weswegen sich die Zuständigkeit des Bundes aus Art. 73 Abs. 1 Nr. 7 GG ergebe. Schließlich führt A an, sowohl die Fernsehsignale des modernen digitalen Satellitenfernsehens (DVB-S) als auch des terrestrischen Digitalfernsehens (DVB-T) seien nicht an die Grenzen der Länder gebunden, so dass der Bund von vornherein dafür zuständig sein müsse. Um sein Vorhaben völlig unangreifbar zu machen, will A seine Reform des Rundfunkbeitrags nicht durch ein Gesetz des Bundestages verabschieden, sondern durch eine Volksabstimmung. Da alle Staatsgewalt vom Volke ausgeht, ist A der Ansicht, dass sich die Länder nicht gegen das Votum einer bundesweiten Abstimmung des Volkes wehren können.

Der Bundestag erlässt daher ein Gesetz, das eine Volksabstimmung über die Reform des Rundfunkbeitrags vorsieht (GVRR). In der Volksabstimmung können sich die Wahlberechtigten zwischen dem derzeitigen haushaltsbezogenen Erhebungsmodell und einer gerätebezogenen Abgabe entscheiden. Das Modell, das die meisten Stimmen auf sich vereinigt, soll danach Gesetz werden.

Bearbeitervermerk:
1. Die Regierung des Bundeslandes B hält das GVRR für verfassungswidrig und möchte dagegen vor dem Bundesverfassungsgericht vorgehen. Haben die insoweit einschlägigen verfassungsgerichtlichen Verfahren Aussicht auf Erfolg?
2. Zur Einlegung welches der Verfahren würden Sie der Regierung des Bundeslandes B raten? Erläutern Sie Ihre Entscheidung!

Lösungsskizze

Frage 1: Erfolgsaussichten der Anträge der Regierung B
A. Abstrakte Normenkontrolle (Art. 93 Abs. 1 Nr. 2 GG)
  I. Zulässigkeit
    1. Antragsberechtigung (+)
    2. Prüfungsgegenstand (+)
    3. Antragsbefugnis (+)
       str: Zweifel oder Überzeugung von der Nichtigkeit
    4. Form und Frist (+)
  II. Begründetheit
    1. Formelle Verfassungsmäßigkeit des Gesetzes
       Zuständigkeit
       aa) Ausschließliche Gesetzgebung
          Art. 73 Abs. 1 Nr. 7 GG (–)
       bb) Ungeschriebene Gesetzgebungskompetenz
          kraft Sachzusammenhangs (–)
          kraft Natur der Sache (–)
       cc) Zuständigkeit der Länder
          Grundsatz des Art. 70 Abs. 1 GG; Kulturhoheit der Länder
    2. Materielle Verfassungsmäßigkeit des Gesetzes
       Zulässigkeit von Volksentscheiden auf Bundesebene grds. (+), jedoch Regelung im GG erforderlich
B. Bund-Länder-Streit
  I. Zulässigkeit
    1. Parteifähigkeit (+)
    2. Streitgegenstand (+)
    3. Antragsbefugnis (+)
    4. Form und Frist (+)

II. Begründetheit (+)
beschränkt auf Maßnahmen, welche die Rechte der Länder verletzen (hier: Missachtung der Gesetzgebungskompetenzverteilung)
C. Organstreitverfahren (–)

Frage 2: Vorzugswürdiges Verfahren

abstrakte Normenkontrolle vorzugswürdig (Formalia, keine subjektive Rechtsverletzung erforderlich, Nichtigerklärung der angegriffenen Norm)

Lösung

Frage 1: Erfolgsaussichten der Anträge der Regierung B

A. Abstrakte Normenkontrolle (Art. 93 Abs. 1 Nr. 2 GG)

Um das GVRR auf seine Verfassungsmäßigkeit überprüfen zu lassen, könnte die Regierung des Bundeslandes B einen Antrag im abstrakten Normenkontrollverfahren gemäß Art. 93 Abs. 1 Nr. 2 GG stellen. Er hat Aussicht auf Erfolg, wenn er zulässig und begründet ist.

I. Zulässigkeit

Die Zulässigkeit einer abstrakten Normenkontrolle bestimmt sich nach Art. 93 Abs. 1 Nr. 2 GG, §§ 13 Nr. 6, 76 ff. BVerfGG.

1. Antragsberechtigung

Die Antragsberechtigung der Landesregierung von B ergibt sich aus Art. 93 Abs. 1 Nr. 2 GG, § 76 Abs. 1 BVerfGG.

2. Prüfungsgegenstand

Das GVRR ist als Bundesrecht tauglicher Prüfungsgegenstand der abstrakten Normenkontrolle (Art. 93 Abs. 1 Nr. 2 GG, § 76 Abs. 1 BVerfGG).

3. Antragsbefugnis

Die Landesregierung B müsste antragsbefugt sein. Fraglich sind die Anforderungen an die Antragsbefugnis. Einerseits verlangt § 76 Abs. 1 Nr. 1 BVerfGG, dass der Antragsteller den jeweiligen Prüfungsgegenstand wegen Verstoßes gegen das Grundgesetz oder sonstiges Bundesrecht für nichtig hält. Andererseits lässt die höherrangige Norm des Art. 93 Abs. 1 Nr. 2 GG Meinungsverschiedenheiten oder Zweifel genügen. Ob die Vorschrift des § 76 Abs. 1 Nr. 1 BVerfGG verfassungswidrig ist oder nur eine *rechtmäßige Konkretisierung* des Art. 93 Abs. 1 Nr. 2 GG darstellt,[1] bleibt umstritten. Der Meinungsstreit kann aber dahinstehen, da die Landesregierung B das GVRR für verfassungswidrig befindet und somit auch die Voraussetzungen des § 76 Abs. 1 Nr. 1 BVerfGG erfüllt.

4. Form und Frist

Die Beachtung der Schriftform des § 23 Abs. 1 BVerfGG kann unterstellt werden. Ein Fristerfordernis besteht für die abstrakte Normenkontrolle nicht.

5. Ergebnis

Der Antrag der Landesregierung B auf abstrakte Normenkontrolle des GVRR ist zulässig.

II. Begründetheit

Der Antrag ist begründet, soweit das GVRR mit dem Grundgesetz unvereinbar ist.

1. Formelle Verfassungsmäßigkeit des Gesetzes

Fraglich erscheint das formell verfassungsgemäße Zustandekommen des GVRR.

a) Zuständigkeit

aa) Ausschließliche Gesetzgebung

Dazu müsste der Bund zum Erlass des GVRR zuständig gewesen sein. Seine ausschließliche Gesetzgebungskompetenz könnte sich aus Art. 73 Abs. 1 Nr. 7 GG ergeben. „Telekommunikation" im Sinne der Vorschrift erfasst allerdings lediglich die *technische Seite* der Errichtung einer Telekommunikationsinfrastruktur und der Informationsübermittlung. Eine Zuständigkeit des Bundes für die übermittelten Inhalte oder die Art der Nutzung der Telekommunikation ergibt sich hieraus indes nicht.[2] Moderne Übertragungswege des Rundfunks wie das Internetfernsehen können zwar als Telekommunikation angesehen werden. Die Regelungen des GVRR betreffen aber die Reform des Rundfunkbeitrags und somit äußere Umstände und Voraussetzungen der Nutzung, die nicht mit der Übertragungstechnik selbst zusammenhängen. Eine Zuständigkeit des Bundes gemäß Art. 73 Abs. 1 Nr. 7 GG besteht daher nicht.

---

[1] So BVerfGE 96, 133 (137 f.); zum Streitstand *Maurer*, § 20 Rn. 81.
[2] BVerfGE 113, 348 (368); BeckOK-GG/*Seiler* Art. 73 Rn. 33; vgl. bereits BVerfGE 12, 205 (226 ff.).

bb) Ungeschriebene Gesetzgebungskompetenz

Mangels konkurrierender Zuständigkeit kommen ungeschriebene Gesetzgebungskompetenzen des Bundes in Betracht, namentlich *kraft Sachzusammenhangs*.[3] Dazu müsste eine dem Bund ausdrücklich zugewiesene Materie verständigerweise nicht geregelt werden können, ohne zugleich Vorschriften in anderen, nicht ausdrücklich zugewiesenen Bereichen zu erlassen.[4] Um die technische Infrastruktur der Telekommunikation zu normieren, ist es aber nicht notwendig, auch Regelungen über ihre spätere Nutzung zu treffen. Der Rundfunkbeitrag hat zudem nicht den Sinn, die technische Infrastruktur der Telekommunikation zu sichern, sondern soll die öffentlich-rechtlichen Rundfunkanstalten finanzieren, um den staatlichen Auftrag zur Grundversorgung der Bevölkerung mit Rundfunkprogrammen erfüllen zu können. Übertragungstechnik und Rundfunkbeitrag hängen somit nicht zusammen und lassen sich gesondert regeln. Eine Zuständigkeit des Bundes kraft Sachzusammenhangs mit Art. 73 Abs. 1 Nr. 7 GG scheidet aus.

Denkbar ist ferner eine ungeschriebene Gesetzgebungskompetenz des Bundes *kraft Natur der Sache*.[5] Dazu ist erforderlich, dass eine Materie von vornherein nur vom Bund geregelt werden kann, weil sie seine ureigensten Angelegenheiten betrifft.[6] Dafür spricht, dass die Rundfunksignale des Satelliten- und terrestrischen Digitalfernsehens nicht an die Grenzen der Länder gebunden sind. Dass Signale einen grenzüberschreitenden physikalischen Charakter haben, lässt den damit zusammenhängenden Regelungsbedarf aber nicht zu einer ureigensten Angelegenheit des Bundes werden.[7] Dies gilt nicht einmal bei überregionalen, sich auf das gesamte Bundesgebiet erstreckenden Ausstrahlungen, zumal auch hier eine gemeinsame und koordinierte Regelung durch die Länder möglich erscheint.

Eine Gesetzgebungskompetenz des Bundes kraft Natur der Sache kann sich schließlich daraus ergeben, dass das GVRR eine Entscheidung über den Rundfunkbeitrag durch eine bundesweite Volksabstimmung vorsieht. Bei der Frage der Kompetenzzuordnung dürfen jedoch die einzelnen Vorschriften eines Gesetzes nicht isoliert, sondern nur in ihrem Zusammenhang betrachtet werden. Gesetze mit unterschiedlichen Regelungsbereichen sind daher in der Regel nur einem einzigen Kompetenztitel zuzurechnen, der sich vor allem an dem Normzweck und *Regelungsschwerpunkt* orientiert.[8] Eine bundesweite Volksabstimmung kann zwar naturgemäß nur vom Bund geregelt werden, der Schwerpunkt des GVRR befasst sich aber mit der Reform des Rundfunkbeitrags. Das GVRR bleibt daher insgesamt, einschließlich der Abstimmungsmodalitäten, allein dem Sachbereich des Rundfunks

---

[3] Dazu *Degenhart* Rn. 183; *Maurer* § 10 Rn. 28.
[4] BVerfGE 3, 407 (421); 98, 265 (299); 110, 33 (48).
[5] Dazu *Degenhart* Rn. 182; *Maurer* § 10 Rn. 30.
[6] Siehe etwa BVerfGE 3, 407 (422) zur Festlegung des Sitzes der Bundesregierung und von Bundessymbolen; ferner BVerfGE 11, 89 (98 f.).
[7] Vgl. BVerfGE 12, 205 (251); BeckOK-GG/*Gersdorf* Art. 70 Rn. 4 ff.
[8] BVerfGE 98, 265 (299 ff.); *Degenhart* Rn. 178 ff.

zuzuordnen. Ansonsten könnte der Bund jede in die Gesetzgebungskompetenz der Länder fallende Materie normieren, wenn er seine Regelungen einer Volksabstimmung zur Entscheidung stellte. Auch eine ungeschriebene Gesetzgebungskompetenz des Bundes kraft Natur der Sache scheidet daher aus.

cc) Zuständigkeit der Länder

Fraglich ist die Gesetzgebungszuständigkeit, wenn das Grundgesetz eine Materie weder dem Bund noch den Ländern ausdrücklich zuschreibt. Die *Kompetenzordnung des Grundgesetzes* ist *abschließend*. Bei Zweifeln über die Zuständigkeit spricht daher keine Vermutung zugunsten einer Bundeskompetenz. Wird ein Sachbereich nicht berücksichtigt, bleibt es vielmehr beim Grundsatz des Art. 70 Abs. 1 GG. Danach liegt entgegen der Auffassung des A die Gesetzgebungszuständigkeit grds. bei den Ländern. Dies gilt auch für den zur *Kulturhoheit* und somit zum ureigensten Regelungsbereich der Länder zählenden Rundfunk, der in den Art. 70 ff. GG nicht eigens erwähnt wird und somit – einschließlich der Regelung des Rundfunkbeitrags[9] – in die *Verbandskompetenz der Länder* fällt.[10]

b) Ergebnis

Das GVRR ist wegen der fehlenden Gesetzgebungskompetenz des Bundes formell verfassungswidrig.

2. Materielle Verfassungsmäßigkeit des Gesetzes

Darüber hinaus könnte das GVRR auch materiell gegen das Grundgesetz verstoßen. Fraglich ist, ob Erlass und Inhalt des GVRR dem Volk zur Abstimmung vorgelegt werden dürfen.

Solche Volksentscheide, d. h. verbindliche Abstimmungen des Volkes über Gesetzesvorhaben, könnten mit der Verfassung generell nicht zu vereinen sein. Zwar übt das Volk gemäß Art. 20 Abs. 2 Satz 2 GG seine *Staatsgewalt in Wahlen und Abstimmungen* aus. Jedoch sieht das Grundgesetz selbst eine Abstimmung nur in Art. 29 GG für den Fall der Neugliederung des Bundesgebiets vor. Bei der grundgesetzlichen Demokratie handelt es sich daher um eine ausgeprägt parlamentarische und repräsentative Demokratie mit einem Minimum an plebiszitären Elementen. Allerdings kann dem Art. 29 GG keine Aussage über die Zulässigkeit weiterer Abstimmungen entnommen werden. Auch der Wortlaut des Art. 20 Abs. 2 Satz 2 GG („Abstimmung*en*") spricht dafür, dass Art. 29 GG nicht abschließend zu verstehen ist, sondern auf Bundesebene weitere Elemente *direkter Demokratie* denkbar sind.

Fraglich bleibt, unter welchen Voraussetzungen ein *Volksentscheid auf Bundesebene* durchgeführt werden kann. Für die Zulässigkeit einer Regelung durch

---

[9] Vgl. BVerfGE 90, 60 (105); BeckOK-GG/*Gersdorf* Art. 70 Rn. 6.
[10] Vgl. BeckOK-GG/*Gersdorf* Art. 70 Rn. 4; *Gröpl* Rn. 1172; *Maurer* § 17 Rn. 24.

einfaches Bundesgesetz spricht, dass Art. 20 Abs. 2 Satz 2 GG explizit die Möglichkeit einer Abstimmung vorsieht. Jedoch ist der einzige im Grundgesetz geregelte Fall des Art. 29 GG sehr detailliert normiert. Daher bedürfen weitere Abstimmungen einer ebenso ausführlichen Ermächtigung im Grundgesetz selbst. Auch auf Länderebene sind Elemente direkter Demokratie in der jeweiligen Verfassung vorgesehen. Zudem muss beachtet werden, dass das Grundgesetz eingehende und abschließende Vorschriften zum Gesetzgebungsverfahren enthält, die auf eine unmittelbare Beteiligung des Volkes verzichten. Um dem Staatsvolk eine solche unmittelbare Entscheidungskompetenz über Gesetzesvorhaben zuzugestehen, erscheint daher eine grundgesetzliche Regelung im Wege einer *Verfassungsänderung* erforderlich.[11] Durch einfaches Bundesgesetz kann eine Volksabstimmung auf Bundesebene nicht eingeführt werden. Das GVRR ist somit auch materiell mit dem Grundgesetz nicht vereinbar.

III. Ergebnis

Das GVRR ist formell und materiell verfassungswidrig. Der Antrag der Landesregierung B im abstrakten Normenkontrollverfahren ist zulässig sowie begründet und hat Aussicht auf Erfolg. Das Bundesverfassungsgericht wird gemäß § 78 Satz 1 BVerfGG das GVRR für nichtig erklären.

B. Bund-Länder-Streit

Die Landesregierung B könnte zudem einen Antrag im Bund-Länder-Streit in Erwägung ziehen. Der Antrag hat Aussicht auf Erfolg, wenn er zulässig und begründet ist.

I. Zulässigkeit

Die Zulässigkeit des Antrags im Bund-Länder-Streit richtet sich nach Art. 93 Abs. 1 Nr. 3 GG, §§ 13 Nr. 7, 68 ff. BVerfGG.

1. Parteifähigkeit

Die Landesregierung ist gemäß § 68 BVerfGG geeigneter Antragsteller für ihr Land B. Als Antragsgegner ist die Bundesregierung zu bezeichnen, die in Prozessstandschaft für den Bund auftritt.

2. Streitgegenstand

Zulässiger Streitgegenstand des Bund-Länder-Streits sind gemäß Art. 93 Abs. 1 Nr. 3 GG Rechte und Pflichten des Bundes und der Länder. Bei der Verabschiedung

---

[11] Zum Themenkreis *Ipsen* Staatsrecht I Rn. 129 ff.; *Maurer* § 7 Rn. 39 ff.

des GVRR ist die Abgrenzung der Gesetzgebungskompetenzen von Bund und Ländern ein geeigneter Verfahrensgegenstand.

3. Antragsbefugnis

Der Antragsteller muss gemäß § 69 i.V. m. § 64 Abs. 1 BVerfGG geltend machen, durch eine rechtserhebliche Maßnahme oder Unterlassung des Antragsgegners in seinen durch das Grundgesetz übertragenen Rechten oder Pflichten verletzt oder unmittelbar gefährdet zu sein. Vorliegend kann die Landesregierung B vortragen, der Bund habe durch den Erlass des GVRR die Gesetzgebungskompetenzen der Länder und somit auch des Landes B missachtet. Dem steht nicht entgegen, dass das GVRR die Reform des Rundfunkbeitrags nicht endgültig umsetzt, sondern lediglich vorbereitet. In Sachbereichen, die in die Gesetzgebungszuständigkeit der Länder fallen, bleibt vielmehr auch die Entscheidung über eine Beteiligung des Volkes im Gesetzgebungsverfahren den Ländern vorbehalten. Die Landesregierung B ist somit antragsbefugt.

4. Form und Frist

Der Antrag muss die Schriftform gemäß § 23 Abs. 1 BVerfGG wahren. Darüber hinaus ist im Antrag die konkrete Verfassungsnorm zu nennen, die der Antragsgegner durch sein Verhalten verletzt hat (§ 69 i.V. m. § 64 Abs. 2 BVerfGG).
  Der Antrag ist nach §§ 69, 64 Abs. 3 BVerfGG binnen sechs Monaten nach Bekanntwerden des streitgegenständlichen Verhaltens zu stellen.

5. Ergebnis

Der Antrag der Landesregierung B ist zulässig.

II. Begründetheit

Der Antrag ist begründet, wenn das GVRR nicht mit dem Grundgesetz vereinbar ist und der Bund durch dessen Verabschiedung die verfassungsmäßigen Rechte des Landes B verletzt hat.
  Wie bereits aufgezeigt, ist das GVRR sowohl formell als auch materiell verfassungswidrig. Allerdings ist beim Bund-Länder-Streit der *Prüfungsmaßstab* des Bundesverfassungsgerichts auf Verstöße gegen das Grundgesetz *beschränkt*, soweit sich daraus *Rechte des Antragstellers* ableiten lassen. Das Bundesverfassungsgericht wird sich vorliegend nur damit beschäftigen, ob der Bund für den Erlass des GVRR zuständig war. Da dies zu verneinen ist, hat der Bund durch die Verabschiedung des GVRR die Gesetzgebungskompetenz des Landes B verletzt.
  Der Antrag der Landesregierung B ist daher begründet und hat Aussicht auf Erfolg. Das Bundesverfassungsgericht wird gemäß §§ 69, 67 BVerfGG eine Verletzung des Art. 70 Abs. 1 GG feststellen.

C. Organstreitverfahren

Schließlich käme ein Organstreitverfahren gemäß Art. 93 Abs. 1 Nr. 1 GG, §§ 13 Nr. 5, 63 ff. BVerfGG in Betracht. Seine Zulässigkeit scheitert aber bereits daran, dass B als Landesregierung kein Organ des Bundes und somit *nicht parteifähig* ist (§ 63 BVerfGG).

Frage 2: Vorzugswürdiges Verfahren

Von den in Frage 1 dargelegten Verfahren erscheint die abstrakte Normenkontrolle nach Art. 93 Abs. 1 Nr. 2 GG als vorzugswürdig.

Im Vergleich zum Bund-Länder-Streit gemäß Art. 93 Abs. 1 Nr. 3 GG weist die abstrakte Normenkontrolle mehrere Vorteile auf. Zum einen sind die *formellen Anforderungen* an den Antrag *geringer* und ist dieser somit weniger für Fehler anfällig. Beim Bund-Länder-Streit wird hingegen insbesondere eine Bezeichnung der konkreten Verfassungsnorm verlangt, gegen die der Antragsgegner verstoßen haben soll (§ 69 i.V. m. § 64 Abs. 2 BVerfGG). Darüber hinaus ist die Sechs-Monate-Frist nach §§ 69, 64 Abs. 3 BVerfGG zu beachten.

Ein wesentlicher Unterschied zwischen den Verfahrensarten besteht zudem darin, dass der Bund-Länder-Streit einen verfassungsgerichtlichen Rechtsbehelf darstellt, mit dem eine *Verletzung subjektiver Rechte* aus der Verfassung geltend gemacht werden muss. Der Prüfungsmaßstab des Bundesverfassungsgerichts ist dementsprechend beschränkt. Bei der abstrakten Normenkontrolle handelt es sich dagegen um ein *objektives Verfahren* zum Schutz der Verfassung, in dem die angegriffene Norm umfassend auf ihre Vereinbarkeit mit dem Grundgesetz überprüft wird. Die Erfolgsaussichten des Antrags auf Überprüfung der Verfassungsmäßigkeit eines Gesetzes sind daher größer.

Schließlich hat im Erfolgsfalle die Entscheidung des Bundesverfassungsgerichts über eine abstrakte Normenkontrolle eine *weiter gehende Wirkung*. Während beim Bund-Länder-Streit lediglich die Rechtsverletzung (§ 69 i.V. m. § 67 BVerfGG) festgestellt wird, ohne dass dies unmittelbare Auswirkungen auf die Gültigkeit der angegriffenen Norm nach sich zieht, wird diese im abstrakten Normenkontrollverfahren gemäß § 78 Satz 1 BVerfGG *für nichtig erklärt*.[12]

Erwartungshorizont der Klausur

Schwerpunkte erster Ordnung
- Zulässigkeit von Volksentscheiden auf Bundesebene
- Frage 2 nach dem vorzugswürdigen Verfahren

---

[12] Vgl. dazu *Ipsen* Staatsrecht I Rn. 902; ferner *Gröpl* Rn. 1715, 1780.

Schwerpunkte zweiter Ordnung
- ausschließliche Gesetzgebungskompetenz des Bundes für das GVRR
- ungeschriebene Gesetzgebungskompetenz kraft Sachzusammenhangs
- ungeschriebene Gesetzgebungskompetenz kraft Natur der Sache
- Bund-Länder-Streit

Kleinere Probleme
- Antragsbefugnis bei der abstrakten Normenkontrolle
- Kulturhoheit der Länder

Klausur 14: The Passau Peace Parade § 20

Sachverhalt

Student S aus Passau veranstaltet aus Anlass der Präsidentschaftswahl im Staat A eine Wahlnachtsparty. Allerdings verläuft die Wahl nicht wunschgemäß, da nach einer langen Nacht der von ihm nicht favorisierte Kandidat D als Gewinner feststeht. S ruft daher die Partygäste dazu auf, mit ihm in einer „Passau Peace Parade" zum Marktplatz zu ziehen, um gegen D und für den Frieden zu demonstrieren. Seinem Aufruf leisten dreißig Personen Folge, die sich mit spontan angefertigten themenbezogenen Transparenten auf dem Marktplatz versammeln. Unter die friedlichen Teilnehmer mischt sich jedoch ein vermummter Tiefgaragenhooligan, der einzelne Personen mit seinem Schlagring angreifen will. Mitten in der Eröffnungsrede des S erscheint die Polizei und löst die Versammlung auf.

S lässt sich davon nicht unterkriegen und versucht noch auf seinem Heimweg, seine Friedensbotschaft anderweitig zu vermitteln. In einem scheinbar unbeobachteten Moment zückt er eine Graffiti-Spraydose und ziert das Schaufenster eines Bekleidungsgeschäftes mit dem Abbild eines verstorbenen Rockmusikers im Pop-Art-Stil, der dem karikierten D als Gute-Nacht-Lied „Give peace a chance!" singt. Zu seinem Leidwesen wird S jedoch von einem Nachbarn bemerkt, so dass er kurze Zeit später erneut in unfreiwilligen Kontakt mit der Polizei tritt.

Wegen der Vorfälle wird S vom Strafrichter wegen Missachtung der Anmeldepflicht in § 14 Abs. 1 des Versammlungsgesetzes (VersG) gemäß § 26 Nr. 2 VersG sowie für sein Graffito wegen Sachbeschädigung gemäß § 303 Abs. 2 StGB verurteilt. S hält seine Verurteilung für verfassungswidrig. Die Anmeldepflicht empfindet er als übermäßige Einschränkung der Versammlungsfreiheit, da sie jeglichen Entschluss der Spontaneität im Keim ersticke. Gegen den Schuldspruch der Sachbeschädigung wendet er ein, die nach dem Grundgesetz uneingeschränkte Kunstfreiheit verbiete eine strafrechtliche Sanktion seiner Aktion. Berufung und Revision gegen das Urteil bleiben gleichwohl ohne Erfolg.

Bearbeitervermerk: S fühlt sich durch die Urteile der Strafgerichte in seiner Versammlungs- und Kunstfreiheit verletzt und legt form- und fristgerecht Verfassungsbeschwerde zum Bundesverfassungsgericht ein. Mit Aussicht auf Erfolg?

§ 14 Abs. 1 VersG: „Wer die Absicht hat, eine öffentliche Versammlung unter freiem Himmel oder einen Aufzug zu veranstalten, hat dies spätestens 48 Stunden vor der Bekanntgabe der zuständigen Behörde unter Angabe des Gegenstandes der Versammlung oder des Aufzuges anzumelden."

§ 15 Abs. 3 VersG: „Sie [Die zuständige Behörde] kann eine Versammlung oder einen Aufzug auflösen, wenn sie nicht angemeldet sind, wenn von den Angaben der Anmeldung abgewichen oder den Auflagen zuwidergehandelt wird oder wenn die Voraussetzungen zu einem Verbot nach Absatz 1 oder 2 gegeben sind."

§ 26 VersG: „Wer als Veranstalter oder Leiter […]
2. eine öffentliche Versammlung unter freiem Himmel oder einen Aufzug ohne Anmeldung (§ 14) durchführt, wird mit Freiheitsstrafe bis zu einem Jahr oder mit Geldstrafe bestraft."

Lösungsskizze

Verfassungsbeschwerde des S
A. Zulässigkeit
   I. Beschwerdefähigkeit (+)
   II. Beschwerdegegenstand (+)
      öffentliche Gewalt im Sinne des § 90 Abs. 1 BVerfGG
   III. Beschwerdebefugnis (+)
   IV. Rechtsschutzbedürfnis (+)
   V. Form und Frist (+)
B. Begründetheit
   I. Prüfungsmaßstab
      Verletzung spezifischen Verfassungsrechts
   II. Art. 8 Abs. 1 GG
      1. Schutzbereich
         Störung von außen unerheblich
      2. Eingriff (+)
      3. Verfassungsrechtliche Rechtfertigung
         a) Verfassungsgemäße Schrankengesetze (+)
            bei Spontanversammlungen keine Anmeldepflicht
            verfassungskonforme Auslegung des § 14 Abs. 1 VersG
         b) Verfassungsgemäße Gesetzesanwendung (−)
            verfassungskonforme Auslegung durch Gerichte verkannt
   III. Art. 5 Abs. 3 Satz 1 GG
      1. Schutzbereich (+)
         keine abschließende Definition von Kunst
      2. Eingriff (+)
      3. Verfassungsrechtliche Rechtfertigung
         verfassungsimmanente Schranken
         Kunstfreiheit tritt hinter Eigentum zurück

IV. Art. 5 Abs. 1 Satz 1 Var. 1 GG (–)
V. Art. 2 Abs. 1 GG (–)

Lösung

Verfassungsbeschwerde des S

Die Verfassungsbeschwerde des S hat Aussicht auf Erfolg, wenn sie zulässig und begründet ist.

A. Zulässigkeit

Die Zulässigkeit der Verfassungsbeschwerde bestimmt sich nach Art. 93 Abs. 1 Nr. 4a GG, §§ 13 Nr. 8a, 90 ff. BVerfGG.

I. Beschwerdefähigkeit

Die natürliche und somit grundrechtsfähige Person S ist als „jedermann" im Sinne des § 90 Abs. 1 BVerfGG beschwerdefähig.

II. Beschwerdegegenstand

Gegenstand der Verfassungsbeschwerde kann jeder Akt der öffentlichen Gewalt sein. Öffentliche Gewalt im Sinne des § 90 Abs. 1 BVerfGG ist entgegen dem gleichlautenden Begriff in Art. 19 Abs. 4 GG nicht auf die vollziehende Gewalt beschränkt, sondern umfasst auch Maßnahmen der Gesetzgebung und Rechtsprechung. Der Umfang der Beschwerdemöglichkeit entspricht dem *Umfang der Grundrechtsbindung* gemäß Art. 1 Abs. 3 GG.[1] Die Urteile der Strafgerichte sind als Akte der Judikative ein tauglicher Beschwerdegegenstand. Dabei bleibt dem Beschwerdeführer unbenommen, sich nicht nur gegen die letztinstanzliche Entscheidung zu wenden, sondern auch die Urteile der Vorinstanzen anzugreifen.[2]

III. Beschwerdebefugnis

Die Zulässigkeit der Verfassungsbeschwerde setzt gemäß § 90 Abs. 1 BVerfGG die Beschwerdebefugnis des Beschwerdeführers voraus. Er muss geltend machen, in seinen Grundrechten oder den aufgezählten grundrechtsgleichen Rechten verletzt zu sein.[3] Die angefochtenen Entscheidungen haben den S zum einen wegen Missachtung der Anmeldepflicht von Versammlungen verurteilt. Da S seine spontan

---

[1] *Ipsen* Staatsrecht I Rn. 952; *Kingreen/Poscher* Rn. 1258.
[2] BVerfGE 54, 53 (64 f.).
[3] *Ipsen* Staatsrecht I Rn. 954; *Kingreen/Poscher* Rn. 1261.

einberufene Versammlung naturgemäß nicht anmelden konnte, könnte die auf § 14 VersG beruhende Verurteilung ein verfassungsrechtlich nicht gerechtfertigter Eingriff in die *Versammlungsfreiheit* des S aus Art. 8 Abs. 1 GG sein.

Des Weiteren wurde S der Sachbeschädigung für schuldig befunden, weil er ein Porträt im Pop-Art-Stil auf eine Schaufensterscheibe gesprüht hat. Insoweit könnte sich S auf die *Kunstfreiheit* gemäß Art. 5 Abs. 3 Satz 1 GG berufen, ggf. wegen der Äußerung „Give peace a chance!" auch auf die Meinungsfreiheit des Art. 5 Abs. 1 Satz 1 Var. 1 GG. Dass S durch die angegriffenen Strafurteile in seinen Grundrechten verletzt wird, erscheint daher nicht von vornherein ausgeschlossen.

Durch seine Verurteilung ist S schließlich *selbst, gegenwärtig und unmittelbar betroffen*. Er ist somit beschwerdebefugt.

IV. Rechtsschutzbedürfnis

Gemäß § 90 Abs. 2 Satz 1 BVerfGG kann die Verfassungsbeschwerde erst nach *Erschöpfung des Rechtsweges* erhoben werden. S hat gegen das erstinstanzliche Urteil des Amtsgerichts Berufung und Revision eingelegt und somit alle ihm zur Verfügung stehenden Rechtsmittel in zulässiger, aber erfolgloser Weise ergriffen. Sein Rechtsschutzbedürfnis ist gegeben.

V. Form und Frist

Die Form- und Begründungserfordernisse der §§ 23 Abs. 1, 92 BVerfGG und die Monatsfrist des § 93 Abs. 1 Satz 1 BVerfGG sind gewahrt.

VI. Ergebnis

Die Verfassungsbeschwerde des S ist somit zulässig.

B. Begründetheit

Die Verfassungsbeschwerde des S ist begründet, wenn die angegriffenen Strafurteile ihn in seinen Grundrechten aus Art. 8 Abs. 1 bzw. Art. 5 Abs. 3 Satz 1, Art. 5 Abs. 1 Satz 1 Var. 1 GG verletzen.

I. Prüfungsmaßstab

Fraglich ist, ob und ggf. inwieweit das Bundesverfassungsgericht fachgerichtliche Urteile überhaupt auf Grundrechtsverletzungen überprüfen darf. Wenn jede Entscheidung der Fachgerichte auf ihre Vereinbarkeit mit Grundrechten untersucht werden könnte, würde das Bundesverfassungsgericht zu einer *Superrevisionsinstanz* und somit erheblich in die Zuständigkeitsbereiche der anderen Bundesgerichte eingreifen.[4] Das Bundesverfassungsgericht beschränkt sich daher bei der Überprüfung

---

[4] *Gröpl* Rn. 1620; *Kingreen/Poscher* Rn. 1306.

fachgerichtlicher Entscheidungen auf die *Verletzung spezifischen Verfassungsrechts*. Danach bleibt zwar die Auslegung des einfachen Rechts und seine Anwendung auf den Einzelfall eine Angelegenheit der Fachgerichte, die selbst im Falle ihrer Gesetzeswidrigkeit unberührt bleiben. Das Bundesverfassungsgericht behält sich aber eine Überprüfung vor, ob einschlägige Grundrechte völlig übersehen wurden oder ihre Bedeutung *wesentlich verkannt* wurde.[5] Beruht eine Entscheidung auf einem solchen Fehler, ist eine dagegen gerichtete Verfassungsbeschwerde begründet.

II. Art. 8 Abs. 1 GG

Seine Verurteilung wegen Missachtung der Anmeldepflicht gemäß §§ 14 Abs. 1, 26 Nr. 2 VersG könnte den S in seiner Versammlungsfreiheit verletzen.

1. Schutzbereich

Mangels Angaben im Sachverhalt ist davon auszugehen, dass S die deutsche Staatsangehörigkeit besitzt und sich auf das Deutschen- bzw. *Bürgerrecht* des Art. 8 Abs. 1 GG berufen kann.

Dazu müsste die Passau Peace Parade eine Versammlung sein. Dafür reicht nicht jede beliebige Zusammenkunft mehrerer Personen aus. Wegen des Charakters des Art. 8 Abs. 1 GG als Kommunikationsgrundrecht liegt eine Versammlung nur vor, wenn ihre Teilnehmer einen *gemeinsamen Zweck* verfolgen.[6] Nach restriktiver Rechtsprechung des Bundesverfassungsgerichts ist erforderlich, dass sich mehrere Personen zwecks gemeinschaftlicher Erörterung und Kundgebung zusammenfinden, um an der *öffentlichen Meinungsbildung* teilzuhaben.[7] An der Passau Peace Parade nehmen dreißig Personen teil, die unter anderem mit Transparenten für den Frieden eintreten wollen. Mit ihrem Demonstrationsanliegen tragen die Teilnehmer zur öffentlichen Meinungsbildung bei und stellen selbst nach der engen Auffassung des Bundesverfassungsgerichts eine Versammlung im Sinne des Art. 8 GG dar. Ob der Ansicht zu folgen oder stattdessen ein weiter Versammlungsbegriff vorzugswürdig erscheint, kann somit offengelassen werden.

Der Schutzbereich des Art. 8 GG ist jedoch nur für *friedliche Versammlungen ohne Waffen* eröffnet. Insoweit könnte die Teilnahme des mit einem Schlagring bewaffneten vermummten Tiefgaragenhooligans dem Versammlungscharakter der Passau Peace Parade entgegenstehen. Würde jedoch das aggressive Verhalten Einzelner ausreichen, eine Zusammenkunft insgesamt als unfriedlich erscheinen zu lassen, hätten es einzelne Personen in der Hand, Demonstrationen gegen den Willen der anderen Teilnehmer den Versammlungscharakter zu nehmen. Dies erscheint vor allem dann nicht gerechtfertigt, wenn die *Störungen von außen* an die

---

[5] *Kingreen/Poscher* Rn. 1314; *Maurer* § 20 Rn. 137.
[6] BVerfGE 82, 34 (38 f.); *Hufen* § 30 Rn. 7; *Manssen* Rn. 494 f.
[7] BVerfG NJW 2001, 2459 (2460); NJW 2002, 1031 (1032); kritisch Dreier/*Schulze-Fielitz* Art. 8 Rn. 27.

Demonstranten herangetragen werden und nicht von den Teilnehmern selbst herrühren.[8] Die Anwesenheit des Tiefgaragenhooligans steht dem Versammlungscharakter der Passau Peace Parade im Sinne des Art. 8 Abs. 1 GG somit nicht entgegen.

2. Eingriff

Die Gerichtsurteile müssten einen Eingriff in die Versammlungsfreiheit des S begründen. Ein Eingriff liegt in jedem staatlichen Handeln, welches dem Einzelnen ein Verhalten, das vom Schutzbereich eines Grundrechts erfasst wird, unmöglich macht.[9] Art. 8 Abs. 1 GG gewährt das Recht, sich „ohne Anmeldung" versammeln zu dürfen. Die in § 14 Abs. 1 VersG vorgesehene Anmeldepflicht stellt somit einen Eingriff in die Versammlungsfreiheit dar. Wird die Durchführung einer Versammlung unter Verletzung der Anmeldepflicht strafrechtlich bewehrt und daraufhin eine entsprechende Verurteilung ausgesprochen, so greift auch diese in die Versammlungsfreiheit ein. Vorliegend stellt die Verurteilung des S gemäß § 26 Nr. 2 VersG einen Eingriff in seine Versammlungsfreiheit dar.

3. Verfassungsrechtliche Rechtfertigung

Der Eingriff bedarf der verfassungsrechtlichen Rechtfertigung. Gemäß des *einfachen Gesetzesvorbehalts* in Art. 8 Abs. 2 GG können Versammlungen unter freiem Himmel durch oder aufgrund Gesetzes beschränkt werden. Die Passau Peace Parade findet auf dem Marktplatz unter freiem Himmel statt. Die auf §§ 14 Abs. 1, 26 Nr. 2 VersG beruhende Verurteilung des S könnte verfassungsrechtlich gerechtfertigt sein.

a) Verfassungsgemäße Schrankengesetze

Dazu müssten die Vorschriften zunächst verfassungsgemäße Schranken darstellen.
An der formellen Verfassungsmäßigkeit der Vorschriften bestehen keine Bedenken. Jedoch erscheint fraglich, ob die darin vorgesehene, strafrechtlich bewehrte Anmeldepflicht sich materiell mit dem Grundgesetz vereinbaren lässt. Auch ein einfacher Gesetzesvorbehalt ermöglicht keine beliebige Einschränkung eines Grundrechts. Vielmehr erfordert der *Grundsatz der Verhältnismäßigkeit*, dass der Gesetzgeber ein zulässiges Ziel mit einem zulässigen und zudem geeigneten und notwendigen Mittel verfolgt.[10] Mit der in § 14 Abs. 1 VersG statuierten Anmeldepflicht verfolgt der Gesetzgeber den Zweck, den zuständigen Behörden die notwendigen Informationen zukommen zu lassen, um Vorkehrungen für einen störungsfreien Verlauf der Versammlung und zum Schutze Dritter und der Allgemeinheit

---

[8] BVerfGE 69, 315 (359 ff.); *Kingreen/Poscher* Rn. 783; *Manssen* Rn. 502; Dreier/*Schulze-Fielitz* Art. 8 Rn. 42, 48.
[9] *Kingreen/Poscher* Rn. 261.
[10] *Hufen* § 9 Rn. 14 f.; *Kingreen/Poscher* Rn. 297 ff.

treffen zu können. Dies stellt ein legitimes Ziel dar und kommt der praktischen Durchsetzung der Versammlungsfreiheit sogar zugute, indem die Versammlung vor Störungen bewahrt werden kann. Die Anmeldepflicht für öffentliche Versammlungen unter freiem Himmel ist insoweit ein geeignetes Mittel und verstößt grds. nicht gegen Art. 8 Abs. 1 GG.[11]

Darüber hinaus müsste die Anmeldepflicht zur Erreichung des legitimen Zwecks erforderlich sein. Dies erscheint jedoch für kurzfristig bzw. aus aktuellem Anlass augenblicklich einberufene Versammlungen fraglich. Hier kann nämlich die in § 14 Abs. 1 VersG vorgesehene Anmeldefrist von 48 Stunden nicht eingehalten werden, so dass bei strikter Anwendung der Anmeldepflicht sog. *Eil- bzw. Spontanversammlungen* generell unzulässig wären. Dies stellte eine sehr weitgehende Einschränkung der Versammlungsfreiheit dar, die weder aus den oben genannten noch aus sonstigen Gründen gerechtfertigt werden kann. Sollten im Verlauf der Versammlungen Störungen auftreten, wäre vielmehr ein nachträgliches Einschreiten der Behörden, etwa durch Auflösung der Versammlung gemäß § 15 Abs. 3 VersG, möglich und ausreichend. Eine unveränderte Anwendung des § 14 Abs. 1 VersG bei Eil- und Spontanversammlungen erscheint somit mit Art. 8 GG nicht vereinbar, der gerade das Recht gewährt, sich „ohne Anmeldung" versammeln zu können.

Dies bedeutet indes nicht die materielle Verfassungswidrigkeit und Nichtigkeit des § 14 Abs. 1 VersG. Vielmehr kann den Bedenken mit einer *verfassungskonformen Auslegung* der Vorschrift Rechnung getragen werden. Wird § 14 Abs. 1 VersG derart interpretiert, dass bei Spontanversammlungen eine Anmeldung entbehrlich ist, bleibt die Vorschrift mit dem Grundgesetz vereinbar.[12] Gleiches gilt mangels anderer Anhaltspunkte für die Strafbewehrung in § 26 Nr. 2 VersG.

b) Verfassungsgemäße Gesetzesanwendung

Gleichwohl könnte die Versammlungsfreiheit des S verletzt sein, wenn die angegriffenen Entscheidungen der Strafgerichte die verfassungsgemäßen Vorschriften der §§ 14 Abs. 1, 26 Nr. 2 VersG in verfassungswidriger Weise angewendet haben. Unter Berücksichtigung der auf die Verletzung spezifischen Verfassungsrechts beschränkten Prüfungsbefugnis des Bundesverfassungsgerichts ist dies etwa dann der Fall, wenn das erkennende Gericht Bedeutung und Tragweite des anzuwendenden Grundrechts grds. verkennt. Vorliegend haben sich die Teilnehmer der Passau Peace Parade aus dem aktuellen Anlass des Ausgangs der Präsidentschaftswahl im Staat A zusammengefunden und eine Spontanversammlung ins Leben gerufen. In verfassungskonformer Auslegung des § 14 Abs. 1 VersG entfällt insoweit wegen des Stellenwerts der Versammlungsfreiheit als für die freiheitlich-demokratische Grundordnung konstituierendes Element jegliche Anmeldepflicht. Dass die Gerichte dies

---

[11] BVerfGE 69, 315 (349 ff.); *Kingreen/Poscher* Rn. 797; Dreier/*Schulze-Fielitz* Art. 8 Rn. 83.
[12] BVerfGE 85, 69 (74 f.); 128, 226 (261); BeckOK-GG/*Schneider* Art. 8 Rn. 44; Dreier/*Schulze-Fielitz* Art. 8 Rn. 84 f.

verkannt und demzufolge zu Unrecht eine Strafbarkeit nach § 26 Nr. 2 VersG angenommen haben, führt zu einer Verletzung spezifischen Verfassungsrechts.

4. Ergebnis

S wird durch die Verurteilung nach § 26 Nr. 2 VersG in seiner Versammlungsfreiheit verletzt. Seine Verfassungsbeschwerde ist zumindest insoweit begründet.

III. Art. 5 Abs. 3 Satz 1 GG

Die Verurteilung des S wegen Sachbeschädigung gemäß § 303 Abs. 2 StGB könnte ihn in seiner Kunstfreiheit verletzen.

1. Schutzbereich

Fraglich ist, ob sich S bzgl. seines Graffito auf die jedermann zustehende Kunstfreiheit gemäß Art. 5 Abs. 3 Satz 1 GG berufen kann. Eine abschließende Definition der Kunst erscheint nicht möglich, weswegen das Bundesverfassungsgericht mehrere Kunstbegriffe nebeneinander verwendet.[13]

Nach dem *formalen Kunstbegriff* können nur Produkte der traditionellen Werktypen als künstlerisch betrachtet werden. Zu den traditionellen Formen zählt auch das Malen. Vorliegend ist daher trotz des modernen Werkstoffes das Sprühen eines Personenbildnisses im Pop-Art-Stil als Kunst anzusehen.

Der *materielle Kunstbegriff* betont dagegen die freie schöpferische Gestaltung des Künstlers, die in einem Kunstwerk zum Ausdruck kommt. Durch seine Zeichnung und deren aktuellen Bezug zu D will S zum Frieden aufrufen, so dass auch nach dieser Ansicht das Pop-Art-Bild als Kunst zu betrachten ist.

Der *offene Kunstbegriff* schließlich stellt in den Vordergrund, dass Kunst in der Regel mannigfaltige Interpretationen zulässt. Dies schließt jedoch bei Werken mit vermeintlich eindeutiger Aussage den Kunstcharakter nicht aus, solange sie durch ihren gestalterischen Kontext neue Auslegungsmöglichkeiten erhalten. Vorliegend belässt es S nicht einfach bei dem Aufsprühen der Textzeile „Give peace a chance!", sondern verbindet sie mit zwei Personen der früheren bzw. aktuellen Zeitgeschichte, deren Verknüpfung verschiedenen Interpretationen zugänglich ist. S kann sich mit seinem Pop-Art-Bild auf die Kunstfreiheit des Art. 5 Abs. 3 Satz 1 GG berufen.

2. Eingriff

In das Grundrecht der Kunstfreiheit müssten die gerügten Gerichtsentscheidungen eingegriffen haben. Die Strafurteile haben die künstlerische Betätigung als Sachbeschädigung gemäß § 303 Abs. 2 StGB gewertet und den S deswegen verurteilt. Die

---

[13] BVerfGE 67, 213 (225 f.); vgl. dazu *Hufen* § 33 Rn. 4 ff.; BeckOK-GG/*Kempen* Art. 5 Rn. 156 ff.; *Kingreen/Poscher* Rn. 682 ff.

strafrechtlichen Konsequenzen für das Herstellen eines Kunstwerks greifen in den Wirkbereich des S und somit in seine Kunstfreiheit ein.

3. Verfassungsrechtliche Rechtfertigung

Der Eingriff bedarf der verfassungsrechtlichen Rechtfertigung. Allerdings sieht Art. 5 Abs. 3 GG keine Einschränkungsmöglichkeiten vor, so dass bereits fraglich erscheint, ob in die Kunstfreiheit überhaupt eingegriffen werden darf. Denkbar wäre die Anwendung der Schranken des Art. 5 Abs. 2 GG. Dem steht jedoch die systematische Stellung der Vorschrift entgegen. Danach ist Art. 5 Abs. 3 Satz 1 GG *lex specialis* gegenüber den Grundrechten aus Absatz 1, dessen Schranken somit nicht einschlägig sind.[14] Das Fehlen expliziter Schranken in Art. 5 Abs. 3 GG bedeutet aber nicht die *schrankenlose* Gewährung der Kunstfreiheit. Allerdings sind ihre Grenzen nur durch die Verfassung selbst zu bestimmen, so dass ein Eingriff in die Kunstfreiheit lediglich durch *kollidierendes Verfassungsrecht*, d. h. durch andere Grundrechte oder Verfassungsgüter gerechtfertigt werden kann.[15]

Auch bei sog. *verfassungsimmanenten Schranken* darf ein Eingriff nur durch oder aufgrund eines verfassungsmäßigen Gesetzes ergehen. An der formellen und materiellen Verfassungsmäßigkeit des § 303 Abs. 2 StGB bestehen keine Zweifel. Überschneidungen mit der Kunstfreiheit ließen sich im Wege verfassungskonformer Auslegung lösen, so dass die Vorschrift nur dann anwendbar ist, wenn ein kollidierendes Grundrecht oder Verfassungsgut zu einem Eingriff ermächtigt.

Fraglich bleibt, ob die angegriffenen Strafurteile die Kunstfreiheit des S verletzt haben. Wegen des auf die Verletzung spezifischen Verfassungsrechts beschränkten Prüfungsumfangs des Bundesverfassungsgerichts ist dies nur der Fall, wenn die Strafgerichte die Bedeutung der Kunstfreiheit völlig übersehen oder grds. falsch angewendet haben und ihre Urteile auf dem Fehler beruhen.[16] Vorliegend kollidiert die Kunstfreiheit des S mit dem Eigentumsrecht des Inhabers des Bekleidungsgeschäfts aus Art. 14 Abs. 1 GG, ggf. auch mit seinem Grundrecht auf Berufsausübungsfreiheit gemäß Art. 12 Abs. 1 GG. Eine solche Kollision widerstreitender Grundrechte ist im Wege *praktischer Konkordanz* auszugleichen. Auch wenn das Eigentumsgrundrecht anders als die Kunstfreiheit einem geschriebenen Gesetzesvorbehalt unterliegt, tritt es deswegen nicht generell hinter die Kunstfreiheit zurück. Die Kunstfreiheit berechtigt folglich nicht zur eigenmächtigen Inanspruchnahme oder Beeinträchtigung fremden Eigentums zum Zwecke der Kunst.[17] Bei der notwendigen Abwägung der widerstreitenden Grundrechte muss zudem berücksichtigt werden, dass die künstlerische Entfaltung des S die Beschädigung fremden Eigentums nicht zwingend voraussetzt, sondern auch auf andere Weise verwirklicht werden kann. Der Benutzung des Schaufensters als Bildunterlage lässt sich gerade

---

[14] BVerfGE 30, 173 (191 f.); *Hufen* § 33 Rn. 24.
[15] BVerfGE 30, 173 (193); *Hufen* § 33 Rn. 28 ff.; *Kingreen/Poscher* Rn. 704.
[16] Vgl. *Kingreen/Poscher* Rn. 1314; *Maurer* § 20 Rn. 137.
[17] BVerfG NJW 1984, 1293 (1294); *Dreier/Wittreck* Art. 5 III Rn. 62.

keine künstlerische Aussage beimessen. S kann daher wegen eigenmächtiger Missachtung fremden Eigentums wegen Sachbeschädigung verurteilt werden, ohne dass seine Kunstfreiheit entgegensteht. Die Verfassungsbeschwerde des S ist insoweit unbegründet.

IV. Art. 5 Abs. 1 Satz 1 Var. 1 GG

Wegen der friedensbekennenden Aussage „Give peace a chance!" könnte sich S auf die Meinungsäußerungsfreiheit berufen und durch die angegriffenen Urteile tangiert sein. Stellt die betreffende Äußerung jedoch nur einen Teil einer künstlerischen Gesamtaussage dar, so ist die Kunstfreiheit gemäß Art. 5 Abs. 3 GG gegenüber der allgemeinen Meinungsäußerungsfreiheit *lex specialis*.[18] Der Schutz der Aktion des S bestimmt sich ausschließlich nach Art. 5 Abs. 3 GG.

V. Art. 2 Abs. 1 GG

Die allgemeine Handlungsfreiheit aus Art. 2 Abs. 1 GG tritt hinter den speziellen Freiheitsgrundrechten der Versammlungsfreiheit aus Art. 8 Abs. 1 GG und der Kunstfreiheit aus Art. 5 Abs. 3 GG zurück.

VI. Ergebnis

S ist durch seine Verurteilung wegen Missachtung der Anmeldepflicht gemäß §§ 14 Abs. 1, 26 Nr. 2 VersG in seiner Versammlungsfreiheit gemäß Art. 8 Abs. 1 GG verletzt. Der Eingriff in seine Kunstfreiheit nach Art. 5 Abs. 3 GG durch die Verurteilung wegen Sachbeschädigung gemäß § 303 Abs. 2 StGB ist dagegen verfassungsrechtlich gerechtfertigt.

Die Verfassungsbeschwerde des S ist somit insgesamt zulässig, aber nur teilweise begründet. Das Bundesverfassungsgericht wird insoweit die angegriffenen Urteile aufheben (§ 95 Abs. 2 BVerfGG).

Erwartungshorizont der Klausur

Schwerpunkte erster Ordnung
- verfassungskonforme Auslegung des § 14 Abs. 1 VersG

Schwerpunkte zweiter Ordnung
- Beschwerdebefugnis
- Prüfungsmaßstab der Verletzung spezifischen Verfassungsrechts
- Passau Peace Parade als Versammlung

---

[18] BVerfGE 30, 173 (200); 75, 369 (377); *Hufen* § 33 Rn. 24; Dreier/*Wittreck* Art. 5 III Rn. 76.

- Graffito des S als Kunst
- Abwägung zwischen Kunstfreiheit und Eigentum

Kleinere Probleme
- Auslegung der öffentlichen Gewalt in § 90 Abs. 1 BVerfGG
- Kunstfreiheit als lex specialis gegenüber der Meinungsäußerungsfreiheit
- Subsidiarität der allgemeinen Handlungsfreiheit

§ 21 Klausur 15: Der unfreiwillige Ruhestand

Sachverhalt

Um die zukünftige Finanzierung der gesetzlichen Krankenversicherung zu gewährleisten, will das Bundesministerium für Gesundheit die Anzahl der Vertragsärzte gesetzlich beschränken. Zu diesem Zweck wird mit dem formell verfassungsgemäßen Gesetz zur Sicherung der gesetzlichen Krankenversicherung (GSGKV) eine Regelung in § 95 Abs. 7 des fünften Sozialgesetzbuches (SGB V) eingeführt, wonach die für die Teilnahme an der vertragsärztlichen Versorgung notwendige Zulassung mit Vollendung des 68. Lebensjahres des Arztes automatisch endet. Neben der finanziellen Gesundung der gesetzlichen Krankenkassen soll dadurch zugleich dem Schutz der Gesundheit der Patienten gedient werden, da das Ministerium davon ausgeht, dass sich Ärzte ab diesem Alter nicht mehr im völligen Besitz ihrer körperlichen und geistigen Leistungsfähigkeit befinden. Mit Erreichen der Altersgrenze ist ein Arzt daher nicht mehr befugt, gesetzlich Krankenversicherte zu behandeln und seine Tätigkeiten mit der gesetzlichen Krankenkasse abzurechnen. Ihm bleibt allenfalls noch, sich auf die Behandlung von Privatpatienten zu verlegen.

Das GSGKV tritt Anfang 2017 in Kraft; die neue Rechtslage soll ab dem 1. Januar 2020 gelten. Als der 65-jährige frei praktizierende Arzt A hiervon erfährt, stellt er entsetzt fest, dass er am 1. März 2020 sein 68. Lebensjahr vollenden und seine vertragsärztliche Zulassung verlieren wird. Dies erscheint ihm in Anbetracht seiner nach wie vor einwandfreien körperlichen und geistigen Leistungsfähigkeit, die ihn diesen Beruf noch mindestens fünf Jahre ausüben ließe, unbillig. Zudem wollte er seine Praxisräume mitsamt Patientenstamm Anfang 2022 seinem Enkel übergeben, der dann sein Medizinstudium abgeschlossen haben dürfte. Dies sei ihm nun nicht mehr möglich, da seine Patienten während der zweijährigen Vakanz seiner Praxis den Arzt wechseln würden. Das GSGKV verletze somit seine Berufsfreiheit und sein Eigentumsrecht. Zudem fühlt er sich ungerecht behandelt, da die Altersgrenze nur für Vertragsärzte gelte, eine privatärztliche Tätigkeit dagegen weiterhin erlaubt sei. Seine Kollegen, die sich auf die Behandlung von Privatpatienten konzentrieren, erhielten aber ohnehin schon mehr Geld.

Bearbeitervermerk: A legt aus diesen Gründen Verfassungsbeschwerde gegen das GSGKV vor dem Bundesverfassungsgericht ein. Mit Aussicht auf Erfolg?

Lösungsskizze

Verfassungsbeschwerde des A
A. Zulässigkeit
   I. Beschwerdefähigkeit (+)
   II. Beschwerdegegenstand (+)
   III. Beschwerdebefugnis (+)
     selbst, gegenwärtig, unmittelbar betroffen (+)
   IV. Rechtsschutzbedürfnis (+)
     Subsidiarität bei Rechtssatzverfassungsbeschwerde
   V. Form und Frist (+)
B. Begründetheit
   I. Art. 12 Abs. 1 GG
     1. Schutzbereich (+)
     2. Eingriff (+)
     3. Verfassungsrechtliche Rechtfertigung
       a) Schranken der Berufsfreiheit
         einheitliches Grundrecht der Berufsfreiheit
       b) Verfassungsmäßigkeit des GSGKV als Schranke
         aa) Legitimes Ziel und Mittel (+)
         bb) Geeignetheit (+)
         cc) Erforderlichkeit (+)
           niedrigste Stufe der Drei-Stufen-Theorie; hier: Berufsausübungsregelung
           Einschätzungsprärogative des Gesetzgebers
         dd) Verhältnismäßigkeit im engeren Sinne (+)
           Altersgrenze zwar Regelung der Berufsausübung, faktisch aber subjektive Zulassungsvoraussetzung
           Gemeinschaftsgüter: Finanzierbarkeit der gesetzlichen Krankenversicherung, Gesundheitsschutz
   II. Art. 14 Abs. 1 GG (−)
     Abgrenzung zur Berufsfreiheit
   III. Art. 2 Abs. 1 GG (−)
   IV. Art. 3 Abs. 1 GG
     1. Ungleichbehandlung (+)
       Vertragsarzt und Privatarzt
     2. Verfassungsrechtliche Rechtfertigung (+)
       Patienten auf Leistungsfähigkeit der Vertragsärzte angewiesen

Lösung

Verfassungsbeschwerde des A

Die Verfassungsbeschwerde des A hat Aussicht auf Erfolg, wenn sie zulässig und begründet ist.

A. Zulässigkeit

Die Zulässigkeit der Verfassungsbeschwerde richtet sich nach Art. 93 Abs. 1 Nr. 4a GG, §§ 13 Nr. 8a, 90 ff. BVerfGG.

I. Beschwerdefähigkeit

Die natürliche und somit grundrechtsfähige Person A ist als „jedermann" im Sinne des § 90 Abs. 1 BVerfGG beschwerdefähig.

II. Beschwerdegegenstand

Gegenstand der Verfassungsbeschwerde kann jeder Akt der *öffentlichen Gewalt* (§ 90 Abs. 1 BVerfGG) sein. Dazu zählen anders als in Art. 19 Abs. 4 GG nicht nur Maßnahmen der vollziehenden Gewalt, d. h. der Exekutive, sondern auch der Legislative und Judikative. Der Umfang der Beschwerdemöglichkeit entspricht dem Umfang der Grundrechtsbindung gemäß Art. 1 Abs. 3 GG.[1] Das GSGKV ist als Akt der Gesetzgebung ein tauglicher Beschwerdegegenstand.

III. Beschwerdebefugnis

Gemäß § 90 Abs. 1 BVerfGG muss der Beschwerdeführer beschwerdebefugt sein. Er muss geltend machen, in seinen Grundrechten oder grundrechtsgleichen Rechten verletzt zu sein.[2] Durch das GSGKV wird dem A untersagt, nach dem 68. Lebensjahr als Vertragsarzt tätig zu sein. Demnach erscheint ein Eingriff in seine *Berufsfreiheit* aus Art. 12 Abs. 1 GG nicht von vornherein ausgeschlossen. Auch das Vorhaben, seine Praxis und seinen Kundenstamm an seinen Enkel weiterzugeben, wird dadurch unmöglich, was sein *Eigentumsrecht* (Art. 14 Abs. 1 GG) verletzen könnte. Da das Verbot des § 95 Abs. 7 SGB V nur für vertrags-, nicht dagegen für privatärztliche Tätigkeiten gilt, ist schließlich denkbar, dass das allgemeine Gleichheitsrecht gemäß Art. 3 Abs. 1 GG verletzt wird.

A müsste durch das GSGKV *selbst, gegenwärtig und unmittelbar betroffen* sein. Als Arzt mit vertragsärztlicher Zulassung, die nach dem GSGKV mit Vollendung des 68. Lebensjahres enden soll, ist A von der Regelung selbst betroffen.

---

[1] *Ipsen* Staatsrecht I Rn. 952; *Kingreen/Poscher* Rn. 1258.
[2] *Ipsen* Staatsrecht I Rn. 954; *Kingreen/Poscher* Rn. 1261.

Gegenwärtig betroffen ist der Beschwerdeführer, wenn die Vorschrift auf seine Rechtsstellung bereits oder noch Auswirkungen entfaltet.[3] Dies erscheint vorliegend fraglich, weil die neue Rechtslage erst ab dem 1. Januar 2020 gelten soll. Bei erst künftig eintretenden Ereignissen reicht indes aus, dass die angegriffenen Normen schon zum gegenwärtigen Zeitpunkt den Beschwerdeführer *zu Dispositionen veranlassen*, die er nach dem späteren Gesetzesvollzug nicht mehr nachholen könnte.[4] A wird durch die drohende Zwangspensionierung bereits jetzt dazu gezwungen, Vorkehrungen etwa zum Verkauf seiner Praxis oder zu seiner Altersvorsorge zu treffen. Er ist somit gegenwärtig von dem GSGKV betroffen.

Schließlich muss A unmittelbar betroffen sein. Die angegriffenen Vorschriften müssen ohne weiteren Vollzugsakt in die Grundrechte des Beschwerdeführers eingreifen.[5] § 95 Abs. 7 SGB V in der Fassung des GSGKV ordnet an, dass die Zulassung zur vertragsärztlichen Versorgung automatisch mit Vollendung des 68. Lebensjahres erlischt. Ein gesondertes Handeln der Verwaltung, etwa durch einen entsprechenden Verwaltungsakt, ist nicht erforderlich. A ist somit durch das GSGKV auch unmittelbar betroffen und daher beschwerdebefugt.

IV. Rechtsschutzbedürfnis

§ 90 Abs. 2 Satz 1 BVerfGG lässt die Erhebung der Verfassungsbeschwerde nur nach *Erschöpfung des Rechtsweges* zu. Gegen formelle Bundesgesetze ist kein Rechtsweg eröffnet, so dass das Rechtsschutzbedürfnis des A an sich vorliegt.

Allerdings wird dem § 90 Abs. 2 BVerfGG der *Grundsatz der Subsidiarität* entnommen. Danach obliegt der Rechtsschutz gegen Grundrechtsverletzungen zunächst den Fachgerichten. Eine Verfassungsbeschwerde ist erst zulässig, wenn der Grundrechtsverletzung nicht auf andere zumutbare Weise abgeholfen werden kann. Das Subsidiaritätserfordernis soll gewährleisten, dass das Bundesverfassungsgericht entlastet wird und nicht über einen in tatsächlicher sowie rechtlicher Hinsicht unaufbereiteten Sachverhalt entscheiden muss.[6] Dem A könnte somit zugemutet werden, ein Verfahren vor den Fachgerichten anzustrengen, um ggf. auf eine *inzidente Normenkontrolle* hinzuwirken. Dem steht aber entgegen, dass das GSGKV den A schon zum gegenwärtigen Zeitpunkt zu später nicht mehr rücknehmbaren Dispositionen zwingt. A hat bereits jetzt und nicht erst nach vollständiger Ausschöpfung des fachgerichtlichen Instanzenzugs ein erhebliches Bedürfnis an Klärung seiner Rechtsstellung. Sein Rechtsschutzbedürfnis ist gegeben.

---

[3] *Kingreen/Poscher* Rn. 1276.
[4] BVerfGE 65, 1 (37); 75, 78 (95); *Kingreen/Poscher* Rn. 1276; *Manssen* Rn. 885.
[5] BVerfGE 70, 35 (50 f.); *Ipsen* Staatsrecht I Rn. 1279.
[6] BVerfGE 79, 1 (20); 88, 383 (400); *Kingreen/Poscher* Rn. 1288.

V. Form und Frist

Die Beachtung der Form- und Begründungserfordernisse der §§ 23 Abs. 1, 92 BVerfGG kann unterstellt werden. Ebenso ist anzunehmen, dass die Jahresfrist in § 93 Abs. 3 BVerfGG eingehalten wird.

VI. Ergebnis

Die Verfassungsbeschwerde des A ist zulässig.

B. Begründetheit

Die Verfassungsbeschwerde des A ist begründet, wenn das GSGKV ihn in seinen Grundrechten aus Art. 12 Abs. 1, Art. 14 Abs. 1 bzw. Art. 3 Abs. 1 GG verletzt.

I. Art. 12 Abs. 1 GG

Durch das automatische Erlöschen seiner vertragsärztlichen Zulassung mit Vollendung des 68. Lebensjahres könnte das GSGKV den A in seiner Berufsfreiheit gemäß Art. 12 Abs. 1 GG verletzen.

1. Schutzbereich

Mangels entgegenstehender Angaben im Sachverhalt kann davon ausgegangen werden, dass A Deutscher im Sinne des Art. 116 Abs. 1 GG ist und sich auf das Grundrecht der Berufsfreiheit berufen kann.

Dazu müsste der sachliche Schutzbereich eröffnet sein. Art. 12 Abs. 1 GG gewährt sowohl das Recht zur freien *Berufswahl* als auch zur freien *Berufsausübung*. Unter Beruf ist jede auf gewisse Dauer angelegte Tätigkeit zu verstehen, die der Schaffung und Erhaltung der Lebensgrundlage dient.[7] Bei der entgeltlichen Tätigkeit eines Arztes handelt es sich um einen Beruf. Die Entscheidung des A, auch nach Vollendung seines 68. Lebensjahres als Vertragsarzt tätig zu sein, betrifft zumindest sein Recht auf freie Ausübung seines Berufes. Das entgegenstehende GSGKV berührt den sachlichen Schutzbereich der Berufsfreiheit.

2. Eingriff

Das GSGKV müsste in die Berufsfreiheit eingegriffen haben. Ein Eingriff liegt in jedem staatlichen Handeln, welches dem Einzelnen ein Verhalten, das vom Schutzbereich eines Grundrechts erfasst wird, unmöglich macht.[8] Wegen § 95 Abs. 7 SGB V

---

[7] *Hufen* § 35 Rn. 6; *Kingreen/Poscher* Rn. 901 ff.; BeckOK-GG/*Ruffert* Art. 12 Rn. 40.
[8] *Kingreen/Poscher* Rn. 261.

kann der A nach Vollendung seines 68. Lebensjahres seinen Lebensunterhalt nicht mehr durch die Behandlung von Kassenpatienten verdienen. Er könnte allenfalls noch Privatpatienten behandeln. Wegen des hohen Anteils gesetzlich Krankenversicherter an der Bevölkerung kommt die Altersgrenze nahezu einer Beschränkung der Berufswahlfreiheit gleich. Jedenfalls untersagt der Ausschluss von der vertragsärztlichen Tätigkeit dem A, seinen Beruf weiterhin in vollem Umfang auszuüben. Ein Eingriff in die Berufsfreiheit des A ist gegeben.

3. Verfassungsrechtliche Rechtfertigung

a) Schranken der Berufsfreiheit

Der Eingriff müsste zu seiner verfassungsrechtlichen Rechtfertigung durch Grundrechtsschranken gedeckt sein. Art. 12 Abs. 1 Satz 2 GG enthält einen *einfachen Gesetzesvorbehalt*, der seinem Wortlaut nach nur für die Freiheit der Berufsausübung zu gelten scheint. Das Grundrecht auf Berufsfreiheit stellt aber ein *einheitliches Grundrecht* dar, bei dem Berufswahl und Berufsausübung verschiedene Aspekte einer einheitlichen freien beruflichen Betätigung verkörpern. Der einfache Gesetzesvorbehalt gilt daher für sämtliche Eingriffe in die Berufsfreiheit.[9] Ob die Altersgrenze des GSGKV als Beschränkung der Berufsausübungsfreiheit oder wegen ihrer erheblichen faktischen Auswirkungen als Eingriff in die Berufswahlfreiheit zu qualifizieren ist, kann insoweit dahinstehen.

b) Verfassungsmäßigkeit des GSGKV als Schranke

Das GSGKV ist formell verfassungsgemäß zustande gekommen. Bedenken bestehen jedoch an seiner materiellen Verfassungsmäßigkeit. Mangels besonderer Anforderungen des einfachen Gesetzesvorbehalts in Art. 12 Abs. 1 GG erscheint vor allem die *Verhältnismäßigkeit* des GSGKV fraglich.

aa) Legitimes Ziel und Mittel

Zu seiner Verhältnismäßigkeit muss das GSGKV zunächst ein zulässiges Ziel mit einem zulässigen Mittel verfolgen.[10] Der Gesetzgeber beabsichtigt mit der Einführung der Altersgrenze zum einen, die Finanzierung der gesetzlichen Krankenversicherung zu garantieren. Das Anliegen der Gewährleistung einer sozialen Absicherung der Bevölkerung ist legitim. Zum anderen soll die Altersgrenze dem Schutz der Gesundheit der Patienten und damit einem anderen wichtigen Gemeinschaftsgut dienen. Mit dem GSGKV verfolgt der Gesetzgeber daher zulässige Ziele. Es stellt

---

[9] BVerfGE 7, 377 (402); 103, 172 (183); *Hufen* § 35 Rn. 26; BeckOK-GG/*Ruffert* Art. 12 Rn. 74.
[10] Vgl. *Hufen* § 9 Rn. 19; *Manssen* Rn. 187 f.

zudem ein zulässiges Mittel dar, an eine neutrale und objektive Altersgrenze anzuknüpfen, um die Anzahl der zugelassenen Vertragsärzte zu verringern.

bb) Geeignetheit

Darüber hinaus müsste das GSGKV geeignet sein. Geeignet sind alle Maßnahmen, welche den zulässigen Zweck fördern können.[11] Durch die Altersgrenze wird die *Anzahl der Vertragsärzte reduziert*. Dies trägt dazu bei, die Überversorgung und die damit verbundenen erhöhten Ausgaben der gesetzlichen Krankenkassen einzudämmen. Ebenso vermag die Altersgrenze dazu beizutragen, dass die Anzahl von Ärzten verringert wird, denen infolge ihres hohen Alters die zur Ausübung ihres Berufs notwendige völlige *körperliche und geistige Leistungsfähigkeit* fehlt. Das GSGKV ist daher auch geeignet, das Ziel der Gesundheit der Patienten zu fördern.

cc) Erforderlichkeit

Zudem müsste die Altersgrenze erforderlich sein, um diese Ziele zu erreichen. Es darf kein anderes Mittel geben, das ebenso wirksam, dabei aber weniger belastend ist.[12] Bei Beschränkungen der Berufsfreiheit bestimmt sich die Erforderlichkeit einer Regelung nicht zuletzt danach, ob sie in die freie Berufswahl oder nur in die freie Berufsausübung eingreift. Zwar wird Art. 12 Abs. 1 GG als *einheitliches Grundrecht* angesehen; Beschränkungen der freien Berufswahl, die den Betroffenen von seiner erstrebten Tätigkeit völlig ausschließen, verkörpern aber besonders einschneidende Eingriffe in die Berufsfreiheit. Dies gilt umso mehr, wenn die aufgestellten Zulassungskriterien objektiver Natur sind (sog. *objektive Zulassungsvoraussetzungen*) und der Interessent auf ihre Verwirklichung daher keinen Einfluss hat. Werden demgegenüber *subjektive Zulassungsvoraussetzungen* aufgestellt, die an persönliche Eigenschaften des Bewerbers wie seine Qualifikation anknüpfen und die grds. jeder Berufswillige erfüllen kann, erweist sich die darin liegende Einschränkung der Berufsfreiheit als geringer. Am wenigsten eingriffsintensiv sind schließlich Beschränkungen lediglich der *Berufsausübungsfreiheit*, die dem Einzelnen nicht die freie Entscheidung nehmen, *ob* er eine bestimmte Tätigkeit ausüben will, sondern nur das *Wie* der Ausübung reglementieren.[13]

Auf Grundlage dieses sog. *Drei-Stufen-Modells* des Bundesverfassungsgerichts ist ein Eingriff nur dann erforderlich, wenn keine Beschränkungsmöglichkeiten auf niedrigerer Stufe oder sonstige weniger einschneidende Maßnahmen zur Verfügung stehen.[14] Das GSGKV untersagt dem A nach Vollendung seines 68. Lebensjahres die Zulassung als Vertragsarzt. Ihm ist dadurch nicht mehr möglich, durch die

---

[11] BVerfGE 30, 292 (316); *Hufen* § 9 Rn. 20; *Manssen* Rn. 190.
[12] BVerfG NJW 1998, 1776 (1777); *Hufen* § 9 Rn. 21; *Kingreen/Poscher* Rn. 943.
[13] BVerfGE 7, 377 (404 ff.); hierzu *Hufen* § 35 Rn. 29 ff.; *Kingreen/Poscher* Rn. 939 ff.; *Manssen* Rn. 629.
[14] BVerfGE 7, 377 (408); *Hufen* § 35 Rn. 33; *Kingreen/Poscher* Rn. 943.

Behandlung gesetzlich Krankenversicherter seinen Lebensunterhalt zu verdienen. A könnte sich aber auf die Behandlung privat krankenversicherter Patienten verlegen. Sofern nicht in einem „Vertragsarzt" und einem „Privatarzt" zwei eigenständige Berufe erblickt werden sollen, was bereits im Hinblick auf die regelmäßige Vermischung gesetzlich und privat krankenversicherter Personen im Patientenstamm von Ärzten und die identischen Regeln ärztlicher Heilkunst zweifelhaft erscheint, bedeutet die Altersgrenze des GSGKV somit eine *Berufsausübungsregelung* und daher einen Eingriff auf grds. niedrigster Stufe.

Fraglich bleibt, ob zur Erreichung des gesetzlichen Zieles nicht weniger einschneidende Maßnahmen zur Verfügung standen. So wäre denkbar, anstelle einer generalisierenden Altersgrenze eine *individuelle Prüfung* der körperlichen und geistigen Leistungsfähigkeit derjenigen Ärzte vorzunehmen, die weiterhin als Vertragsarzt zugelassen werden wollen.[15] Solche Ausnahmeregelungen könnten das Ziel, die Anzahl der zugelassenen Ärzte zu verringern, jedoch nur bedingt erreichen. Zudem steht dem Gesetzgeber eine erhebliche *Einschätzungsprärogative* zu. Das Bundesverfassungsgericht darf daher bei der Erforderlichkeit eines Mittels lediglich prüfen, ob es offensichtlich seiner Notwendigkeit entbehrt.[16] Letztlich lässt sich die finanzielle Gesundung der gesetzlichen Krankenkassen kaum durch eine einzige Maßnahme, sondern nur durch ein Zusammenwirken mehrerer Mittel erreichen. Daher sind andere weniger intensive Beschränkungen zumindest nicht offensichtlich. Der starren Altersgrenze des GSGKV kann somit ihre Erforderlichkeit nicht abgesprochen werden.

dd) Verhältnismäßigkeit im engeren Sinne

Die Regelungen des GSGKV müssten letztlich verhältnismäßig im engeren Sinne, d. h. angemessen sein. Erforderlich ist eine Güterabwägung zwischen dem angestrebten Ziel und den mit der Anwendung des erforderlichen Mittels verbundenen Nachteilen.[17] Der Maßstab für die Abwägung orientiert sich bei der Berufsfreiheit grds. nach der Stufe des vorgenommenen Eingriffs. Die Altersgrenze des GSGKV stellt an sich eine Einschränkung der Berufsausübungsfreiheit dar. Für seine Rechtfertigung wären nach der Drei-Stufen-Theorie somit lediglich fürstreitende Gesichtspunkte der Zweckmäßigkeit erforderlich.[18]

Allerdings darf nicht verkannt werden, dass Regelungen der Berufsausübung *im Einzelfall eingriffsintensiver* sein können als Einschränkungen der Berufswahl, z. B. wenn sie sich in lediglich geringen Qualifikationsanforderungen erschöpfen. Auch wenn der Gesetzgeber nur die Berufsausübung reglementiert, unterliegt er daher je nach Ausgestaltung seiner Regelung unterschiedlichen Beschränkungen. Je mehr

---

[15] Vgl. BVerfG NJW 1998, 1776 (1777).
[16] Vgl. BVerfGE 103, 172 (184); Dreier/*Wieland* Art. 12 Rn. 116; kritisch *Hufen* § 35 Rn. 36.
[17] *Kingreen/Poscher* Rn. 307 ff.; *Manssen* Rn. 195.
[18] Vgl. BVerfGE 7, 377 (405); *Hufen* § 35 Rn. 30.

er mit seiner Maßnahme die Freiheit der Berufswahl berührt, desto höher sind die Anforderungen für die verfassungsrechtliche Legitimation.[19] Die Altersgrenze des GSGKV schließt den A mit Vollendung seines 68. Lebensjahres von der Behandlung gesetzlich Krankenversicherter aus, die einen Großteil seiner möglichen Patienten darstellen. Die Vorschrift rückt daher in die Nähe einer Zulassungsregelung.

Es stellt sich die Frage, welcher Zulassungsschranke eine starre Altersgrenze am ehesten entspricht. Für eine objektive Zulassungsvoraussetzung lässt sich anführen, dass der Alterungsvorgang dem Einfluss des Betroffenen entzogen ist. Allerdings handelt es sich bei dem Alter um eine *persönliche Eigenschaft*, die ausschließlich dem jeweiligen Betroffenen zugerechnet werden kann. Eine Altersgrenze zur Regelung der Berufswahl wäre demnach eine *subjektive Zulassungsvoraussetzung*.[20] Danach kann ein Eingriff nur dann gerechtfertigt werden, wenn er zur ordnungsgemäßen Erfüllung des Berufes oder *zum Schutz eines besonders wichtigen Gemeinschaftsgutes* erforderlich erscheint.[21] Die Altersgrenze des GSGKV dient der Verringerung der Anzahl der Vertragsärzte und somit der Finanzierbarkeit der gesetzlichen Krankenversicherung. Dies stellt in einem Sozialstaat wie der Bundesrepublik Deutschland ein besonders wichtiges Gemeinschaftsgut dar. Zudem verfolgt die Regelung den Zweck, Gefahren abzuwehren, die von älteren Berufstätigen ausgehen, die sich nicht mehr im Vollbesitz ihrer geistigen und körperlichen Leistungsfähigkeit befinden. Solche Gefahren sind bei der Behandlung von Patienten durch Ärzte außerordentlich groß, weil Fehldiagnosen zu einer Verletzung der Gesundheit der Patienten führen können. Auch der Gesundheitsschutz verkörpert ein besonders wichtiges Gemeinschaftsgut, insbesondere wenn ein Großteil der Bevölkerung auf die Behandlung durch Vertragsärzte angewiesen bleibt.[22]

Demgegenüber stehen die Interessen des A, auch nach Vollendung seines 68. Lebensjahres als Vertragsarzt tätig zu werden. Die Altersgrenze ist aber sehr hoch angesetzt, so dass A zuvor seinen Beruf über einen langen Zeitraum ausüben darf. Die mit der Altersgrenze verbundenen Nachteile gestalten sich daher nicht als unzumutbare Belastung. Ohnehin ist der Eingriff dadurch abgeschwächt, dass er nach Vollendung des 68. Lebensjahres noch privatärztlich tätig werden und somit weiterhin, wenngleich ggf. begrenzte Einkünfte erzielen kann.

4. Ergebnis

Der Eingriff des GSGKV in das Grundrecht des A auf Berufsfreiheit gemäß Art. 12 Abs. 1 GG ist verfassungsrechtlich gerechtfertigt.

---

[19] *Hufen* § 35 Rn. 33; *Kingreen/Poscher* Rn. 945 ff.; Dreier/*Wieland* Art. 12 Rn. 96.
[20] Vgl. BVerfGE 9, 338 (344 f.); 64, 72 (82); Dreier/*Wieland* Art. 12 Rn. 112.
[21] BVerfGE 103, 172 (183); *Hufen* § 35 Rn. 31; BeckOK-GG/*Ruffert* Art. 12 Rn. 97; Dreier/*Wieland* Art. 12 Rn. 93.
[22] BVerfG NJW 1998, 1776 (1777).

II. Art. 14 Abs. 1 GG

A könnte durch die Altersgrenze in seinem Recht auf Eigentum gemäß Art. 14 Abs. 1 GG verletzt sein.

Das Eigentum des A könnte zunächst dadurch tangiert sein, dass er infolge des GSGKV nach Vollendung seines 68. Lebensjahres nicht mehr berechtigt ist, mit seiner Praxis Einkünfte aus der Behandlung gesetzlich Krankenversicherter zu erzielen. In den Schutzbereich des Art. 14 Abs. 1 GG fällt die *freie Nutzung des Eigentums*. Bei der Ausübung von Berufen bedarf die Eigentumsfreiheit jedoch der Abgrenzung zur Berufsfreiheit. Danach schützt das Recht auf Eigentum lediglich, was durch die berufliche Nutzung *bereits erworben* wurde. Die berufliche Betätigung an sich und somit der *Vorgang des Erwerbs* sind dagegen allein durch Art. 12 Abs. 1 GG geschützt.[23] Insoweit greift das GSGKV in den Schutzbereich des Eigentumsrechts des A überhaupt nicht ein.

Des Weiteren könnte das Eigentum des A dadurch berührt sein, dass er seine Praxis nicht wie geplant bzw. nicht ohne Verlust eines erheblichen Teils seines Patientenstamms an seinen Enkel übergeben kann. Zur Nutzung des Eigentums gehört auch das Recht, es an andere zu übertragen. Das GSGKV verwehrt dem A aber nicht generell, seine Praxisräume und seinen Patientenstamm zu übertragen. Es verwehrt ihm lediglich die Möglichkeit, seinen Patientenstamm bis zu einem gewünschten Übergabezeitpunkt der Praxis durch eigene Tätigkeit zu erhalten. Dieser Aspekt wird jedoch wiederum nur durch Art. 12 Abs. 1 GG geschützt.

A ist somit durch die Altersgrenze des GSGKV nicht in seinem Recht auf Eigentum gemäß Art. 14 Abs. 1 GG verletzt.

III. Art. 2 Abs. 1 GG

Die allgemeine Handlungsfreiheit gemäß Art. 2 Abs. 1 GG ist gegenüber dem speziellen Grundrecht der Berufsfreiheit aus Art. 12 Abs. 1 GG subsidiär.

IV. Art. 3 Abs. 1 GG

Letztlich könnte die Altersgrenze gegen den allgemeinen Gleichheitsgrundsatz des Art. 3 Abs. 1 GG verstoßen und A dadurch in seinen Grundrechten verletzen.

1. Ungleichbehandlung

Dies setzt zunächst voraus, dass *wesentlich Gleiches ungleich behandelt* wird.[24] Die Altersgrenze des GSGKV gilt nur für die Zulassung als Vertragsarzt. Dagegen ist es frei praktizierenden Ärzten auch nach Vollendung des 68. Lebensjahres möglich, privatärztlich tätig zu sein. Obwohl sich beide Tätigkeiten nur durch den

---

[23] BVerfGE 31, 8 (32); 88, 366 (377); *Hufen* § 35 Rn. 13; *Dreier/Wieland* Art. 12 Rn. 176.
[24] BVerfGE 49, 148 (165); *Kingreen/Poscher* Rn. 485; *Manssen* Rn. 852.

Versichertenstatus der Patienten unterscheiden, weder dagegen in der notwendigen Ausbildung noch in den medizinisch indizierten Behandlungsmethoden, gilt die Altersgrenze nur für die vertragsärztliche Tätigkeit. Demzufolge werden im Wesentlichen gleiche Sachverhalte ungleich behandelt.

2. Verfassungsrechtliche Rechtfertigung

Die Ungleichbehandlung bedarf zu ihrer verfassungsrechtlichen Rechtfertigung einer vernünftigen und *nicht willkürlichen Erwägung*.[25] Zum einen trifft den Gesetzgeber nur in Bezug auf die gesetzlichen Krankenkassen und die dadurch gewährleistete soziale Grundvorsorge der Bevölkerung eine erhöhte Fürsorgepflicht. Daher kann er Regelungen erlassen, die lediglich die Finanzierbarkeit der gesetzlichen Krankenkassen sichern sollen und für die privaten Krankenkassen, die den Gesetzen der freien Marktwirtschaft folgen, keine Vorschriften vorsehen. Zudem ist zu bedenken, dass Vertragsärzte grds. mit ihrer vollen Arbeitskraft für die vertragsärztliche Versorgung zur Verfügung stehen müssen, während Ärzte, die sich auf eine privatärztliche Tätigkeit beschränken, den zeitlichen Umfang ihrer beruflichen Betätigung frei einteilen können. Des Weiteren haben gesetzlich Krankenversicherte nur einen Anspruch darauf, durch einen Vertragsarzt behandelt zu werden, und sind daher faktisch auf dessen volle körperliche und geistige Leistungsfähigkeit angewiesen. Die Beschränkung der Altersgrenze auf die vertragsärztliche Tätigkeit erscheint demnach nicht willkürlich, sondern gerechtfertigt. Ein Verstoß gegen den allgemeinen Gleichheitsgrundsatz des Art. 3 Abs. 1 GG kommt nicht in Betracht.

V. Ergebnis

Die Altersgrenze des GSGKV greift nicht in die Grundrechte des A ein. Seine Verfassungsbeschwerde ist zwar zulässig, aber nicht begründet.

Erwartungshorizont der Klausur

Schwerpunkte erster Ordnung
- Drei-Stufen-Theorie bei Eingriffen in die Berufsfreiheit
- verfassungsrechtliche Rechtfertigung des GSGKV

Schwerpunkte zweiter Ordnung
- Betroffenheit des A durch das GSGKV
- Grundsatz der Subsidiarität bei Verfassungsbeschwerden gegen Gesetze
- Erforderlichkeit der Einführung der Altersgrenze

---

[25] *Manssen* Rn. 853; vgl. auch BVerfGE 10, 234 (246).

- Eingriff in das Eigentumsrecht
- Verstoß gegen den allgemeinen Gleichheitsgrundsatz

Kleinere Probleme
- Auslegung der öffentlichen Gewalt in § 90 Abs. 1 BVerfGG
- einheitliches Grundrecht der Berufsfreiheit

Literaturverzeichnis

Beck'scher Online-Kommentar BGB, hrsg. von Bamberger, Heinz Georg / Roth, Herbert, 39. Edition 2016, zitiert: BeckOK-BGB/*Bearbeiter*.
Beck'scher Online-Kommentar GG, hrsg. von Epping, Volker / Hillgruber, Christian, 29. Edition 2016, zitiert: BeckOK-GG/*Bearbeiter*.
Beck'scher Online-Kommentar StGB, hrsg. von Heintschel-Heinegg, Bernd von, 31. Edition 2016, zitiert: BeckOK-StGB/*Bearbeiter*.
Brox, Hans / Walker, Wolf-Dietrich: Allgemeiner Teil des BGB, 40. Auflage 2016, zitiert: *Brox/Walker*.
Degenhart, Christoph: Staatsrecht I. Staatsorganisationsrecht, 31. Auflage 2015, zitiert: *Degenhart*.
Dreier, Horst: Grundgesetz. Kommentar, Band 1 (Art. 1–19), 3. Auflage 2013, zitiert: Dreier/*Bearbeiter*.
Erman, Walter: Bürgerliches Gesetzbuch, hrsg. von Westermann, Harm Peter, 14. Auflage 2014, zitiert: Erman/*Bearbeiter*.
Faust, Florian: Bürgerliches Gesetzbuch Allgemeiner Teil, 5. Auflage 2016, zitiert: *Faust*.
Fischer, Thomas: Strafgesetzbuch und Nebengesetze, 63. Auflage 2016, zitiert: *Fischer*.
Gröpl, Christoph: StaatsrechtI, 6. Auflage 2014, zitiert: *Gröpl*.
Heinrich, Bernd: Strafrecht Allgemeiner Teil, 4. Auflage 2014, zitiert: *Heinrich*.
Hilgendorf, Eric / Valerius, Brian: Strafrecht Allgemeiner Teil, 2. Auflage 2015, zitiert: *Hilgendorf/Valerius* AT.
Hömig, Dieter / Wolff, Heinrich Amadeus: Grundgesetz für die Bundesrepublik Deutschland, 11. Auflage 2016, zitiert: Hömig/Wolff/*Bearbeiter*.
Hufen, Friedhelm: Staatsrecht II. Grundrechte, 5. Auflage 2016, zitiert: *Hufen*.
Ipsen, Jörn: Staatsrecht I. Staatsorganisationsrecht, 27. Auflage 2015, zitiert: *Ipsen* Staatsrecht I.
Kindhäuser, Urs: Strafrecht. Allgemeiner Teil, 7. Auflage 2015, zitiert: *Kindhäuser* AT.
Kingreen, Thorsten / Poscher, Ralf: Grundrechte. Staatsrecht II, 32. Auflage 2016, zitiert: *Kingreen/Poscher*.
Köhler, Helmut: BGB. Allgemeiner Teil, 39. Auflage 2015, zitiert: *Köhler*.
Kühl, Kristian: Strafrecht. Allgemeiner Teil, 7. Auflage 2012, zitiert: *Kühl*.
Leipold, Dieter: BGB I. Einführung und Allgemeiner Teil, 8. Auflage 2015, zitiert: *Leipold* AT.
Manssen, Gerrit: Staatsrecht II. Grundrechte, 13. Auflage 2016, zitiert: *Manssen*.
Maurer, Hartmut: Staatsrecht I, 6. Auflage 2009, zitiert: *Maurer*.
Musielak, Hans-Joachim / Hau, Wolfgang: Grundkurs BGB, 14. Auflage 2015, zitiert: *Musielak/Hau*.
Palandt, Otto: Bürgerliches Gesetzbuch, 75. Auflage 2016, zitiert: Palandt/*Bearbeiter*.
Rengier, Rudolf: Strafrecht. Allgemeiner Teil, 7. Auflage 2015, zitiert: *Rengier* AT.
Rengier, Rudolf: Strafrecht. Besonderer Teil II. Delikte gegen die Person und die Allgemeinheit, 17. Auflage 2016, zitiert: *Rengier* BT II.
Schönke, Adolf / Schröder, Horst: Strafgesetzbuch, 29. Auflage 2014, zitiert: Schönke/Schröder/*Bearbeiter*.

Schwab, Dieter / Löhnig, Martin: Einführung in das Zivilrecht. Einschließlich BGB – Allgemeiner Teil, 20. Auflage 2016, zitiert: *Schwab/Löhnig*.

Wessels, Johannes / Beulke, Werner / Satzger, Helmut: Strafrecht. Allgemeiner Teil. Die Straftat und ihr Aufbau, 45. Auflage 2015, zitiert: *Wessels/Beulke/Satzger*.

Wessels, Johannes / Hettinger, Michael: Strafrecht. Besonderer Teil/1. Straftaten gegen Persönlichkeits- und Gemeinschaftswerte, 39. Auflage 2015, zitiert: *Wessels/Hettinger*.

Zieschang, Frank: Strafrecht. Allgemeiner Teil, 4. Auflage 2014, zitiert: *Zieschang*.

Weiterführende Literatur

Gutachten- und Urteilsstil

Beyerbach, Hannes: Gutachten, Hilfsgutachten und Gutachtenstil – Bemerkungen zur juristischen Fallbearbeitung, JA 2014, 813–819.
Fahl, Christian: Bemerkungen zum Urteilsstil, JuS 1996, 280.
Franck, Jens-Uwe: Zur Verwendung des Konjunktivs für den Lösungsansatz in einem Gutachten, JuS 2004, 174–176.
Hardtung, Bernhard: Das Springen im strafrechtlichen Gutachten, JuS 1996, 610–615, 706–710, 807–811.
Kerbein, Björn: Darstellung eines Meinungsstreits in Klausuren und Hausarbeiten, JuS 2002, 353–355.
Petersen, Harald: Typische Subsumtionsfehler in (straf-)rechtlichen Gutachten, Jura 2002, 105–109.
Pilniok, Arne: „h.M." ist kein Argument – Überlegungen zum rechtswissenschaftlichen Argumentieren für Studierende in den Anfangssemestern, JuS 2009, 394–397.
Schnapp, Friedrich E.: Das Kreuz mit dem Konjunktiv, Jura 2002, 32–35.
Valerius, Brian: Der Gutachtenstil in der juristischen Fallbearbeitung, JA Sonderheft für Erstsemester 2016, 36–42.
Wolf, Gerhard: Bemerkungen zum Gutachtenstil, JuS 1996, 30–36.

Anfertigung von Klausuren und Hausarbeiten

Allgemeines
Beck, Lukas: Juristische Klausuren von Anfang an (richtig) schreiben, Jura 2012, 262–267.
Dühn, Matthias: Die »10 Gebote« der Klausurbearbeitung, JA 2000, 765–770.
Lagodny, Otto: Gesetzestexte suchen, verstehen und in der Klausur anwenden, 2. Auflage 2013.
Möllers, Thomas M.J.: Juristische Arbeitstechnik und wissenschaftliches Arbeiten, 8. Auflage 2016.
Noltensmeier, Silke / Schuhr, Jan C.: Hinweise zum Abfassen von (Pro-)Seminararbeiten, JA 2008, 576–584.
Putzke, Holm: Juristische Arbeiten erfolgreich schreiben, 5. Auflage 2014.
Schimmel, Roland: Juristische Klausuren und Hausarbeiten richtig formulieren, 12. Auflage 2016.
Schmidt, Thorsten Ingo: Grundlagen rechtswissenschaftlichen Arbeitens, JuS 2003, 551–556, 649–654.
Zuck, Holger: Das Anfertigen von Übungsarbeiten – Praktische Hinweise für Anfänger-, Fortgeschrittenen- und Examensarbeiten, JuS 1990, 905–912.

Bürgerliches Recht

Bitter, Georg / Rauhut, Tilman: Grundzüge zivilrechtlicher Methodik – Schlüssel zu einer gelungenen Fallbearbeitung, JuS 2009, 289–298.
Czerny, Olivia / Frieling, Tino: Meine erste Zivilrechts-Klausur: Die vier Phasen der Klausurerstellung, JuS 2012, 877–883.
Fleck, Wolfgang / Arnold, Stefan: Die Klausur im Zivilrecht – Struktur, Taktik, Darstellung und Stil, JuS 2009, 881–886.
Hopt, Klaus J.: Fallösungstechnik für Beginner – Hinweise zur Bearbeitung von Klausuren und Hausarbeiten, Jura 1992, 225–231.
Körber, Torsten: 20 Regeln für die zivilrechtliche Fallbearbeitung, JuS 1998, L65–L68, L73–L77.
Ders.: Zivilrechtliche Fallbearbeitung in Klausur und Praxis, JuS 2008, 289–296.
Linhart, Karin: Das System der Anspruchsgrundlagen, Einwendungen und Einreden in der Zivilrechtsklausur, JA 2006, 266–270.
Senne, Petra: Hinweise zur Lösung einer zivilrechtlichen Klausur, JA 1995, 760–766.
Stiebig, Volker: Einführende Hinweise zur strafrechtlichen Klausurentechnik, Jura 2007, 908–914.

Strafrecht

Fahl, Christian: 10 Tipps zum Schreiben von (nicht nur) strafrechtlichen Klausuren und Hausarbeiten, JA 2008, 350–357.
Kampf, Henning: Die Bearbeitung von Strafrechtsklausuren für Anfänger, JuS 2012, 309–313.
Klaas, Christina / Scheinfeld, Jörg: Die Strafrechtsklausur, Jura 2010, 542–551.
Kudlich, Hans / Oğlakcıoğlu, Mustafa T.: 10 Nicht-Probleme aus dem Strafrecht (Allgemeiner Teil), JA 2015, 426–431.
Murmann, Uwe: Darstellungsprobleme in der Strafrechtsklausur, JA 2012, 728–733.

Öfentliches Recht

Krüger, Elmar: Die Anfängerklausur im Öffentlichen Recht, JuS 2014, 790–794.

Stilkunde und juristischer Sprachgebrauch

Gräfin von Schlieffen, Katharina: Recht rhetorisch gesehen, JA 2013, 1–7.
Hattenhauer, Christian: Stilregeln für Juristen, JA Sonderheft für Erstsemester 2016, 43–46.
Ders.: Ausgewählte lateinische Rechtsregeln und Fachausdrücke, JA Sonderheft für Erstsemester 2016, 59–69.
Möllers, Thomas M.J.: Juristischer Stil, JuS 2001, L65–L68, L81–L84.
Schmuck, Michael: Deutsch für Juristen. Vom Schwulst zur klaren Formulierung, 4. Auflage 2016.
Ders.: Den Ballast über Bord werfen, MDR 1995, 782–783.
Ders.: Klares Deutsch statt Schwulst, JA 2001, 911–912.
Schnapp, Friedrich E.: Augen zu und »durch«? Von der Schwierigkeit im Umgang mit Präpositionen, Jura 2002, 312–316.
Ders.: Das vertrackte »Verbindungs«-Wesen. Zum richtigen Gebrauch von Konjunktionen, Jura 2002, 599–602.
Ders.: Krebsübel Substantivitis? Der richtige Umgang mit den Nominalstil, Jura 2003, 173–177.
Ders.: Wie entspricht man dem Gebot der Knappheit?, Jura 2003, 602–607.
Ders.: Aktiv oder Passiv? Das Leiden an der Leideform, Jura 2004, 526–531.
Ders.: Von der (Un-)Verständlichkeit der Juristensprache, JZ 2004, 473–481.
Ders.: Das Gebot der Sachlichkeit, Jura 2006, 583–586.
Ders.: Juristenlatein – häppchenweise, Jura 2010, 97–105, 346–351, 659–667.
Ders.: Was Juristen aus Stillehren lernen können und was nicht, Jura 2015, 130–142.
Walter, Tonio: Kleine Rhetorikschule für Juristen, 2009.
Ders.: Kleine Stilkunde für Juristen, 3. Auflage 2017.

Ders.: Über den juristischen Stil, Jura 2006, 344–348.
Wieduwilt, Hendrik: Die Sprache des Gutachtens, JuS 2010, 288–292.

Methodenlehre

Forgó, Nikolaus: Juristische Methodenlehre: Zur Gesetzesauslegung, JA Sonderheft für Erstsemester 2016, 32–36.
Rüthers, Bernd: Wozu auch noch Methodenlehre? – Die Grundlagenlücken im Jurastudium, JuS 2011, 865–870.
Schäfers, Dominik: Einführung in die Methodik der Gesetzesauslegung, JuS 2015, 875–880.

Sonstiges

Broemel, Roland / Stadler, Lena: Lernstrategien im Jurastudium, Jura 2014, 1209–1220.
Kudlich, Hans / Reimer, Ekkehart / Wolf, Christian: Der Start ins Studium in den drei Hauptfächern, JA für Erstsemester, 16–20.
Lammers, Lutz: Lernen im Jurastudium und in der Examensvorbereitung, JuS 2015, 289–294.
Lange, Barbara: Jurastudium erfolgreich (mit Examensvorbereitung), 8. Auflage 2015.
Rosenkranz, Frank: Sinn und Unsinn des Erlernens von Prüfungsschemata, JuS 2016, 294–297.
Steffahn, Volker: Lerntipps für das Jurastudium, JA Sonderheft für Erstsemester 2016, 69–74.

Stichwortverzeichnis

A

Abkürzungen, 43
Abstraktionsprinzip, 68, 90
Anfechtung
    arglistige Täuschung, 90 f., 94
    Auslegung, 50
    Erklärungsirrtum, 42, 76, 89 f., 92 f.
    falsche Übermittlung, 77
    Fehleridentität, 90 f.
    Inhaltsirrtum, 42, 76
    Treu und Glauben, 93
Annahme, 67
    modifizierte, 72
    Schweigen, 72 f.
    verspätete, 74, 85, 100
Antrag, 67, 71 f.
    Bestimmtheit, 71 f., 81
    Bindung, 73 f.
Auslegung
    lebensnahe, 51 f.
    Empfängerhorizont, 74 f.
    normative, 75
    verfassungskonforme, 217, 219
    von Willenserklärungen, 74 f.

B

Bearbeitervermerk, 4, 48
Begründetheit, 177, 179
Bereicherung, ungerechtfertigte, 94 f., 105 f.
Berufsfreiheit, 227 ff.
    Abgrenzung Eigentumsfreiheit, 232
    Altersgrenze, 231
    Berufsbegriff, 227
    Drei-Stufen-Modell, 229 f., 230 f.
    einheitliches Grundrecht, 228
Besitz
    unmittelbarer, 92
    Recht zum, 92

Bote
    Abgrenzung Vertreter, 109
    Empfangsbote, 82 f.
    Erklärungsbote, 82, 109
Bundespräsident
    Amtseid, 195 f.
    formelle Prüfungsbefugnis, 194 f.
    materielle Prüfungsbefugnis, 195 ff.
    Präsidentenanklage, 198
Bund-Länder-Streit, 207 f.
    Antragsbefugnis, 108
    Form, 208
    Frist, 208
    Prüfungsmaßstab, 208
    Vergleich mit abstrakter Normenkontrolle, 209

D

Dreisprung, juristischer, 9 ff.
    Anwenden, 8, 9 f., 12 ff.
    hop, 9, 10 ff.
    jump, 9, 14 f.
    step, 9, 12 ff.
    Vermitteln, 8 f., 9 f., 14 f.
    Wissen, 8, 9 f., 10 ff.

E

Einreden, 16, 66
Einschätzungsprärogative
    des Bundesratspräsidenten, 187
    des Gesetzgebers, 196, 230
Einschreiben
    unterlassene Abholung, 85 f.
    Zugang, 83 f.
Einwendungen, 16, 66
Eisenbahn, 36 f.
Erlaubnisirrtum, 32, 58, 160 f.
Erlaubnistatumstandsirrtum, 32, 147 ff., 159 f.
essentialia negotii, 71 f., 81, 99, 109

F
Fahrlässigkeit, 138 f., 141, 150 f.
  Abgrenzung bedingter Vorsatz, 145 f.
  objektive Sorgfaltspflicht, 138, 150
Festnahmerecht, 26, 156 f., 158
Fremdwörter, 40, 44
Fristenberechnung, 50, 103 f.

G
Geschäftsfähigkeit
  beschränkte, 100 ff., 104 f.
  guter Glaube, 101
  partielle, 101
  rechtlicher Vorteil, 99 f., 101, 104 f.
  Taschengeldparagraph, 102 f.
  Verweigerung der Genehmigung, 103 f.
  wirtschaftlicher Vorteil, 101
  Zugang von Willenserklärungen, 99 f.
  Zustimmung des gesetzlichen Vertreters, 102 ff.
Gesetzesvorbehalt
  einfacher, 216, 228
  verfassungsimmanente Schranken, 219
Gesetzgebungskompetenz
  ausschließliche, 204
  konkurrierende, 184
  kraft Natur der Sache, 205 f.
  kraft Sachzusammenhangs, 205
  Kulturhoheit der Länder, 206
  ungeschriebene, 205 f.
Gesetzgebungsverfahren
  fehlende Beschlussfähigkeit des Bundestages, 185
  Gesetzesinitiative, 185
  Stimmenthaltungen, 185 f.
  Stimmführerprinzip, 186 f.
  uneinheitliche Stimmabgabe im Bundesrat, 186 ff.
  Zustimmung des Bundesrates, 186 ff.
  Zustimmungsgesetz, 186
Gewaltenteilung, 195, 197
Grundrechte
  Allgemeine Handlungsfreiheit, 220, 232
  Allgemeiner Gleichheitsgrundsatz, 232 f.
  Allgemeines Persönlichkeitsrecht, 198
  Berufsfreiheit, 227 ff.
  Eigentumsfreiheit, 232
  Eingriff, 216, 227 f.
  Freiheitsgrundrechte, 178
  Kunstfreiheit, 218 ff.
  Meinungsfreiheit, 42, 220
  Versammlungsfreiheit, 215 ff.
Gutachtenstil, 4, 15 ff.
  Abgrenzung Urteilsstil, 26 f.
  Anwendungsbereich, 24
  Aufbau, 16 f.
  Definition, 17, 18 f., 31
  Einleitungssatz, 16, 17 f., 31
  Gesamtgutachten, 16
  Gewichtung, 20 f.
  Schlusssatz, 16, 19 f., 31
  Sinn und Zweck, 15
  Subsumtion, 17, 19, 31, 39 f.
  Tipps und Hinweise, 39 ff.
  Untergutachten, 16

H
Hemmschwellentheorie, 145 f.
Herausgabeanspruch, dinglicher, 89 ff., 104 f.

I
Ich-Form, 44 f.
Indikativ, 18, 19, 20, 26
Irrtum
  aberratio ictus, 136 f.
  Doppelirrtum, 161
  Erklärungsirrtum, 42, 76, 89 f., 92 f.
  Erlaubnisirrtum, 32, 58, 160 f.
  Erlaubnistatumstandsirrtum, 32, 147 ff., 159 f.
  error in persona, 135 f.
  Inhaltsirrtum, 42, 76
  über Kausalverlauf, 126
  Kombination error in persona und aberratio ictus, 139 f.
  Verbotsirrtum, 149, 158, 160 f.

J
Juristendeutsch, 35 ff.

K
Kausalität
  alternative, 12, 23, 129 f.
  condicio-sine-qua-non-Formel, 12, 23, 125, 129
  kumulative, 12, 125
Kausalverlauf
  aberratio ictus, 136 f.
  atypischer, 125 f.
  error in persona, 135 f.
  Irrtum über, 126
  Kombination error in persona und aberratio ictus, 139 f.
  Reserveursache, 130
Klausur
  äußeres Erscheinungsbild, 59
  Gliederung, 59 f.

Lösungsskizze, 53 f.
Reinschrift, 54 f.
Schwerpunkte, 13, 24 f.
Taktik, 47
Tipps und Hinweise, 59 ff.
Überschriften, 59 f.
Koalitionsvertrag, 186
Körperverletzung
  Einheitstheorie, 128, 141, 162, 170
  Gesundheitsschädigung, 19, 128, 135, 146, 162, 170
  körperliche Misshandlung, 28, 30, 128, 135, 146, 162, 170
Konkurrenzen
  Klarstellungsinteresse, 129
  Subsidiarität, 131, 142, 162
Konjunktiv, 17 f.
Kunstfreiheit, 218 ff.
  Kunstbegriff, 218

L
Lernen
  punktuelles, 11
  verständiges, 11 f., 50

M
Meinung, herrschende, 33
Meinungsstreite, 30 ff.
  Anwendungsbereich, 32
  Aufbau, 30 f.
  Entscheidung für eine Meinung, 33 f.

N
Nominalstil, 38
Normenkontrolle, abstrakte, 42, 183 f., 203 f.
  Antragsbefugnis, 183 f., 203 f.
  Form, 184, 204
  Klarstellungsinteresse, 184
  Prüfungsgegenstand, 183, 203
  Vergleich Bund-Länder-Streit, 209
Normenkontrolle, konkrete, 199
  Form, 199
  Vorlageberechtigung, 199
  Vorlagebefugnis, 199
Normzitate, 42 f.
Notstand, rechtfertigender, 156, 159
Notwehr, 147, 155 f., 157 f., 159 f., 171 ff.
  Angriff, 147, 159 f., 171 f.
  Einsatz von Schusswaffen, 160
  Rechtswidrigkeit des Angriffs, 172
  relativ mildestes Mittel, 147, 160, 172
  Verteidigungswille, 147, 172 f.

O
Organstreitverfahren, 193 f., 209
  Antragsbefugnis, 193 f.
  Form, 194
  Frist, 194
  Parteifähigkeit von Fraktionen, 193
  Prozessstandschaft, 194

P
Passivkonstruktionen, 37 f.
Probleme
  erkennen, 13, 49 ff.
  gewichten, 13 f.

R
Rechtschreibung, 43 f.
Rechtsstaatsprinzip, 187, 196 f., 197 f.
Rechtswidrigkeit, 118
Rücktritt vom Versuch, 42, 167 ff.
  Aufgabe der Tat, 169
  Erreichen des außertatbestandlichen Handlungsziels, 169
  Freiwilligkeit, 169 f.
Rückwirkung, 196 f.

S
Sachverhalt, 4, 49 ff.
  Arbeit am, 19, 40, 180
  Erfassen, 49 ff.
  fehlende Angaben, 51 ff.
  lebensnahe Auslegung, 51 f.
  Sachverhaltsquetsche, 52
  Widersprüche im, 52 f.
Schlagworte, 43
Schuld, 118
Selbstvertrauen, 8
Sprachgebrauch, juristischer, 36 ff., 41
Substantivierung, 38
Systemverständnis, 11, 180

T
Tatbestand, 118
Tatkomplexe, 117, 119
Tipps und Hinweise
  Bürgerliches Recht, 66 ff.
  Gutachtenstil, 39 ff.
  juristischer Touch, 41 ff.
  Klausur, 59 ff.
  Öffentliches Recht, 178 ff.
  sprachliche Feinheiten, 43 ff.
  Strafrecht, 119 ff.
Trennungsprinzip, 68
Treu und Glauben

Einschränkung Anfechtungsrecht, 93
Verhinderung des Zugangs, 85 f.

U
Unrechtsbewusstsein, 148
Urteilsstil, 26
   Abgrenzung Gutachtenstil, 26 f.
   Anwendungsbereich, 26

V
Verbotsirrtum, 149, 158, 160 f.
Verfahren, verfassungsgerichtliche
   abstrakte Normenkontrolle, 42, 183 f., 203 f.
   Bund-Länder-Streit, 207 f.
   konkrete Normenkontrolle, 199
   Organstreitverfahren, 193 f., 209
   Präsidentenanklage, 198
Verfassungsbeschwerde, 213 f., 225 ff.
   Beschwerdebefugnis, 213 f., 225 f.
   Beschwerdegegenstand, 213, 225
   Form, 214, 227
   Frist, 214, 227
   Prüfungsmaßstab, 214 f.
   Rechtsschutzbedürfnis, 214, 226
   Subsidiaritätsgrundsatz, 226
Verfassungsmäßigkeit
   von Gesetzen, formell, 178, 184 ff., 204 ff.
   von Gesetzen, materiell, 178, 206 f., 216 f.
   der Gesetzesanwendung, 217 f., 219 f.
Verhältnismäßigkeitsgrundsatz, 216 f., 228 ff.
Versammlungsfreiheit, 215 ff.
   Eilversammlung, 217
   Spontanversammlung, 217
   Störungen von außen, 215 f.
   Versammlungsbegriff, 215 f.
Versuch, 43, 126 f., 137 f., 140 f., 144 ff., 166 ff., 173 f.
   beendeter/unbeendeter, 168 f.
   fehlgeschlagener, 167 f.
   Rücktritt, s. Rücktritt vom Versuch
   Tatentschluss, 145 f., 167
   Unmittelbares Ansetzen, 127, 138, 167
   Vorprüfung, s. Vorprüfung
Vertragsschluss, 71 ff., 81 ff., 99 ff.
   durch Stellvertretung, 109 ff.
Vertretung
   Abgrenzung Vertreter/Bote, 109
   gesetzliche Vertretungsmacht, 100
   Offenkundigkeitsprinzip, 110
   Vollmacht, s. Vollmacht
Verweisungen, 41
Volksabstimmungen auf Bundesebene, 206 f.

Vollmacht, 110 f., 112
   Abstraktheit, 111
   Außenvollmacht, 110
   Genehmigung bei Fehlen, 112
   Haftungsansprüche, 113 f.
   Innenvollmacht, 112
   Überschreitung, 111
   Widerruf, 110 f.
Vorprüfung
   Versuch, 120 f., 126
   Abgrenzung Vorabprüfung, 120 f.
Vorsatz, 51, 118, 128, 135, 145 f., 155
   Abgrenzung bewusste Fahrlässigkeit, 145 f.
   dolus directus, 145
   dolus eventualis, 145 f., 162
   Einheitstheorie, 128, 141, 162, 170
   Einwilligungs- oder Billigungstheorie, 145
   Hemmschwellentheorie, 145 f.
Vorsatzschuld, 150

W
Widerruf, 51, 67, 82 f.
Willenserklärungen
   empfangsbedürftige, 74, 81
   Erklärungsbewusstsein, 41, 68
   invitatio ad offerendum, 71
   Rechtsbindungswille, 71
   unter Abwesenden, 68, 81
   unter Anwesenden, 35, 68, 99
   Unterbrechung eines Telefonats, 34 f., 73 f.

Z
Zugang
   beschränkte Geschäftsfähigkeit, 99
   Einschreiben, 83 f.
   unter Abwesenden, 81
   unter Anwesenden, 99 f., 100
Zulässigkeit, 177, 178 f.
Zurechnung
   Irrtum über den Kausalverlauf, 126
   objektive, 125 f.
Zustimmung
   Einwilligung, 102
   bei fehlender Vertretungsmacht, 112
   Genehmigung, 102, 103 f.
   des gesetzlichen Vertreters, 102 ff.
   Taschengeldparagraph, 102 f.
   Verweigerung der Genehmigung, 103 f.

The manufacturer's authorised representative in the EU is Springer Nature Customer Service Centre GmbH, Europaplatz 3, 69115 Heidelberg, Germany. If you have any concerns regarding our products, please contact ProductSafety@springernature.com

Printed and bound by CPI Group (UK) Ltd, Croydon, CR0 4YY

23/03/2026

02076740-0008